映画の木洩れ日

川本三郎

キネマ旬報社

映画の木洩れ日◉目次

第十九章　やっぱり西部劇

本書は、『キネマ旬報』の連載「映画を見ればわかること」をテーマ別にまとめたものである。期間は二〇一七年十月上旬号から二〇二二年四月下旬号までで、初出号は各稿末に記した。他に『ユリイカ』（青土社）、『ぴあ』アプリ版、『映画論叢』（国書刊行会）、映画パンフレットへの寄稿も加えた。

装画　赤池佳江子
装幀　奥定泰之

第一章

音楽が聴こえる

音楽は国境を越える、「クレッシェンド　音楽の架け橋」のこと

アラブ人の若者が叫ぶ。「パレスチナはアラブ人のものだ」。ユダヤ人の若者が切り返す。「アラブ人は敵だ」。

パレスチナ自治区に住むアラブ人の若者たちとイスラエルに住むユダヤ人の若者たちが激しく憎悪をぶつけ合う。

ドイツで活躍するイスラエル人の監督ドロール・ザハヴィ（一九五九年、テルアビブ生まれ）の「クレッシェンド　音楽の架け橋」（19年）は、憎み合う若者たちが、アラブ、ユダヤの混合オーケストラでコンサートを開こうとする物語。見ごたえがある。

実際にロシア系ユダヤ人の指揮者ダニエル・バレンボイムと、『オリエンタリズム』で知られるパ

レスチナ系アメリカ人の文芸批評家エドワード・サイードが協力して一九九九年に設立した混合オーケストラ、ウェスト＝イースタン・ディヴァン管弦楽団に想を得ているという。

戦後ずっと戦い、憎み合っていた両者がひとつのオーケストラを作り上げることが出来るのか。

イスラエルの建国は戦後の一九四八年。レオン・ユリス原作、ダルトン・トランボ脚本、オットー・プレミンジャー監督の「栄光への脱出」（60年）で描かれたようにイギリスの委任統治領を脱して独立した。しかし、周辺のアラブ諸国はこれに反発し、中東戦争が繰り返され、いまもイスラエルと、もともとこの地に住んでいたパレスチナとの対立は続いている。

そんななかで混合オーケストラを作るとは、ユダヤ人の若者がいうように「SF」（絵空事）でしかない。

ドイツ人の指揮者スポルク（ペーター・シモニシェック）のところに混合オーケストラの指揮の依頼がくる。イスラエルではすでにインド人の指揮者ズービン・メータが活躍している。それなのになぜいまさら自分がとスポルクはいぶかるが、計画の立案者の女性の熱意に負けて、この困難な仕事を引き受ける。


イスラエルのテルアビブでオーディションが始まる。パレスチナ自治区に住むアラブ人の女性ヴァイオリニスト、レイラ（サブリナ・アマーリ）、クラリネット奏者のオマル（メメフディ・メスカル）は自治区からテルアビブに行くために、イスラエルが設けた〝国境〟の検問所で厳しいチェックを受けなければならない。

レイラはイスラエルの女性兵士に威圧的な取り調べを受ける。オマルは車で送ってきた父親と引き離される。彼らはオーディションの会場に行くまでが命がけである。いわば敵地に乗り込むのだから。

オーディションの会場では応募者は白い大きなスクリーンで姿が見えないようになっている。選考する指揮者のスポルクが、人種によって判断を曇らせないため。姿の見えない応募者の演奏だけを聞いて合格不合格を決めてゆく。神経を使っている。

それでも実力の差は歴然としていて合格者の大半がユダヤ人になってしまう。スポルクはやむなくオーケストラをあきらめ少人数の室内楽団に切り換え、メンバーを半々にする。

レイラもオマルも合格するが、レイラの家では母親が大反対する。「戦車で家を壊す連中と一緒に演奏するなんて」「世間から裏切り者といわれる」と怒る（レイラの兄はイスラエル軍に捕らえられているようだ）。イスラエルは嫌いだが音楽は好きというレイラをなんとか父が理解してくれる。

レイラはスポルクによってコンサート・マスターに選ばれる。それにロンというユダヤ人の若者（ダニエル・ドンスコイ）が反発する。自分のほうがヴァイオリンの実力はあるのになぜ。ここで早くも両者の対立が始まる。

事態を憂慮したスポルクの発案でメンバーは本番までの三週間、イタリアの南チロルの山荘で合宿することになる。

演奏の練習もさることながら、まずメンバーのなかにある敵意をなくしてゆかなければならない。そのためにスポルクはさまざまな工夫をする。

まず相互に心のなかにある憎悪の感情を口に出して吐き出させるのが面白い。「人殺し」「テロリスト」と大声でののしり合う。ついには双方とも疲れ切る。

さらにつらい体験を語らせる。レイラは、曾祖父がイスラエルによって故郷の家を奪われたことを語る。ユダヤ人の若者は祖母がアウシュヴィッツにいたこと、祖母の妹は独立戦争に参加し、アラブ軍に捕らえられ銃殺されたことを話す。それぞれが悲しい家族の物語を持っている。暴力の連鎖は根が深い。

ここで驚くに足る告白が始まる。指揮者のスポルクが、自分の両親はナチスだったと語る。戦後、南米へと逃げる途中で殺された。子どもの頃から〝ナチスの子〟として肩身の狭い思いをしてきた。

ドイツといえば、戦後、ナチスの残党がアラブ側に協力していたという事実がある。「栄光への脱出」にはアラブに肩入れしてユダヤ人を殺そうとするドイツ人が出てくるし、フレデリック・フォーサイス原作、ロナルド・ニーム監督の「オデッサ・ファイル」(74年)では、一九六三年当時、エジプトのナセル大統領がナチスの残党の科学者たちが作るロケット(弾頭に強力な放射性物質と細菌が仕込まれている)によってイスラエルを亡ぼそうとした秘話が語られている。イスラエルと対立するエジプトの政治家は、大戦中から親ナチスだったとフォーサイスは書いている。中東戦争にナチスの影が落ちていたとは驚く。〝ナチスの子〟といわれたスポルクが罪の意識にとらわれ、イスラエルに行きたくなかったと告白するのも無理はない。

パレスチナでの対立を見て、つい日本人はなぜナチスに迫害を受けたユダヤ人が今度はイスラエルの土地を守るためにアラブ諸国と戦わなければならないのか疑問に思ってしまうが、紛争にナチスの残党まで関わっていたと知ると、解決は困難だと思わざるを得ない。


悲しい恋愛がある。アラブ人のオマルがユダヤ人のシーラ（エーヤン・ピンコヴィッチ）というホルン奏者と恋をする。ロミオとジュリエットの恋と同じ、敵どうしの恋。二人はどうせ家族に反対されると、山荘を脱出し、パリに逃亡しようとする。

思わぬ出来事にコンサートは中止となる。映画を見る前は、コンサートが成功し、観客が拍手するところで幸福に終わるのかと思っていたが、そんな楽天的な結末にはならない。

団員は、それぞれ家に帰ることになる。小さな空港の待合室で飛行機を待つ。みんな打ちひしがれている。アラブ側とユダヤ側はガラスで隔てられている。

するとユダヤ人のロンがヴァイオリンを取り出し、立ち上がる。ゆっくりと静かに弾き始める。ラヴェルの「ボレロ」と分かったアラブ人のレイラがそれに合わせて弾き始める。やがて全員が二人に合わせて演奏し始める。

「ボレロ」は、クロード・ルルーシュ監督の「愛と哀しみのボレロ」（81年）で一九八一年、ユニセフと赤十字によるパリのチャリティ・コンサートで演奏された（ジョルジュ・ドンが楽曲に合わせて踊る。振付はモーリス・ベジャール）。希望の曲である。
「ボレロ」はクレッシェンド（だんだん強く）の曲。最高に盛り上がったところで演奏は終わり、ロンとレイラが見つめ合うところでクールに溶暗。ことさら感動を盛り上げない鮮やかな終わり方。苦悩のなかにかすかな光を見ようとしている。

（2022年1月上・下旬合併号）

石川慶監督「蜜蜂と遠雷」のこと

木下惠介監督「お嬢さん乾杯！」（49年）では元華族のお嬢さん、原節子がピアノでショパンの「幻想即興曲」を弾いた。

今井正監督「ここに泉あり」（55年）では草創期の群馬交響楽団のメンバー、岸惠子がピアノでリストの「ため息」を弾いた。

野村芳太郎監督「砂の器」（74年）では新進作曲家を演じる加藤剛が、その作曲家が作った「宿命」という曲をピアノで弾いた。

「弾いた」と書いたが、映画の場合、映像では俳優がピアノを弾いても、音はプロの演奏家に頼らなくてはならない。ありていにいえば俳優はピアノを弾いているふりをする。

以前、高名な女優にインタビューした時、「何が嫌って、弾けもしないピアノを弾けるふりをするほど嫌なことはない」と語ったのを覚えている。その気持ちはよく分かる。

音楽映画の難しさはここにある。

恩田陸の『蜜蜂と遠雷』が映画化されると聞いた時、いちばん心配したのはこの点だった。俳優たちのピアノを弾く姿と、プロの演奏家の演奏がうまく合うのか。

心配は杞憂だった。石川慶監督の映画は不自然さをほとんど感じさせなかった。俳優たちはそれなりにピアノが弾けたのか。猛練習をしたのか。「ふり」になってはいけないという真剣な思いが、コンテストに参加することの真剣さとうまく重なり合ってういういしさを生んだ。

音楽映画としてこれほど映像と音が調和したのは珍しいのではないか。

十回を迎えた浜松国際ピアノコンクールをモデルにしている。四人の出場者に焦点を当てている。

かつて天才少女と言われながら母親の死が傷になって演奏からしばらく遠ざかっていた栄伝亜夜（松岡茉優）。亜夜の幼なじみで現在、ジュリアード音楽院で学ぶマサル（森崎ウィン）。突然、現われた天才肌の少年、風間塵（鈴鹿央士）。そして四人目が面白いのだが、岩手県の楽器店で働き、家族もいる高島明石（松坂桃李）。

四人それぞれに個性が違う。コンテストものの映画は、出場者どうしのライバル心がぶつかり合い、姑息な邪魔立て、足の引っ張り合いがつきものになるが、この映画にはそうした陰湿な部分がいっさいない。

四人はそれぞれに他の三人に敬意を持っている。ライバルとして競うより、自分の納得出来る演奏をしたいとだけ願っている。何よりも、音楽への愛情が四人を支えている。

亜夜が、ある時、急に練習をしたくなる。ホールの練習室はどこもふさがっている。困っていると、高島が、近くに親しい調律師の工房があり、そこにピアノがあると紹介してくれる。ライバルなのに、手助けをしてくれる。

工房に行くと、天才少年の風間が、あとをついてくる。いつしか、亜夜と二人でピアノに向かう。自然と連弾になる。ちょうど月がきれいな夜のこと、弾く曲は、ドビュッシーの「月の光」から、映画「ペーパー・ムーン」(73年)の主題曲にもなった「イッツ・オンリー・ア・ペーパー・ムーン」へ、さらにはベートーヴェンのソナタ「月光」へと月尽くしのメドレーになる。

出場者どうしの友情、一体感が感じられるとてもいいシーン。空にはぽっかりときれいな月が。クラシックの名曲のあいだにジャズの「ペーパー・ムーン」が入るのも心躍る。

また、ある時、彼らが浜辺に遊び、砂の上に足跡で音譜を描いてゆき、「これ、なんの曲だ」と当て合う場面も微笑ましい。石川慶監督は、彼らをコンテストで競い合わせるのではなく、同じ、音楽を愛する者として心がひとつになってゆくのを祝福している。

そういえば、この五月、東京の紀尾井ホールで開かれた「第10回浜松国際ピアノコンクール　入賞者披露演奏会　東京公演」を聴きに行った。第一位のトルコのジャン・チャクムルをはじめ、三位、四位、五位、六位の五人の入賞者が演奏をした。三位の韓国のイ・ヒョクのストラヴィンスキー「ペトルーシュカからの3楽章」には圧倒された。

すべての演奏が終わって、五人が舞台に勢揃いして手をつないだ。まさにライバルではなく共通の友人だった。

この日の紀尾井ホールは思いがけず若い人でいっぱいだったが、これは恩田陸の原作の影響だろう。

四人が砂浜で遊ぶ場面はどこで撮影されたのだろう。浜松といえば言うまでもなく木下恵介の出身地。その木下恵介を師とする川頭義郎監督の「涙」（56年）は浜松を舞台にしていて、ハモニカ工場で働く若尾文子が夏の一日、浜松の中田島砂丘を歩く心に残る場面がある。「蜜蜂と遠雷」で四人が遊んだ砂丘は中田島砂丘だろうか。そうだとしたらうれしいのだが。

四人の出場者のなかで、とくに応援したくなるのは、楽器店で働きながらピアノを続け、「生活者の音楽」を大事にしている松坂桃李演じる高島明石。幼い子どももいる。「お父さん、頑張れ」と言いたくなる。

それでもやはりピアノに専念している他の出場者にはかなわない。早々に「『生活者の音楽』は負けた」といさぎよく引き下がるのもすがすがしい。松坂桃李の指がきれいなのに驚いた。

この高島明石は岩手県在住という設定。コンクールでの課題曲は藤倉大作曲の宮沢賢治の詩にモチーフを得た「春と修羅」。このあたり、さりげなく東北への励ましのメッセージが込められている。

コンクールの最後に、松岡茉優が弾く曲はプロコフィエフの「ピアノ協奏曲第三番」。マルタ・アルゲリッチの名演が知られる。華やかな曲で、コンクール映えがする。ドキュメンタリー「アルゲリッチ 私こそ、音楽!」(12年、ステファニー・アルゲリッチ監督)には、この日本でもよく知られている情熱的なピアニストが、プロコフィエフを弾く姿がとらえられている。

アメリカのピアノコンクールを描いたジョエル・オリアンスキー監督の「コンペティション」(80年)では、リチャード・ドレイファスがベートーヴェンの「ピアノ協奏曲第五番〈皇帝〉」を弾いたのに対し、エイミー・アーヴィングはプロコフィエフのこの曲を弾いて優勝した。

この映画は終わり方も、すっきりしている。サクセス・ストーリーふうに優勝の瞬間を大仰に描くことなく、順位は最後に淡々とクレジットで見せる。あくまで、彼らは競い合ったのではなく、ともに音楽を愛し合ったのだという思いだろう。

(2019年10月下旬号)

女性指揮者のパイオニアを描く「レディ・マエストロ」のこと

二〇一九年秋のクラシック音楽界の明るい話題は、若手指揮者の登竜門とされるフランスのブザンソン国際指揮者コンクールで、青森県出身の沖澤のどかさん(三十二歳)が優勝したことだろう。かつて小澤征爾が、その後は佐渡裕が、近年は、いまいちばん輝いている若手指揮者の山田和樹が優勝したこのコンクールで日本人女性が優勝したのは、一九八二年の松尾葉子に次いで二人目の快挙。

指揮者には残念ながら女性が少ない(クラシック音楽の作曲家にも)。世界を見ても実績のある女性指揮者の名はすぐに思い浮かばない。日本では、松尾葉子と西本智実が知られるが、正直なところ、トップクラスの交響楽団の指揮はあまりしていない。性差別があるのか、それとも力の差があるのか。オーケストラには男性の方が多いから、女性指揮者に不利なことは確かだろう。

ヘルマ・サンダース＝ブラームス監督の「クララ・シューマン　愛の協奏曲」(08年)では、夫のシューマン(パスカル・グレゴリー)が精神的に不調のために練習が出来ず、かわって妻のクララ(マルティナ・ゲデック)が指揮をする場面がある。

練習とはいえ、女性が指揮をする。当然、男性の楽団員から「女が指揮するとは」と反発が出る。それでも、クララの熱意にほだされたコンサート・マスターの男気でなんとか練習を無事に終える。いかにクラシック音楽の世界で女性が指揮者になるのが難しいことだったかがよくあらわれていた。

オランダ映画「レディ・マエストロ」(18年)は一九三〇年代にデビューした実在の女性指揮者アントニア・ブリコ(一九〇二―八九)を描いていて新鮮な面白さがある。監督のマリア・ペーテルスも名前で分かるように女性。

恥ずかしいことにブリコのことは知らなかった。手元のクラシック音楽事典によれば一九〇二年、オランダのロッテルダム生まれ。その後、アメリカに移住し、音楽を学んだ。

後年、コロラド州のデンヴァーに住み、ピアノを教えた。この時の教え子が、フォーク・シンガーのジュディ・コリンズで、彼女が製作したブリコの伝記映画、〝Antonia: A Portrait of the Woman〟は、一九七四年、コッポラの「ゴッドファーザーＰＡＲＴⅡ」がアカデミー賞を受賞した年に、受賞は逃したが長篇ドキュメンタリー映画賞にノミネートされたという(私は未見)。

「レディ・マエストロ」は、一九二〇年代、若きアントニア・ブリコ（クリスタン・デ・ブラーン）が、女性への、また、オランダ人というマイノリティへの差別と闘いながら、なんとか、いままで誰もいなかった女性の指揮者として世に立ちたいと苦闘する若き日々を描いている。

安易なサクセス・ストーリーではなく、女性の指揮者がクラシック音楽界に可能かという大きな主題を持っている。

オランダからの移民の女性が、ニューヨークでクラシックの音楽を学ぶ。それも、当時は誰も考えなかっただろう指揮者を志す。現在では、決して無謀ではないが、一九二〇年代には「女性が指揮者とは。とんでもない」が当たり前の周囲の反応だった。

そんな困難な環境のなかでアントニアは指揮者をめざす。当然、男性社会からの反発、蔑視がある。師と思った男性からは、現在でいうパワハラ、セクハラに遭う。

苦境に陥ったアントニアを救うのが、同じように差別と闘っているマイノリティであるのがこの映画の見どころ。

クラシック音楽の世界で生活してゆくのは経済的に苦労する。例えば若き日の小澤征爾はパリでの修業時代、家族への手紙に書いている。「今年いっぱいはパリにいるつもりなのでなんとか金をかせぎたい。仕事はあるのだけれど、最初のうちの二、三年はあまりみいりにはならないのが常識らしい。食うことのむずかしさをつくづく感じている」（『ボクの音楽武者修行』音楽之友社、一九六二年）。

アントニアは生活のためにニューヨークのクラブのピアノ弾きになる。そのクラブではドラァグクイーンの芸人が人気者になっている。クラシック音楽を勉強する女性がナイトクラブでピアノを弾く。人に知られたら大変なことになる。日本でも戦前、藤山一郎は東京音楽学校（のちの東京藝術大学）在学中に歌謡曲「丘を越えて」や「影を慕いて」を歌ったために、停学処分を受けている。

このクラブでベーシストとして働いているロビンという男性がとりわけアントニアに優しく接してくれる。この男性がのちに、実は女性だったことが分かるくだりは驚く。マイノリティどうしの友情から彼＝彼女はアントニアを応援する。ロビンを演じるスコット・ターナー・スコフィールドというアメリカの俳優自身、早い時期からトランスジェンダーであることを公表しているという。

アントニアが、シュヴァイツァー博士を尊敬しているのも興味深い。アフリカのフランス領赤道アフリカ（現在のガボン共和国）で医療活動に従事したことで知られる博士は、一方でオルガン奏者でバッハの研究者でもあった。アントニアはこのシュヴァイツァーを敬愛し、映画では描かれていないが、戦後、アフリカに渡り、助手を務めながらバッハについて学んでいる。

「レディ・マエストロ」は音楽映画だから随所にクラシックの名曲が流れる。

冒頭、アントニアがニューヨークのコンサートで聴くのは、ウィレム・メンゲルベルクが指揮するマーラーの交響曲第四番。マーラーの交響曲のなかではもっとも親しみやすいと評される。出だし、シャンシャンシャンシャン……と鳴るそりの鈴の音で知られる。コーエン兄弟の「インサイド・ルーウィン・デイヴィス　名もなき男の歌」（13年）には、この曲の第四楽章でソプラノ歌手によって歌われる「天上の生活」が流れた。

アントニアは同じオランダ出身のメンゲルベルクを尊敬している。この指揮者はオランダのオーケストラ、アムステルダム・コンセルトヘボウ（現在のロイヤル・コンセルトヘボウ）を育てた功績を残しているが、残念ながらナチスの時代、権力に屈したために戦後、コンセルトヘボウを追われた。

「レディ・マエストロ」では、ベートーヴェンのピアノ曲のなかで個人的にもっとも好きなピアノ・ソナタ、最後の曲第三十二番をアントニアが弾くのもうれしいことだった。クラブの演奏の影響か、ややジャズ風なのが面白い。

拙著『時代劇のベートーヴェン』（キネマ旬報社、二〇一〇年）は、この曲が鶴田浩二主演の時代劇、吉川英治原作、内出好吉監督の「鳴門秘帖」（61年）に思いがけず流れたことからこういう書名にした。

（2019年11月上旬号）

「ウエスト・サイド・ストーリー」、いまむかし

スティーヴン・スピルバーグのリメイク「ウエスト・サイド・ストーリー」(21年)を見た。やはり感動する。オリジナル版からもう六十年。当時、高校二年生。西部劇ファンだったのでミュージカルは敬遠していたが、レナード・バーンスタイン音楽、ロバート・ワイズ監督、ジェローム・ロビンス振付の「ウエスト・サイド物語」(61年)には心底感動した。

当時は、その感動をうまく説明出来なかったが、いまにして思えば、まず何よりも登場する若者たちが自分の年齢に近かったことが大きい。それまでのミュージカルが年上の男女たちによる〝彼らの映画〟だったのに対し、これは自分とほぼ同年齢の若者たちによる、〝我らの映画〟だった。そこが何よりも新鮮だった。

しかも、ジェット団にせよ、シャーク団にせよ、ストリート・キッド。いままでのミュージカルの主人公のように、きれいに着飾っているわけではない。汗臭いシャツにジーンズ。女の子たちはダンスの時はおしゃれをするが、それでもせいぜい自分でミシンを踏んで作った手作りのもの。社会の底辺にいる若者たちがニューヨークの町を思い切り、走り、踊り、歌う。これまでのハイソサエティ感のあるミュージカルとまったく違っていた。

亡妻、川本恵子の『魅惑という名の衣裳 ハリウッド・コスチュームデザイナー史』(新装版、キネマ旬報社、二〇〇九年)は、この映画によってアカデミー賞を受賞した衣裳デザイナー、アイリーン・シャラフのこんな言葉を紹介している。

「これは私のベストといってもいい。ハリウッドではミュージカルといえば個人芸が中心でしたが、ブロードウェイでは群舞が必ずあるんです。これはそのグループのダンスを中心にしたことでも画期的だった。そして舞台はNYのゲットーです。ファンタジーではなく現実がミュージカルに持ちこまれた」

シャラフは衣裳の素材にも凝った。ジョージ・チャキリスがジーンズ姿で足を高く上げて踊る。あれは普通のジーンズでは出来ないという。シャラフがスパンデックスという伸縮する糸を使ってデニム風に仕立てた特別製のジーンズだった。

さらに色。とくにチャキリスの紫のワイシャツと、リタ・モレノが「アメリカ」を歌い踊る時の薄い紫色のドレスは目に焼きついた。

そして「ウエスト・サイド物語」のもうひとつの新鮮さは〝ミュージカルが町に出た！〟こと。これまでミュージカル映画といえばほとんどがスタジオ内で撮影されていたのに「W・S・S」はニューヨークの町に出た。ロバート・ワイズは冒頭、当時としては珍しかった空中撮影でマンハッタンを上空からとらえ、そのあと一気にカメラを下降させた。これはニューヨークという町の映画なのだとまず強く訴えた。

これより先、レナード・バーンスタイン（作曲）とジェローム・ロビンス（振付）のコンビは、ブロードウェイの『オン・ザ・タウン』（映画化邦題は「踊る大紐育《ニューヨーク》」）で水兵たちをニューヨークの町へと飛び出させたが、「W・S・S」はそれをさらに徹底させた。

この映画の、もうひとりの主役はニューヨーク、それも荒廃したスラムであることは間違いない。この点でスピルバーグのリメイク版は、より徹底している。冒頭、空中から降りてきたカメラはスラム化した汚れたNYの町をとらえる。

「アメリカ」では、プエルトリコの女性たちは、アメリカの豊かさの良さを謳い上げるが、男性たちはその負の部分を強調してお返しをする。白人の警官は、このスラムが再開発され、新しい、きれいな建物が建てば、プエルトリコ出身のお前たちなんか、ここを追い出されると、厳しい現実を突きつける。マイノリティが置かれた状況に関してはオリジナル版よりスピルバーグ版のほうがより深く掘り下げている。それだけ、現代ではマイノリティの問題が大きくなっているのだろう。

一九五〇年代のニューヨークのスラムを描いた映画として忘れてならないのは、レジナルド・ローズ原作、シドニー・ルメット監督の「十二人の怒れる男」（57年）だろう。あの映画のジャック・クラグマン演じる陪審員はスラム出身。そのために偏見の強い陪審員のリー・J・コッブやエド・ベグリーに嘲笑された。いまにして思えば「W・S・S」の背後には「十二人の怒れる男」のスラム問題が重ね合わせられていたことが分かる。

高校二年生の時に見た「ウエスト・サイド物語」で、しかし、なんといっても強烈な印象を残したのは、プエルトリコ出身のアニータを演じたリタ・モレノの素晴らしさだった。

美しい、スタイルがいい、そして踊りがうまい。正直なところ主演のナタリー・ウッドを完全に食っていた。「W・S・S」を見た男性たちは誰もがリタ・モレノに惹かれたのではないだろうか。

リタ・モレノについては、西部劇ファンとしてささやかに自慢したいことがある。日本でリタ・モレノの名が知られるようになるのは「王様と私」（56年）によってだと思うが、西部劇ファンは実はその前に彼女のことを知っていた。

ゲイリー・クーパー主演のメキシコを舞台にした西部劇（南部劇というべきか）、「悪の花園」（54年、ヘンリー・ハサウェイ監督）に一場面ながら出演していたのだ。ゲイリー・クーパーとリチャード・ウィドマークがスーザン・ヘイワードに頼まれてメキシコの奥地で苦境に陥った彼女の夫を助けに行く。冒頭、二人はメキシコの港町に着く。酒場に入ると若く美しい女性が歌を歌っている。それがリタ・モレノだった。

劇場プログラムを買ったら、うれしいことに彼女のビキニ姿の写真があった。無論いまもこのプログラムを大事にしている。

「W・S・S」でリタ・モレノは場面をさらったが、スピルバーグ版でもアニータ役のアリアナ・デボーズという女優が素晴らしい。そして、スピルバーグはリタ・モレノに敬意を表し、トニー（アンセル・エルゴート）の働く雑貨店の女主人として、レジェンドであるリタ・モレノを起用している。

最後に少し、書きにくいことを書く。オリジナル版の振付・共同監督のジェローム・ロビンスについて。日本ではあまり語られていないが、ロビンスは赤狩りの犠牲者だった。そして非米活動委員会に呼ばれ、仲間の名を〝密告〟してしまった。

これについては津野海太郎『ジェローム・ロビンスが死んだ　ミュージカルと赤狩り』（平凡社、二〇〇八年）に詳しい。

この本が二〇一一年に小学館文庫に入った時（『ジェローム・ロビンスが死んだ　なぜ彼は密告者になったのか？』に改題）、解説を書いたが、ロビンスが赤狩りの犠牲者だったと知って驚いた。

津野海太郎さんはロビンスがエリア・カザンと同じように密告者となったことは認めつつも、だからといってロビンスを全否定はしていない。

ユダヤ人であったこと、さらにゲイであった（モンゴメリー・クリフトが恋人だったとか）ために、非米活動委員会に協力しないとゲイであることを暴露すると脅かされたことが背景にあったとしている。二重の意味でマイノリティだった。その苦しみを思うとロビンスに同情したくなる。

（２０２２年３月上旬号）

「ウエスト・サイド・ストーリー」、あれこれ

一九六一年のロバート・ワイズ監督「ウエスト・サイド物語」（以下「W・S・S」と略）はニューヨークのスラムに住むマイノリティ、プエルトリコ移民を描いている点が当時としては新鮮だった。

プエルトリコ移民といえば一九五〇年にトルーマン大統領暗殺未遂を引き起こしたり、国会議事堂に銃を持って乱入したりと、どちらも大事件にはならなかったが、それでも物騒な事件でその名が知られるようになったものだった。

「W・S・S」以前のアメリカ映画にプエルトリコ移民を主人公にした記憶に残る作品がある。

一九五九年に製作され、一九六〇年に日本でも公開されたポール・スタンリー監督の「狂った野獣」。原題は〝Cry Tough〟（タフガイが泣く）。最近公開されたクリント・イーストウッドの「クラ

イ・マッチョ」（21年）と似ている。当時多かった非行少年もの。

映画史に残るような作品ではない。日本でもほとんど話題にならなかった。中学生の時、何かの添えもので見た。記憶に残るのはヒロインを演じたのが当時のラテン系の美人リンダ・クリスタル（「生れながらの無宿者」58年）だったから。主演はジョン・サクソン（「許されざる者」60年、「シェラマドレの決斗」66年）。

ニューヨークの貧民窟《バリオ》で育ったジョン・サクソン演じるプエルトリカンの若者が、なんとか悪環境から抜け出そうとするが仲間の抗争に巻き込まれ死んでゆく。その暗い結末が印象に残った。あとで知ったが、製作はバート・ランカスターのヘクト・ヒル・ランカスター・プロで、意欲作だったことがうかがえる。

確か冒頭に「これはプエルトリコ移民を描く映画である」といったクレジットが出た。そしてカメラがマンハッタンの上空から下降してゆくとスラム街が映し出される。いまにして思えば「W・S・S」と同じ。

スラムだからトイレが不足している。朝、住民はトイレに並ぶ。ニューヨークにこんな貧しいところがあるのかと驚いた。

ちなみにプエルトリコというと貧しさが強調されるが、首都のサンフアンは美しい町でパブロ・カザルスが住んだことで知られる。

私は見ていないのだが、「W・S・S」は日本で、宝塚が『WEST SIDE STORY』として何度か上演している。

一九九八年の月組の公演を見た演劇評論家の亡き扇田昭彦さんは『魅惑の舞台を解き明かす ミュージカルの時代』（キネマ旬報社、二〇〇〇年）で書いている。映画と同様、いちばん印象に残ったのは、映画でリタ・モレノが演じたアニタ役だったと。

「物語の上では、トニー（真琴《まこと》つばさ）とマリア（風花舞）の悲劇的な愛が中心になるが、今度の舞台で私が一番心をひかれたのは、アニタ役でめざましい魅力を放った樹里咲穂《じゅりさきほ》だった」

映画にせよ舞台にせよ、「W・S・S」を見た観客はアニタに心奪われてしまう。扇田昭彦によれば、シェイクスピアの『ロミオとジュリエット』にはアニタにあたる役はなく、あえてモデルを挙げれば若い恋人たちの仲介者となる乳母ではないかという。この乳母からアニタを作り出したのは、作り手たちの手柄だろう。

スティーヴン・スピルバーグの「ウエスト・サイド・ストーリー」（21年）でアニタを演じたアリアナ・デボーズが、『ニューヨーク・タイムズ』紙（二〇二一年十二月十五日）でオリジナル版のリタ・モレノと対談をしている。

このなかで興味深い会話がある。

「W・S・S」でショッキングなシーンといえば、アニタがジェット団の若者たちに暴行されるところだろう。オリジナル版にもリメイク版にもある。女優にとってこういうシーンの撮影はつらいものがある。そこで現代のアリアナ・デボーズはこのシーンについて語る。

「リハーサルの時、intimacy coordinator についてもらった」と。これに対し、往年のリタ・モレノは「何、それ」と驚く。昔は、そんなスタッフはいなかった。

実は私もこの言葉は初めて知った。

いくら女優であっても暴行シーンの撮影は抵抗があるだろう。身体の接触には嫌悪を覚えるだろう。そこで、intimacy coordinator が必要になる。女優の心理的負担をケアすると同時に、女優と監督、男優たちのあいだに入って演技のアドバイスをする。

いい訳語が思い浮かばないが「あやうい場面に立ち会う相談係」「心のケア」だろうか。現代ならではの仕事だろう。日本映画の撮影現場でも見られるようになったと聞く。

アリアナ・デボーズの話を聞いてリタ・モレノも「それは素敵な仕事ね」と言っている。新しい時代を感じさせる。


スピルバーグ版の「ウエスト・サイド・ストーリー」でうれしいことのひとつは、音楽指揮が一九八一年ベネズエラ生まれのグスターボ・ドゥダメルに任せられていることだろう。プエルトリコ移民の物語にふさわしく、中南米出身でいまや世界的な指揮者になったドゥダメルを起用したのはさすがスピルバーグと言いたくなる。

ベネズエラは貧富の差が激しい。

貧しく生まれるとなかなかそこから脱出できない。そこで考えられたのが「エル・システマ」という音楽教育システム。貧しい子どもたちに興味のある楽器を与え、音楽教育を無償で受けられるようにしていって、これが成功した。ドゥダメルはここから登場した。

ドゥダメルのことは、音楽評論家（政治学者でもある）片山杜秀さんの『音盤博物誌』（アルテスパブリッシング、二〇〇八年）で知った。

その直後、ドゥダメルが率いるシモン・ボリバル・ユース・オーケストラ・オブ・ベネズエラの日本初公演があった。二〇〇八年十二月十八日、有楽町の東京国際フォーラム・ホール。迷うことなく駆けつけた。演奏されたのは二曲。ベートーヴェンの「ピアノ、ヴァイオリンとチェロのための三重協奏曲」と、マーラーの「交響曲第一番『巨人』」。

ベートーヴェンのこの曲は初めて聴いた。ピアノがアルゼンチンのマルタ・アルゲリッチ。ベテランが若手のドゥダメルを助けている。ラテンの連帯感だろう。

凄かったのはマーラーの「巨人」。百人は超える大編成。貧しかった子どもたちが演奏するマーラーは熱く心に迫った。

アンコールはなんと「W・S・S」から「マンボ」を演奏した。オーケストラの全員がベネズエラの国旗をあしらったブルゾンを着てまるでカーニヴァル。最後はそのブルゾンを客席に投げた。このコンサートのことは以前にも書いたが忘れられない。

（2022年4月下旬号）

第二章

読書する映画

本屋という夢の場所。「マイ・ブックショップ」のこと

本屋はたとえ新刊本屋でも、どこか古びた構えのほうがいい。本は過去何年にもわたる知の集積なのだから。

「死ぬまでにしたい10のこと」(03年)のイザベル・コイシェ監督の新作「マイ・ブックショップ」(17年)で、ヒロインが小さな町で開く本屋は、その意味で、理想の本屋といっていいだろう。オールドハウスと呼ばれる、何年も空家同然になっていた古い石造りの家に手を加え書店にしたのだから。

きらびやかな表通りの書店ではなく、ひっそりとした路地にある、古本屋のようなたたずまいが何よりも素晴らしい。ヒロインの名がフローレンス・グリーンなためか、建物の窓枠などに緑を使っている。アイリッシュ・グリーン。

原作者のペネロピ・フィッツジェラルドは若い頃に本屋で働いたことがあるという。

一九五九年のイギリス。東部の海辺の町で、若い未亡人のフローレンス（エミリー・モーティマー）は夫との夢だった小さな本屋を開くことになる。

忘れられたような建物に手を入れる。真新しい新刊本屋ではない。読書家の心地よく秘密めいた書斎のような店。自分の好きな本、主として古典を置く。

新刊本屋なのに古本屋のような落着きがある。本好きなら、江藤淳が翻訳したことで知られるヘレーン・ハンフ編著の『チャリング・クロス街84番地　本を愛する人のための本』（中公文庫）の、ロンドンの古本屋を思い出すだろう。ニューヨークに住む本好きの女性の注文に応えてイギリスの古典を送り続けた古本屋、マークス書店。

ちなみに、この本は、同じタイトルで映画化されている（86年、デイヴィッド・ジョーンズ監督）。日本未公開だがDVDになっている。アメリカ人の本好きの女性を演じたのはアン・バンクロフト。ロンドンの古書店主はアンソニー・ホプキンス。

面倒臭い、時に押しつけがましいアメリカ人の女性からの注文にも、いつも悠然と応じる、まるでバトラーのような古書店主が、イギリス人らしい風格を見せて面白い。アメリカ人が歴史のあるイギリスの文化に惹かれ、アングロファイル《Anglophile》（イギリス愛好家）になってゆくのもうなずける。

「マイ・ブックショップ」のフローレンスは、本を読む人の少ない田舎町に書店を開くのだから勇気がいる。商売として成り立つのか。

幸い味方が現われる。

ひとりは、古ぼけた屋敷で世捨て人のように一人暮らしをしている老紳士（ビル・ナイ）。地主らしい。本を唯一の友として孤独を楽しんでいる。

この老人が、フローレンスの〝緑の書店〟の顧客になる。彼女にすすめられ、ブラッドベリの『華氏451度』や『火星年代記』を読んで気に入り、彼女の本屋のファンになる。フローレンスのほうも、孤独を愛する老人を信頼するようになり、ナボコフの『ロリータ』が出版された時、まず老人にこの物議をかもしている新著を読んでもらい、自分の店で売っていいかどうか意見を求める。


フローレンスが親しくなるもう一人の理解者は、まだ十三歳くらいのクリスティーン（オナー・ニーフシー）という可愛い女の子。三人姉妹の末っ子。しっかり者で、本は読まないというのに、町に出来たただ一軒の本屋の雰囲気が気に入り、学校の帰りに手伝いをするようになる。きちんとお駄賃も請求する。

この女の子が、フローレンスがお茶を出す時に使う中国製の漆のお盆を気に入り、「死んだら譲って」と、まだ若いフローレンスに言うのが笑わせる。クリスティーンは漆のお盆を、はじめ「日本製？」と聞くが、間違えるのも無理はない。英語では漆のことを〝japan〟と言うのだから。

世捨て人のような老紳士と、あまり友達もいない変り者の女の子が、マイ・ブックショップを支える。マイノリティが、同じような仲間を支える。原作者のペネロピ・フィッツジェラルドは六十歳を過ぎて小説を発表した作家で、ブッカー賞を受賞した『テムズ河の人々』でも社会の片隅に生きるマイノリティを主人公にしている。本好きも小さな田舎町では少数派だろう。

老紳士と女の子の支えもあって本屋はなんとか成り立ってゆく。しかし、そこに思わぬ邪魔が入って、フローレンスは店を閉じざるを得なくなってしまう。

どんな小さな町にも権力者、ボスはいる。この町にもいる。金持のレディ然とした女性。フローレンスが自分の言うことを聞かない自立した女性であるのが気に入らない。何かと妨害をする。演じているのはパトリシア・クラークソン。「アンタッチャブル」（87年）でケヴィン・コスナーの奥さんを演じた人だが、何より「エデンより彼方に」（02年）でのジュリアン・ムーアの友人役が忘れ難い。ジュリアン・ムーアが黒人と恋愛していると知ってそれまでの良き隣人から批判者へと態度を豹変させた。

この映画でも町の権力者として、自分に従わないフローレンスを町から追い出してしまう。嫉妬もあっただろう。

フローレンスが町を去る場面は悲しい。良心的な人間が保守的な町の人間たちに敗れてしまう。この最後は、リリアン・ヘルマン原作、ウィリアム・ワイラー監督の「噂の二人」（61年）で、オードリー・ヘプバーンが町の人間たちに一瞥もくれず、毅然として町を去ってゆく姿を思い出させる。

夢の敗北の物語だが、最後に微笑ましいエピソードが添えられている。女の子がフローレンスに代ってささやかな復讐をすること（これについては書くのを控えよう）、そしてもうひとつは、この女の子が、以前フローレンスに「読むといい」と言われていた本を読むこと。

その本は、リチャード・ヒューズの『ジャマイカの烈風』。日本では晶文社から小野寺健訳で出版されている。原作には、この本のことは語られていない。監督のイザベル・コイシェが好きな本なのだろう。

十九世紀の西インド諸島で、イギリス人の子どもたちがロンドンに帰る途中、船が海賊に襲われ、さらわれる。海洋冒険小説。海賊たちは気がよく、子どもたちと海賊たちとのあいだに友情が生まれてゆく、というか海賊たちが子どもたちに振り回されるのが痛快。

クリスティーンぐらいの年齢の女の子が主人公の一人になるので、フローレンスは彼女に読むようにすすめたのだろう。

トルーマン・カポーティは、『蝿の王』のウィリアム・ゴールディングがノーベル文学賞を受賞した時、『蝿の王』は『ジャマイカの烈風』の模倣だと批判した。

この小説は一九六五年に映画化されている。アレクサンダー・マッケンドリック監督、アンソニー・クイン、ジェームズ・コバーン主演。日本題名は「海賊大将」。

（2019年4月上旬号）

辞書作りの面白さのこと、「博士と狂人」のこと

辞書作りは大変な時間と労力を要する。それだけにさまざまな逸話があり、これが面白い。最近、出版された辞書作りの本、コーリー・スタンパー著『ウェブスター辞書あるいは英語をめぐる冒険』（鴻巣友季子他訳、左右社、二〇二〇年）の著者は、一八〇六年に最初のアメリカの辞書『簡明英語辞典』を出版したメリアム・ウェブスター社の現代の編集者。辞書作りの困難さと、それ故の楽しさを語った抜群に面白い本。

彼女は活字マニアといっていいほどの活字好き、言葉好き。幼い頃には親に与えられた絵本だけでは物足りず、家にある商品カタログまで読む。ついには家庭医学辞典まで読んでしまう。

入社試験の面接では「わたしはただ、英語が大好きなんです」「大好きなんです。心底愛してます」

と訴え、入社出来た。本が好きというより「言葉」そのものが好きというところが辞書作りには適している。

辞書作りには、正しい言葉しか載せない規範主義と、使われている言葉は、汚い言葉であっても、なるべく多く載せようとする記述主義の二つの態度がある。現代では記述主義のほうが主流になっている。

『三省堂国語辞典』を手がけた見坊豪紀《けんぼうひでとし》は、言葉は生きているという後者の立場で、あらゆる印刷物から言葉を採集し（「ワード・ハンティング」と称した）、百万枚のカードを作ったというから驚く。

当然、酒を飲む時間もない。ある時、講演を依頼された。演題は「ことばを集めて百万語――晩酌抜きの十三年」。聴衆からは「驚嘆の声」が上がったという（見坊豪紀『ことばの海をゆく』朝日選書、一九七六年）。

ちなみにこの本によれば、記述主義（見坊氏の用語では客観主義）の辞書で話題になったのは、一九六七年にイギリスのペンギン・ブックスが出したペーパーバックの辞書でFuckやCock、Pussyを載せて大評判になったという。

日本の国語辞典でこれを載せているのはさすがにないのではないか。

コーリー・スタンパーによれば、辞書編集者は、「一日8時間、ほとんどしゃべらずに、ひとりで働いても平気な性格でなければならない」。確かに一日、言葉とにらめっこをしているのだから、おしゃべりしている暇はないだろう。

彼女の夫はミュージシャン。よくパーティに妻を連れてゆくが、コーリーはこれが大の苦手だという。パーティと辞書作りは合わない。

辞書作りには時間がかかる。日本の近代最初の国語辞典『言海』は完成までに十七年かかっている。明治時代、『言海』を作った大槻文彦の生涯を描いた高田宏の労作『言葉の海へ』（新潮社、一九七八年）によると、大槻文彦はこの仕事のあいだに、幼い娘と、そして妻を病気で相次いで亡くしている。二人を亡くした時、ちょうど「ろ」の項で「露命」の語があった。大槻文彦は語釈を「ハカナキ命」とした。この挿話には涙を誘われる。

語釈といえば、三浦しをん原作、石井裕也監督の「舟を編む」（13年）で辞書作りの編集主幹の先生（加藤剛）は「右」の語釈を「10という数字の0のほう」として、あっといわせたが、辞書では語釈が大事。

大槻文彦の『言海』の語釈で有名なのは、高田宏が紹介している「猫」だろう。長いので一部を引用すると、「温柔ニシテ馴レ易ク、又能《ヨ》ク鼠ヲ捕フレバ畜フ、然《シカ》レドモ、窃盗ノ性アリ、形、虎ニ似テ、二尺ニ足ラズ、性、睡リヲ好ミ、寒ヲ畏《オソ》ル」。芥川龍之介や高見順がこの語釈に感心している。

近年の語釈で話題になったのは三省堂の『新明解国語辞典』の「恋」だろう。「特定の異性に深い愛情をいだき、その存在が身近に感じられるときは、他のすべてを犠牲にしても惜しくないほどの満足感・充足感に酔って心が高揚する一方、破局を恐れての不安と焦燥に駆られる心的状態」。この筆者、相当の恋の経験者のようだ。

世界最大の辞典といわれるイギリスの『オックスフォード英語辞典』（ＯＥＤ）は一九二八年の完成までなんと七十年もかかっている。

一九九九年に早川書房で翻訳出版されたノンフィクション、サイモン・ウィンチェスターの『博士と狂人　世界最高の辞書ＯＥＤの誕生秘話』（鈴木主税訳）は、この辞書の誕生秘話を描いていて面白く、出版直後、『サンデー毎日』に紹介した。

「博士」は編纂の中心になったジェームズ・マレーのこと、「狂人」はそれに協力したウィリアム・マイナー。

辞書作りは、まず言葉の採集から始まる。これまで出版された膨大な本や雑誌から言葉と用例を拾ってゆく。とても一人の力では出来ない。そこで『ＯＥＤ』では、民間からボランティアで協力してくれる者を募集した。それに応じたのがマイナーで、彼が編集部に送ってきた用語例は一万を超えたという。

実話だという。訳者あとがきには、リュック・ベッソンが権利を獲得し、メル・ギブソン主演で映画化が進められているとあったが、二〇二〇年公開のメル・ギブソン（博士）、ショーン・ペン（狂人）主演の「博士と狂人」の監督はリュック・ベッソンではなくイラン系アメリカ人のＰ・Ｂ・シェムラン（ファルハド・サフィニア）になっている。

この物語の面白さは（あまり深く書くのは種明かしをするようで気が引けるが）、マイナーが囚人だということ。アメリカで地位のある医師だったが、南北戦争に従軍し心に傷を負い、イギリスで不幸な殺人事件を起こしてしまった。

マレー博士は郵便で次々に用例のカードを送ってくれるマイナーに感謝し、ある時、思いたって住所のところへ会いに行く。なんとそこは刑務所だった。

コーリー・スタンパーは辞書編集者に必要なことは、八時間誰とも喋らないでも、平気でいられることとしているが、なるほど刑務所なら、ひとりの孤独な時間が充分に確保出来る。

原作では、マイナーは仕事に専念するため驚くべきことを自分の身体にするのだが、さすがに映画は、この挿話は避けている。

いずれにせよ、辞書作りは一人の人間の人生に匹敵する大事業であることが浮き彫りになり、今後、辞書をおろそかには扱えなくなってくる。

余談になる。何年も前から気になっている言葉がある。『日本国語大辞典』をはじめ、いろいろな辞典に当たるのだが、出ていない。日本の有名な小説に出てくる言葉なのに。

志賀直哉の『暗夜行路』にある「播磨《はりま》」。淫蕩を求めてあらゆることをする悪友が「播磨」という「命がけの危険な方法」をして死んでしまう。性的遊戯らしいことは分かるのだが。

（２０２０年11月上旬号）

ドキュメンタリー「ブックセラーズ」に登場するNYの古書店のこと

アガサ・クリスティの夫は考古学者だった。結婚生活は幸せだった。ミステリの女王の名言がある。

「(考古学者の) 夫は、私が年を取れば取るほど大事にしてくれる」。

本についても同じことがいえる。世にベストセラーはいくつもある。それらは、新刊書店では大事にされるけれども、古書店では見向きもされない。数が多すぎるから。

古書店では、出版部数の少ない本ほど大事にされる。個人的な話になる。一九九六年、私が『荷風と東京――「断腸亭日乗」私註』(都市出版) を出した時、親しくしている古書店の主人が、こう言ってくれた。「この本は必ず古書価が上がりますよ」。

著者にとっては無論、新刊が売れた方が有難いのだが、この古書店主人の言葉はうれしかった。拙著が長持ちするということなのだから。ベストセラーなど、何年か経てば二束三文になるが、少部数の本は、年を重ねるほど価値が上がる。まあ生涯ベストセラーとは無縁な物書きには負け惜しみになるが、「古書価が上がります」は最高の讃辞だった。

アメリカのドキュメンタリー映画「ブックセラーズ」(19年、D・W・ヤング監督)は、そんなベストセラーとは無縁な人間にとって実に、面白く、うれしい映画。

主としてニューヨークの書店を描いている。

大半は、ベストセラーより地味な本を大事にする古書店。少部数の本は、古書店によって発見され、大事にされる。時に希少本として途方もない価格になる。本には、新刊本屋でもてはやされるトレンド本と、古書店でこそ大事にされる目立たない本があることが分かる。このドキュメンタリーが注目するのは、もちろん、いまをときめく本ではなく、時が経つにつれて価値が出てくる古い本を大事にする渋い古書店だ。

その貴重な古書店を経営する店主が次々にカメラの前に立つが、皆さん、自分たちは売れる本より、いい本を売るのだという誇りに満ちた表情をしていて素晴らしい。

とくにアーゴシー書店の三姉妹！　父が始めた店は、マンハッタンでもいい場所にあるので、再開発を狙う不動産屋がしばしば来るというが、断じて売らないと語る。

私がはじめてニューヨークに行ったのは一九七九年だが、その時、この有名なアーゴシーに行った。

趣きのある建物で、ジーンズとスニーカーで入店するのは気が引けた。この映画を見ると、店の構えが当時とほとんど変わっていない。古書を大事にする店は建物も大事にするのだろう。

アーゴシーの他に、この映画では「古本のデパート」と言われる有名な古書店、ストランドが登場する。一九二七年の開店。グリニッチ・ヴィレッジに近い。

ここは正直、質より量。量が凄い。全部見るのに一日では足りない。本屋というより本の倉庫という感じ。古本を手に取ると手が汚れる、そのためトイレと別に手洗い所がある。

ストランド書店が出てくる映画がある。ブロードウェイのヒット戯曲の映画、ジョン・グエア原作、フレッド・スケピシ監督の「私に近い6人の他人」(93年)。

五番街の豪華マンションに住む夫婦(ドナルド・サザーランド、ストッカード・チャニング)のところへある日、見知らぬ黒人の若者(ウィル・スミス)が現われる。シドニー・ポワチエの子どもだという。

本当なのか。疑問に思った夫婦は、数年前にポワチエが自伝を出版していたことを思い出し、その本を探しに行く。行く先が、ストランド書店。そこでポワチエの自伝を見つけ、ポワチエには女の子しかいないことが分かる。古書店が役に立った。

このストランド、以前、あるファッション・メーカーの宣伝ポスターに登場したことがある。確か今井美樹が書店に立った。

「ブックセラーズ」でもうひとつ、個人的に思い出があるのは、ゴーサム・ブック・マート（以下、「ゴーサム」）。これはニューヨークの異名。『リップ・ヴァン・ウィンクル』のワシントン・アーヴィングが使ったのが最初だという）。

西四十七丁目のユダヤ人の宝石店が並ぶ、いわゆるダイヤモンド・ストリート（ダスティン・ホフマン主演の「マラソンマン」〈76年〉に出てきた）にある。

文学書専門の古書店だが、ブロードウェイに近いこともあって、映画、演劇関係の本も充実している。開業は一九二〇年と古い。フランシス・ステロフという女性が開設した（この人は九十歳を過ぎても存命だった）。物議をかもしたジョイスの『ユリシーズ』と、D・H・ロレンスの『チャタレイ夫人の恋人』をアメリカで最初に紹介した本屋として知られる。

ジョイス研究の大学教授の女性を主人公にしたミステリ、アマンダ・クロスの『ジェイムズ・ジョイスの殺人』（矢倉尚子訳、講談社、一九八八年）によると、ゴーサムには、ジェイムズ・ジョイス・ソサエティの本部があるという。

この書店は決して大きくはない。間口二間ほど。言われなくては書店と分からない。

大岡昇平のニューヨーク滞在記『萌野《もや》』（講談社、一九七三年）によると、大岡昇平は一九七〇年代はじめにニューヨークに行った時、何度かこの書店に足を運んでいる。親交のあるドナルド・キーンに「ニューヨークで、文学がわかる唯一の本屋」と紹介されたという。

大岡昇平はニューヨーク滞在中、ある日、店に入ると、女性の店員から「表のショウウィンドウを見てくれ」と言われる。なんだろうと見ると、『野火』ペンギン版が三冊置いてあった。これには『野火』の作者はうれしかっただろう。

私がはじめてニューヨークに行った時、ゴーサムを訪ねたのは、大岡昇平の『萌野』を読んだから。ここの店員は本のことをよく知っていて探求書をいうと分かったといって倉庫から取り出してきてくれる。トルーマン・カポーティの研究書はたいていここで揃った。

アン・バンクロフトが熱狂的なグレタ・ガルボのファンを演じたシドニー・ルメット監督の「ガルボトーク　夢のつづきは夢…」（84年）には、ガルボ関係の本をたくさん置いている本屋としてゴーサムが出てきている。

ここは猫好きの本屋でもある。だいたい本好きは猫好きだが、このゴーサムには、猫の本が数多く並んでいるだけではなく、本物の猫が本の上で居眠りをしていた。

人気者なのだろうか。この猫（トラ猫）のポストカードやTシャツも売られていた。

この書店、残念なことに二〇〇七年に閉店した。

（2021年5月上・下旬合併号）

第三章

言葉、または文学について

「スリー・ビルボード」とフラナリー・オコナーのこと

マーティン・マクドナー監督の「スリー・ビルボード」(17年)の面白さは、おぞましさ、ビザールさにあると言えようか。

十代の少女が通りすがりの男(と思われる)にレイプされ、殺される。死体は焼かれる。警察の捜査は進まない。怒った母親(フランシス・マクドーマンド)は道路沿いに、警察と署長(ウディ・ハレルソン)に抗議する三枚の広告板を立てる。意表を突く。

この母親はプアホワイトの一人。気が強く、ほとんど笑顔を見せない。彼女に反発する歯医者が麻酔なしで歯を抜こうとすると、たちまち反撃し、治療具で相手の指の爪に穴を開ける。警察の取調べを受けると平気で「やっていない」と嘘をつく。

息子を高校に送ってゆく。同級生が野次を飛ばすと、カッとなって車を降り、男の子に近づき、股間を蹴り上げる。ついでに隣りにいた女の子の股間も。

町の人間の反感を買い、何者かが広告板に火をつける。当然、黙ってはいない。夜、警察署に火炎瓶を投げつける。ここでも警察には「やっていない」と平然と嘘をつく。

娘を殺された母親の怒りと言えば聞こえはいいが、かなり常軌を逸している。地元のテレビ局の女性アナウンサーには「ビッチ!」と悪態をつく。自分に好意を持ち、かばってくれた矮人《わいじん》の中古車販売店の店主にも愛想ひとつ言わない。「強い母」かもしれないが同時に「不機嫌な女」でもある。この不機嫌はどこから来ているのか。

一方、警察や町の人間もおぞましい。麻酔をかけずに歯を抜こうとする歯医者。何も犯罪を犯していない者を八つ当りで殴りつけ、大怪我をさせる警官(サム・ロックウェル)。別れた女房に暴力を振るう元夫。娘を殺された母親が働くギフトショップにやって来て嫌がらせをし、おどす男。バーで友人相手に得意気に、女の子をレイプしたと話す男。

「スリー・ビルボード」全体をおぞましさがおおっている。舞台はミズーリ州のエビングという町(架空)。緑豊かなスモールタウンだが、内実は美しくない。プアホワイトたちのルサンチマンが見え隠れする。ブルーカラーの屈折感が底にある。

この映画には、ある印象的な本が出てくる。

母親の依頼で広告板を立てる仕事を請負う、町の広告代理店の若者（ケレイブ・ランドリー・ジョーンズ）が読んでいる。

画面の隅にちらっと映る。フラナリー・オコナーの小説と分かる。これには納得する。オコナー（一九二五―六四）は、女性作家でありながら、暴力、殺人、狂気を書き続けた「おぞましい作家」なのだから。

南部ジョージア州の出身。難病にかかり、夭折。生涯独身。なぜか、クジャクを愛したことで知られる。名前で分かるように、アイルランド系。「スリー・ビルボード」のマーティン・マクドナー監督も、主演のフランシス・マクドーマンドも名前からいってアイリッシュだろう。フラナリー・オコナーの本が出てくるのも理解出来る。

ちなみに、ジョージア州出身のアイリッシュといえば「風と共に去りぬ」（39年）の主人公スカーレット・オハラがいる。われわれはすぐにヴィヴィアン・リーを思い浮かべるが、マーガレット・ミッチェルの原作では、スカーレットは決して、絶世の美女ではない。気の強いビッチである。なにしろ、スカーレットは銃で北軍の兵士を撃ち殺すのだから。「スリー・ビルボード」の気の強い母親は、スカーレット・オハラのプアホワイト版といえるだろう。

フラナリー・オコナーの代表的短篇に「善人はなかなかいない」（A Good Man Is Hard To Find）

がある。横山貞子訳『フラナリー・オコナー全短篇』（ちくま文庫、二〇〇九年）に収録されている。平和な一家が、フロリダに車で家族旅行する。途中で、脱獄囚たちに遭遇し、無惨に、いともあっけなく殺されてしまう。「スリー・ビルボード」で町の広告代理店の若者が読んでいたのは、この短篇と思われる。脚本は、監督のマーティン・マクドナー自身だが、当然、フラナリー・オコナーの「おぞましさ」を意識していただろう。

オコナーの短篇で忘れ難いものに「田舎の善人」（Good Country People）がある。田舎町に住む女性は、三十歳を過ぎて独身。片方の足が義足になっている。ある時、家にやって来た聖書売り（「ペーパー・ムーン」〈73年〉のライアン・オニールのような）に惹かれ、身体を許す。ところが善人そうに見えて実は詐欺師だったその男は、彼女の義足をはずし、奪い去ってしまう。いかにも、オコナーらしい作品。「スリー・ビルボード」のフランシス・マクドーマンドの、矮人への不機嫌な態度を見ていると、この「田舎の善人」を思い出す。「スリー・ビルボード」には、「善」と「おぞましさ」が同居している。「正義」と「悪」が重なり合っている。

この映画には、冒頭、物語には不似合いな美しい曲が流れる。アイルランド民謡「ラスト・ローズ・オブ・サマー」（「咲残りし夏の薔薇」）。

最近の映画では、「静かなる情熱　エミリ・ディキンスン」（16年）のなかで流れている。作詞はマーガレット・ミッチェルの「風と共に去りぬ」にも言及があるアイルランドの代表的詩人トーマス・

ムーア（一七七九―一八五二）。この曲を使うあたりにも、マーティン・マクドナー監督のアイリッシュ魂を感じさせる。

「ラスト・ローズ・オブ・サマー」は日本では明治になってから知られるようになった。永井荷風の戦時中に書かれ、戦後に発表された長篇小説『浮沈《うきしずみ》』では、主人公のさだ子が、この曲をオルゴールで聴いたことが記されている。

日本では唱歌にもなった。いまでも愛唱されている「庭の千草」。

中川信夫監督の「夏目漱石の三四郎」（55年）では、八千草薫演じる美禰子のテーマ音楽として「庭の千草」が流れる。

二〇一六年の本屋大賞、翻訳小説部門で一位になったガブリエル・ゼヴィンの『書店主フィクリーのものがたり』（小尾芙佐訳、早川書房）は、アメリカ東海岸の小さな島（架空）でこじんまりした書店を営む文学好きの男を主人公にした物語だが、彼が愛するようになる出版社の営業の女性が好きな作家はフラナリー・オコナーだった。

オコナーの長篇小説で映画化されたものがある。ジョン・ヒューストン監督の「賢い血」（79年、Wise Blood）。アメリカ南部の小さな町を舞台に、神を信じるというより神に取り憑かれた狂信的な青年（ブラッド・ドゥーリフ）を主人公にした、なんとも奇妙な映画。日本未公開になったのもよく分かる。

（2018年3月上旬号）

濱口竜介監督の「寝ても覚めても」のこと、村田喜代子の小説『火環《ひのわ》』のこと

詩と散文の違いとはなんだろう。

もっとも簡単な説明は、詩が非日常とすれば散文は日常。あるいはこんな説明もある。詩は見えないもの、世界の裏を書く、散文は見えているもの、表を書く。

吉行淳之介は詩が舞踏だとすれば、散文は歩行だと言った。

安岡章太郎は、詩がサイレント映画とすれば、散文はトーキーだと言った。

誰もが、詩と散文の違いを説明するのに苦労する。アメリカの詩人で作家のメイ・サートンは、散文は働いて得るものなのに対し、詩は神によって与えられる、散文が他者との対話なのに対し、詩は自分との対話だ、と言う。

詩と散文。この違いを考えたのは、柴崎友香原作、濱口竜介監督の「寝ても覚めても」（18年）を見てから。

新人の唐田えりか演じる朝子は、はじめ大阪時代に知り合った麦《ばく》という若者と、次に東京に出て来て知り合った亮平という二人の若者（東出昌大の二役）を愛するようになる。

朝子の二人との関係は、詩と散文の関係に似ている。麦との関係が非日常の詩とすれば、亮平との関係は日常の散文の関係。

麦は放浪癖が強い。散歩の途中、いい風呂屋を見つけるとそこに入ってしまう。そしてある日、「靴を買いに行ってくる」と言ったまま、姿を消してしまう。

それに対し、亮平は堅実な会社員。日本酒のメーカーで働いている。まさに麦が舞踏とすれば、亮平は歩行。地に足が着いている。

麦に捨てられた形となった朝子は、実直な亮平と会って一緒に暮らすようになる。散文の世界は、心ときめくようなことは起こらないが平穏の安心がある。3・11のあと二人は東北の被災地にボランティア活動に行くが、二人にとっては（おそらく亮平のほうが誘っているのだろう）、その活動も特別なことではなく日常の延長になっている。ボランティア活動といっても、遺体探しや瓦礫の片づけではなく朝市の手伝いなのだから、日常に近い。

亮平との平穏な暮らしが続くかと思われた時、姿を消していた麦が現れる。失踪者の帰還は、バルザックの『シャベール大佐』、モーパッサンの『帰郷』、テニスンの物語詩『イノック・アーデン』、あるいは荷風の戦後の短篇『噂ばなし』などに見られるように、文学のテーマのひとつ。

朝子は麦の突然の帰還に動揺する。もともと亮平は麦と瓜ふたつだった。詩と散文の裏と表だった。朝子は亮平と暮らしながらも、「この人はひょっとして麦ではないか」と不安（そしていくらかの期待）を持っていたはずだ。

散文という見える世界のうしろに、詩という見えない世界を感じていたに違いない。麦の帰還、出現によって、これまでの日常、散文のうしろに隠れていた詩の世界が再び現れる。朝子は詩と散文に引き裂かれる。

そして、麦と再会した朝子は、思いもかけない行動を取る。濱口監督自身、「この物語の結末部における、朝子の行動は少なからず観客にショックを与えるものと思います」と語っているが、そのショックは、決して朝子がわがままであるためでも、自分の気持に素直であるためでもないだろう。突然、朝子が、目に見える散文の世界から、目に見えない詩の世界へ、いわば「覚め」ている状態から「寝」ている状態に入りこんでしまう、その急変の驚きのためだ。おそらく朝子自身、自分の気持が分からないに違いない。

詩と散文の違いについて、澁澤龍彥の絶妙な定義がある。「詩とは、いわば散文の病気である」

(『偏愛的作家論』青土社、一九七二年)。

これに倣《なら》えば、朝子は麦と再会し、病気がぶり返してしまった。麦との詩の世界へと入りこんで微熱を発してしまった。それでもなんとか最後に亮平のもとに戻ろうとしたのは、病気を治したいという気持があったからだろう。

再び亮平の住む川べりのアパートに朝子が戻ろうとする時、激しく雨が降る。朝子は、雨のなか、姿を消した猫を探す(まるで「ティファニーで朝食を」〈61年〉のオードリー・ヘプバーンのように)。この雨がおそらくは朝子の微熱を冷ましてくれるのだろう。

柴崎友香は都市風景の描写が優れた作家だが、この映画も朝子と亮平が出会うことになる東京の都市風景をきちんと撮っている。とくに感心したのは、亮平が勤める会社のビルの向うに、ビルとビルとのあいだを隅田川が流れるのをとらえるところ。成瀬巳喜男監督が「流れる」(56年)でセットと実景をうまく組み合わせて、柳橋の芸者置屋がある路地の向うに隅田川が流れているのを見せたのを思い出させる。

最後に、朝子と亮平が住むことになるアパートは川の草土手のそばに建っている。大阪の川という設定だが、東京の浅川べりで撮影されたという。隅田川のようにコンクリートの堤防に挟まれた川ではなく、緑の草土手のあいだを流れる川なので広々とした感じを与える。雨で増水した川を見て亮平が「水かさが増している」と言うのは、終始、散文の世界に生きる亮平の先行きの不安を感じさせる。

『鍋の中』で芥川賞を受賞した村田喜代子は世代が同じこともあって（昭和二十年四月生まれ）好きな作家のひとり。

新著『八幡炎炎記《やはたえんえんき》』の完結篇『火環《ひのわ》』（平凡社）は、福岡県八幡市（現在の北九州市）に生まれ育った村田喜代子の自伝的小説。

日本を代表する製鉄所のある町で育ったヒナ子という女の子は、子どもの頃から映画好き。昭和二十年代から三十年代にかけては映画の黄金時代、町には映画館がいくつもあり、観客があふれていた。

ヒナ子は小学五年生の時に「二十四の瞳」を見て、暗がりのなかで声を殺して泣く。先生に「ありふれた言葉を使ってはいけません」と言われているのに、作文に「私はもの凄く感動しました」と一行だけ書く。「ゴジラ」を見た時には思わずスクリーンに向って「ゴジラー！　あたしがおるけんねー。あたしがついとるけんねー！」と叫ぶ。最後は「ゴジラー！　死んだらいけーん。いややー。いやー、いやー！」と泣く。

映画が好きになったヒナ子は、中学校を出ると高校には進学せず、町の映画館で働き、町じゅうの映画館で映画を見る。ノートを持っていきメモを取る。『映画シナリオ』という月刊誌を買う。新藤兼人の名を知る。そしてシナリオライターを夢見る。

中島丈博脚本、黒木和雄監督「祭りの準備」（75年）の女の子版の観がある。昭和三十年代には各地にこんな子どもがいたのだろう。

（２０１８年9月下旬号）

往年の佳作「マダム」と「もぐら横丁」の林芙美子のこと

古い日本映画の上映で知られる神保町シアターの十一月の特集「女たちの街」はいい企画だった。永井荷風原作、豊田四郎監督、山本富士子主演の「濹東綺譚」（60年）をはじめ、成瀬巳喜男監督の「銀座化粧」（51年）「女が階段を上る時」（60年）、溝口健二監督「噂の女」（54年）、神代辰巳監督「赤線玉の井　ぬけられます」（74年）などが並ぶ。

作品名を見れば分かるようにこの特集は、芸者、バーのマダム、私娼など、いわゆる玄人《くろうと》を主人公にした映画を紹介している。

日本映画の特色は女性を描く映画が多いことだが、そのなかでも玄人の女性を描く映画が多い。これは、ひとつには、まだ女性の職業が多くなかった時代に、玄人は、女性が生きてゆく上での数少ない職業になっていたからだろう。色町に生きる女たちは、「夜の女」というよりも、「働く女」だった。言ってみればキャリアウーマンだった。

今回の神保町シアターの作品で、はじめて見て面白かったのは、昭和三十二年の日活映画、阿部豊監督の「マダム」。

月丘夢路が銀座のバーのマダムを演じる。男社会のなかで身を律しながら生きてゆく。「夜の女」ではなくあくまでも「働く女」ととらえているところが好ましい。

マダムという言葉は、いまでは死語になっている。私見では、マダムが似合った女優は木暮実千代、高峰三枝子、そして月丘夢路。芸者顔の八雲恵美子、山田五十鈴、花柳小菊、嵯峨三智子に対する。芸者が和なのに対し、マダムはあくまでも、モダンでバタ臭い。木暮実千代は、確かマダムジュジュという化粧品のCMに出ていた。高峰三枝子は「挽歌」（57年）で、若い久我美子に「マダム」と呼ばれていた。月丘夢路は三島由紀夫原作の「美徳のよろめき」（57年）のヒロインの人妻を演じた。

吉永小百合や小泉今日子のような少女顔が時代の主流になると、かつてのマダム顔は消えてゆく。それだけに「マダム」の月丘夢路の大人の妖艶さには心騒ぐ。こういう女優が本当に少なくなってしまった。

「マダム」は『夫婦《めおと》善哉』で知られる無頼派の作家、織田作之助の愛人だった織田昭子（本名、輪島昭子）の手記をもとにしている。昭子は昭和三十二年に織田作が肺結核のため三十五歳の若さで死去したあと、生活のため銀座のバーのマダムになった。この映画、「夜の女」と「働く女」のあいだを揺れ動く〝未亡人〟の悲しさ、強さが描かれていて見ごたえがある。

昭子はもともとは新劇女優。映画では描かれていないが、昭和十八年に東京劇場の舞台で『わが町』が上演された時に出演したのがきっかけで織田と親しくなった（『わが町』は、昭和三十一年に川島雄三監督によって映画化されている）。

親しくなったとはいえ、織田は奥さんがいるうえに、女出入りが多い。そのつど昭子は悩まされることになる。映画のなかで織田（役名は矢田作之介）を演じるのは金子信雄。そのためか、どこかユーモラスで何人もの女と関係しても憎めない。

昭子は四年ほど織田と付合い、その死にあたって最後まで献身的に付添った。にもかかわらず、織田と正式に結婚していなかったため、遺族に冷たく追われた。

その時、昭子をかばい、身柄を引取った女性作家がいた。映画では細川ちか子演じる「林ふさ子」。親族たちに邪魔扱いされた昭子を「よござんすよ、もうあなたたちには頼みません、私が面倒を見ます」と気持よくタンカを切って昭子を連れ出す。格好がいい。

この「林ふさ子」、いうまでもなく林芙美子のこと。戦後、同じ作家として織田作之助と対談などを通じて親しくなり、その縁で〝未亡人〟の昭子を引取り、さらには生きてゆくためにバーで働くことをすすめた。

林芙美子が好きで拙著『林芙美子の昭和』（新書館、二〇〇三年）を書いた人間としては、このエピソードはうれしい。

林芙美子というと、文壇ではその人柄に問題があるとされ、昭和二十六年に四十八歳で亡くなった時、葬儀の席で参列者が場所もわきまえず林芙美子の悪口を言ったので、葬儀委員長を務めた川端康成が挨拶で「亡くなった人の悪口を言うのは」とたしなめた。よく知られたエピソードだが、映画「マダム」で昭子をかばうところを見ると、林芙美子はむしろ人柄が良かったのではないかと思う。


林芙美子の気さくな、人情味あふれる人柄を偲ばせる映画がもう一本ある。林芙美子と親しかった昭和の私小説作家、尾崎一雄原作、清水宏監督の「もぐら横丁」(53年)。

尾崎がモデルの貧乏作家（佐野周二）と、貧乏はしてもいたってのんきなその奥さん（島崎雪子）の仲の良い夫婦生活を描いたユーモラスな小市民映画。

「もぐら横丁」とは新宿区下落合（西武新宿線の下落合駅付近）にあった庶民的な町。貧しい私小説作家が住むのにふさわしい。

ちなみに原作は戦前の昭和十年代が舞台だが、映画は製作時の昭和二十年代に置き換えられている。私小説作家が昔も今も貧乏なのは相変わらずだが。

赤ん坊のミルク代にも事欠くような尾崎一雄夫婦を、近くに住む作家（堀越節子）が何かと面倒を見る。この先生、いたって気がいい。ある時など、自分の家で使わなくなったラジオを、ラジオのない貧乏作家に譲ったりする。

この作家のモデルは林芙美子。「マダム」といい、「もぐら横丁」といい、とかく文壇では悪く言われることの多かった林芙美子を、どちらも情にもろい面倒見のいい女性だったとして描いている。子どもの頃から苦労して育ってきた人だけに、弱い立場にいる人間がいると助けたくなる人だったのではないか。「マダム」「もぐら横丁」の林芙美子が、本当の姿を伝えていると思う。

「マダム」には、鉄道好きには「おっ」と驚く鉄道の場面がある。

一時、織田作と別れた昭子が傷心のまま、京都の町を歩いている。偶然、旧友（左幸子）に会い、喫茶店に入る。

その喫茶店の場面。窓の向こうを電車が走っている。よく見れば、鴨川べりを走る京阪電車ではないか。この電車は、のちに地下に入ってしまっただけに、地上を走る姿は貴重。「マダム」は、鉄道好きにも記憶に残る、古い日本映画になった。

（2019年1月下旬号）

「させていただきます」と「お疲れさま」のこと

映画は時代によって変わる言葉のよき教材になる。どんな言葉が、いつ頃から使われていたかが分かる。

近年、もう耳ざわりになるくらいよく使われるようになった言葉が「させていただく」。

テレビでは司会者が「紹介させていただきます」とひっきりなしに言う。結婚式では司会者が「本日、司会をつとめさせていただきます」、歌手が舞台に立つと「歌わせていただきます」。

謙遜、あるいは丁寧な言い方ではあるのだが、あまりに頻繁に使われると慇懃無礼に聞こえてくる。

この言い方がいつ頃から使われるようになったか。じつはこれがはっきりしない。

講談社の校閲者だった高山盛次氏の著『赤いランプの終列車　私流・日本語探検』（新風舎、二〇〇三年）には、司馬遼太郎と大岡信が、それぞれに唱えている高度経済成長期説が紹介されている。経済活動が活発になったこの時期、人間関係が複雑になり、その摩擦を避けるために「させていただく」が使われるようになったとする説。

ところが、髙山盛次氏は、ある時、昭和二十四年に公開された石坂洋次郎原作、今井正監督の「青い山脈」をビデオで見ていて驚く。

三島雅夫演じるＰＴＡ会長が「議長の役をつとめさせていただきます」と言っているではないか！高度経済成長期以前にすでにこの言葉はあった。

実はすでに戦前からあった。永井荷風がその日記『断腸亭日乗』の昭和九年七月二十一日に記している。

銀座のある喫茶店に「開店させて頂きます」と張り紙があった、と。荷風は聞き慣れない言い方なので気になって、そのことを日記に記した。昭和初年にすでに登場していたと分かる。

それを裏づける映画がある。昭和十二年に公開された成瀬巳喜男監督の「女人哀愁」。

ヒロインの入江たか子（きれい！）が東京の山の手に住む金持の息子（北沢彪）のところに嫁ぐ。山の手の裕福な家だから若い「女中」がいる。入江たか子は、彼女に優しく接する。ある時、「女中」にもう夜遅いから寝なさいといたわる。

それに応えて「女中」が言う。「それではお先に休ませていただきます」。

映画のなかで使われた、きわめて早い例の「させていただきます」になる。この場合、「女中」が若奥様の気配りに感謝して言っているので。不自然には聞こえない。「お先に休みます」と主人に言うのはかえって変だろう。

「させていただく」は、とすると、昭和のはじめ、山の手の家庭で「女中」が使う、丁寧語、謙遜語として使われ始めたのではないか。

これは、文芸評論家、重金敦之氏の『食の名文家たち』（文藝春秋、一九九九年）で教えられたが、『朝日新聞』昭和二十八年三月七日の連載コラム「東京昨今」で、フランス文学者の辰野隆《ゆたか》がこんな発言をしている。

「（下町生まれの）谷崎潤一郎君がね『ナニナニさせていただきます』ということばを非常にいやがるんです。ところが、山の手じゃいうんですね」

「女人哀愁」の山の手の裕福な家で働く「女中」が「お先に休ませていただきます」というのは、辰野隆の「山の手じゃいうんです」を裏付けている。

戦後、この山の手言葉が広く浸透していったのではあるまいか。

映画のなかの「させていただきます」で印象深いのは、幸田文原作、成瀬巳喜男監督「流れる」（56年）の田中絹代。

東京の下町、花柳界で知られた隅田川沿いの柳橋の芸者置屋（主人は山田五十鈴）で「女中」として働くことになった田中絹代は「流れる」のなかで二度「させていただきます」と言っている。

一度目は、料亭の女将（栗島すみ子）から十万円という大金を預かる時。「失礼ですがなかを改めさせていただきます」と言っている。

二度目は、その女将から料亭で働かないかと誘われ、それを断って女将の家を辞す時。「失礼させていただきます」。

どちらの場合も、不自然には聞こえない。「女人哀愁」の場合と同じように、田中絹代が「女中」であるためか。とすると「させていただく」は山の手の「女中」言葉から始まったという私見はあながち誤りとは思えない。

それが現在ではもう当たり前の日常の言葉になっていった。


「させていただく」と並んで気になる言葉に「お疲れさま」がある。

今日、いたるところで使われる。便利な言葉である。若いＯＬでさえ、仕事のあと仲間とビールを飲むとき「お疲れさま」「お疲れ」という。この言い方も、いつ頃から、誰が始めたのか気になる。

二〇一一年、拙著を原作にして「マイ・バック・ページ」が向井康介脚本、山下敦弘監督で映画化された時。

たまたま、一日、撮影現場を見に行った。ちょうど妻夫木聡演じる週刊誌の記者が仕事を終えて会社を出る場面だった。

同僚が「お疲れさま」と言う。それを聴いて「おや」と思った。時代設定は一九七一、二年。当時、新聞社内で「お疲れさま」は使われていなかったのではないか。「マイ・バック・ページ」の映画化に当たっては、脚本にいっさい注文は出さなかったのだが、この「お疲れさま」は気になって、山下監督に、そのむね伝えた。山下監督は驚いたようだった。

無理もない。現在ではもう普通の言葉になっているのだから。

「お疲れさま」は誰が、いつ頃から使うようになったのか。実はこれもよく分かっていない。もともとは水商売の言葉だという。それが一般に広まっていった。

映画のなかで「お疲れさま」が使われた早い例に、昭和三十一年に公開された日活のサスペンス映画、江戸川乱歩原作、井上梅次監督の「死の十字路」がある。

この映画のなかで、芦川いづみは、女優の卵で、ある時、ラジオ番組に出演する。仕事が終わってスタジオから出る時、仕事仲間から「お疲れさま」と声を掛けられる。

もうひとつの早い例に、昭和三十六年公開の大映映画、藤原審爾原作、富本壮吉監督の「可愛いめんどりが歌った」がある。

大空真弓演じるヒロインは、大阪から東京に出てきた自由奔放な娘。ある時、テレビドラマの出演者に抜擢される。

そのテレビ局内の場面で、スタッフが「お疲れさま」と言っている。

「死の十字路」のラジオ局、「可愛いめんどりが歌った」のテレビ局。水商売の世界で言われていた「お疲れさま」が、ラジオ局、テレビ局に移り、次第に広がっていたのではあるまいか。

新聞社内ではまだ使われていなかったことは、昭和三十年代のテレビの人気番組で、のち映画化された「事件記者」シリーズで一度も使われていないことからも分かる。当時はまだ「ご苦労さま」が普通だった。

（2019年12月上旬号）

スウェーデンの児童小説作家の若き日を描く「リンドグレーン」のこと

男の子なら『名探偵カッレくん』シリーズ、女の子なら『長くつ下のピッピ』シリーズ。スウェーデンの児童小説作家アストリッド・リンドグレーンは日本でも愛読されている。

個人的に言えば、中学時代、一九五〇年代のはじめ岩波少年文庫の『名探偵カッレくん』シリーズを面白く読んだ。お転婆のエーヴァ・ロッタが好きになった。

挿絵（エーヴァ・ラウレル）が独特で、カッレもエーヴァ・ロッタも草のように細い。スウェーデンの子どもはこんなにもやせているのかと驚いた。のち、少女漫画家、倉多江美の作品に接した時、男の子も女の子も鉛筆のように細く、これは「カッレくん」の絵の影響ではないかと思った。

デンマークの女性の監督ペアニレ・フィシャー・クリステンセンによる「リンドグレーン」(18年)はアストリッド・リンドグレーン(一九〇七―二〇〇二)が作家になるまでの若き日を描いていて見ごたえがある。アストリッドを演じるアルバ・アウグストという女優の、北欧の森の湖のように澄んだ美しさにまず魅了される。デンマークの監督ビレ・アウグストとスウェーデンの女優ペアニラ・アウグストの娘という。

アストリッドは一九〇七年生まれ。日本でいえば明治四十年。私の好きな作家、林芙美子が明治三十六年生まれだからほぼ同世代と言っていい。共に、女性がものを書くのが珍しかった時代に作家を志した。

アストリッドは田舎町の農家の生まれ。両親は実直なクリスチャン。成長期にあるアストリッドにはそんな両親が保守的に見える。母親が「女の子だから門限を守りなさい」と叱ると「神様の前では男も女も平等でしょう」と反発してしまう。

時代は一九二〇年代。先進国、とりわけアメリカではジャズ・エイジと呼ばれ、女性が煙草を吸い、酒を飲み、男性と同じ自由を求めるようになった(いわゆるフラッパー)。

十代のアストリッドは田舎町の女の子だが、時代の流れに敏感で、自立志向が強い。小さな新聞社の面接で社長に「未来」と言われたら何を思うかと聞かれると、即座に「自由」と答える。生き生きとしている。

ダンス・パーティで男性に誘われず、壁の花になっていると、一人で踊り出す。

いい場面がある。

面接を受けた新聞社に採用される。いまふうに言えばキャリア・ウーマンの道を歩き始める。ある時、この新米記者は思い切ったことをする。長い髪を切って、短髪にしてしまう。

当時、女性が髪を切るなどあってはならないことだった。母親は「地獄への片道切符だわ」と驚き、嘆く。しかし、短髪は、アストリッドにとって男性中心の社会で自分の夢を実現する意志表示になったのだろう。

アメリカのジャズ・エイジの作家にアニタ・ルース（一八八九―一九八一）がいる。のちマリリン・モンローが主演した「紳士は金髪がお好き」（53年）の原作者として知られている。

「万年筆が私のいちばん好きな玩具だった」というこの作家は、二十代の時に大仰に言えば歴史に残る決断をした。長い髪を思い切りよく切り、ボブ・ヘア（断髪）にしたのである。アメリカで最初に髪を短くした女性の一人となった。


アストリッドが髪を切ったのは、アニタ・ルースとほぼ同時期。男性の視線など気にせず、仕事をしやすくするために髪を切った。これも自立精神のあらわれである。

髪を切るきっかけになったのは、ある日、ドイツの雑誌に、ショート・ヘアこそ新しい時代のファッションと紹介されて、それに刺激を受けたこと。

第一次世界大戦後の一九二〇年代のドイツは、絵画、映画、建築など華やかな文化が花開いた。ナチス台頭前の束の間の文化の時代だった。

この時代を象徴する女優がルイーズ・ブルックス。アメリカの女優だが二〇年代にドイツに渡り、G・W・パプスト監督の「パンドラの箱」（29年）に出演し、そのボブ・ヘアによって時代の美神になった。

アストリッドがドイツの新しい雑誌を見て髪を切る決意をするのは納得がゆく。

アストリッド・リンドグレーンは林芙美子とほぼ同世代と前述したが、男性中心の時代に苦労して作家になった点でよく似ている。

彼女は新聞社で働くようになってから、社長と関係してしまい、子どもを産むことになる。結果、いまふうに言えばシングル・マザーになる。女性として母親として苦労を重ねてゆく。林芙美子ふうに言えば「花のいのちは短くて苦しきことのみ多かりき」。

アストリッドがある時、図書館に行く。どんな本を選ぶのかと思って見ていると、ノルウェーの作家クヌート・ハムスンの『飢え』。貧乏作家の苦労を描いた小説。友人は「恋愛小説にしたら」というが、アストリッドはこの暗い小説こそを選ぶ。自分の苦労と重ね合わせたかったのだろう。

『飢え』は現在ではほとんど読まれなくなったが、戦前は日本でも読まれた。林芙美子は『飢え』に惹かれた一人。貧乏時代を描いた出世作『放浪記』（昭和五年）には「クヌウト・ハムスン」の名が出てくる。

アストリッドが子どもを産むのは、母国スウェーデンではなく、デンマークというのは興味深い。デンマークでは、父親の名を明かさずに出産することが出来たからという。

子どもを出産したあと、一人では育てきれないので、コペンハーゲンの里親に預ける。この里親の女性が優しく、あたたかい。子どもが彼女のほうになついてしまい、たまにしか来られないアストリッドを母親と思わなくなってしまうのが悲しい。

社長のほうは妻とようやく離婚が成立し、アストリッドと結婚しようとする。それなりに誠意を示すが、アストリッドはシングル・マザーの苦しみを理解しない彼と別れる。この決意も働く女性の意志の強さを感じさせ、みごと。

幼い子どもを連れてアストリッドが最後に帰るところは故郷の家。両親は可愛い孫を見て、二人をあたたかく迎え入れる。リンドグレーンの作品ではいつも「家」や「村」が親しみをこめて描かれるが、もとはここにあるのだろう。

新聞記者になったアストリッドが最初に書いた記事が、新しく開通した鉄道のことだったというエピソードは鉄道好きとしてはうれしい。

リンドグレーンの読者の一人に、山田洋次監督がいる。岩波少年文庫の『名探偵カッレくん（新装版)』(尾崎義《よし》訳、二〇〇五年)の解説で、松竹の若手時代、この小説をシナリオにしたと書いている。

映画化は出来なかったが、カッレくんが隣りのエーヴァ・ロッタの家に行く時、板塀がはがれてい る隙間を通る、これが「男はつらいよ」に反映されたという。

「寅さんの実家のだんご屋の裏手に印刷工場があり、両家をさえぎる古びた板塀の一部が破れていて タコ社長はじめ工員たちは大いばりでそのあなを通ってだんご屋を訪れる、という仕組みはこの『カ ッレくん』からいただいたものである」

そうだったのか。

(2019年12月下旬号)

フランスの作家、ロマン・ガリのこと

ホームドラマ風の日本タイトルで想像できなかったが、フランス映画「母との約束、250通の手紙」（17年、エリック・バルビエ監督）は、ロマン・ガリの自伝的小説『夜明けの約束』（岩津航訳、共和国、二〇一七年）の映画化作品ではないか！

ロマン・ガリは、ジーン・セバーグの元夫として映画ファンにも知られているが、その数奇な生涯によっていまやレジェンドと化しているフランスの作家（一九一四―八〇）。

フランスと書いたが、正確には現在のリトアニアの首都ヴィリニュスで生まれたユダヤ人。両親はロマン・ガリが生まれてすぐ離婚した。その後、母親に育てられ、ポーランド、フランスへと移住。一九三五年にフランス国籍を取得し、第二次世界大戦中にはドゴール率いる自由フランス軍に参加。

空軍で活躍し、戦後、その功績で外交官になった。

一方で小説を次々に発表、一九五六年には、アフリカで象狩りなどに反対する理想主義者を主人公とする『自由の大地』によってゴンクール賞を受賞、作家として名声を博するようになり、一九六三年にジーン・セバーグと結婚（のちに離婚）。

ジーン・セバーグが一九七九年に謎めいた死に方をしたあと、八〇年に彼女を追うようにピストル自殺した（本人は、自分の自殺はセバーグの死とは関係ないと書いた）。

映画好きの少年を主人公にした小説『シネロマン』の作者ロジェ・グルニエと親しかった。二人とも、犬好き。グルニエの犬が死んだ時、ガリも泣いた。その直後、自殺した。グルニエの『ユリシーズの涙』（宮下志朗訳、みすず書房、二〇〇〇年）にそうある。

私などの世代がガリの名前を知るのは、『自由の大地』がジョン・ヒューストン監督、トレヴァー・ハワード、エロール・フリン主演で映画化され（58年）、それが一九五九年に日本で公開されてから。当時の表記は「ギャリイ」だった。

映画そのものは、傑作と駄作の波が激しかった頃のヒューストンの駄作のほうで、失敗の一因は、製作者のダリル・F・ザナックが当時の恋人、歌手のジュリエット・グレコを無理に出演させたことにあると言われている。

確かにつまらない映画でビデオにもなっていないが、アフリカを舞台にしているのが当時としては珍しかった。

文学好きに重要なことがある。ガリの原作は、映画の公開に合わせるように翻訳出版された（人文書院、一九五九年）が、翻訳者は、フランス映画を愛した映画評論家、岡田真吉と、そして若き日の澁澤龍彦だった。二〇一九年、出版され、読売文学賞を受賞した礒崎純一の『龍彦親玉航海記　澁澤龍彦伝』（白水社）によれば、若き日の澁澤は年長の岡田真吉の下訳をしていたという。『自由の大地』ではじめて共訳者として名が出たことになる。澁澤龍彦にとってロマン・ガリは忘れ難い作家だっただろう。


『夜明けの約束』は一九七〇年にジュールス・ダッシン監督によって映画化されている。日本未公開で私は未見。息子のロマンを溺愛する母親を演じたのはメリナ・メルクーリ。今回の「母との約束、250通の手紙」ではシャルロット・ゲンスブールが熱演している。

夫と別れ、女手ひとつで異国にあって、息子を大成させようと必死になる母親。フランス以上にフランスを熱愛していて、ようやく念願のフランスのニースに住みついてからは、息子を「外交官になれ、作家になれ」と鼓舞し続ける。

青年になってからのロマンを演じるのはフランソワ・オゾン監督の「婚約者の友人」（16年）が強く印象に残るピエール・ニネ。

母子はユダヤ人であるために行く先々で差別を受ける。ロマンはドゴールの自由フランス軍で活躍するが、ユダヤ人のために将校になれない。

ちなみに映画には描かれていないが、『夜明けの約束』によれば、ロマンの父親は、第二次世界大戦中、ナチスによって殺害されたという。再婚した妻と二人の子どもと共に。

戦後、分かったことだが、父はガス室に送られる時、その手前で恐怖のあまり死んでしまったのだという。


ガリはドゴールを尊敬していた。フランス文学者の海老坂武は『戦争文化と愛国心—非戦を考える』（みすず書房、二〇一八年）のなかで、ロマン・ガリを「根っからのドゴール派」と評している。おそらくこれは、「フランス狂」の母親の影響ではあるまいか。

ロマン・ガリといえばドゴールの信頼が厚いと思われていたのだろう。

ギャリー・マッギーの評伝『ジーン・セバーグ』（石崎一樹訳、水声社、二〇一一年）によれば、一九六三年、ジーン・セバーグがロマン・ガリと共にケネディ大統領に会った時、ケネディはロマンに、私生活のことが知られていないドゴールのことをさかんに質問したという。


以前、大江健三郎の小説を読んでいて、ロマン・ガリの名前が出て来たので、うれしく驚いたことがある。

『河馬《かば》に嚙まれる』（文藝春秋、一九八五年）。作者自身らしい「僕」のところに、ある日、日系アメリカ人がやって来て、こんな壮大な映画の企画を話す。

「アメリカではウィリアム・スタイロン、フランスではロマン・ギャリ、ドイツではギュンター・グラス、韓国では金芝河、日本ではあなたで、五篇のシナリオをつくってもらいます。監督はあなたも知っていると思うが、偉大な監督のサム・ペキンパー、第一級の国際映画になりますよ。主題は『浅間山荘』です」

これだけの現代作家が脚本を書き、ペキンパーが監督する「浅間山荘」の企画があったとは。実現しなかったのは残念というしかないが、どんな映画になっただろう。


ロマン・ガリの短篇をガリ自身が監督し、ジーン・セバーグが主演した「ペルーの鳥」(68年)は失敗作とされている。

地の果てのようなペルーの海辺に鳥たちが死にに来る場所がある。鳥の墓場。そこにある日、人妻がやってくる。彼女は何人もの男たちを相手にしないと満足しないという特殊な性向がある。モーリス・ロネ共演。

日本でも不評だったと思うが荒涼とした海辺の風景はいまも記憶に残る。(2020年3月上旬号)

松本清張『砂の器』、原作と映画の違いのこと

松本清張の長篇小説『砂の器』は『讀賣新聞』昭和三十五年（一九六〇）五月十七日夕刊から同三十六年四月二十日まで連載された。従って二〇二〇年は起草六十年目の記念の年になる。無論、小説はいまも読み継がれているが、その人気は、映画作品（昭和四十九年、野村芳太郎監督、橋本忍、山田洋次脚本）の人気と相俟っている。

ここで改めて原作と映画の相違点を見てみたい。

まず原作は、発表時の昭和三十年代なかばの社会を反映している。六〇年安保闘争があった政治の季節であり、若い知識人が台頭してきた新しい時代である。

その時代を反映して、原作には、「ヌーボー・グループ」という新時代の文化人グループが登場し、

これが重要な役割を果たしている。

劇作家、評論家、画家、建築家、演出家などの若手の集団で、作曲家の和賀英良（映画では加藤剛）もここに属している。

このグループのモデルは、原武史が『「松本清張」で読む昭和史』（NHK出版新書、二〇一九年）で指摘するように、当時、浅利慶太、石原慎太郎、江藤淳、大江健三郎、武満徹、谷川俊太郎、寺山修司ら、錚々たる若手文化人によって作られた「若い日本の会」と考えていいだろう。

当時、いずれも二、三十代で、肥大しつつあるマス・メディアの寵児になっていた。彼らより年長であり苦労人である松本清張が、若くしてデビューし華々しく活躍していた彼らに反感を持っていたことは充分に想像しうる。事実、小説のなかで彼らを好意的には描いていない。

はじめに彼らが新聞社のパーティに顔を出すところでは、それぞれ俗物として描かれている。作曲家の和賀英良も傲慢そのもので、パーティで人気女性歌手に声を掛けられるとこんな悪態を吐く。「あんな通俗な歌ばかりうたってる女に、おれの芸術がわかるはずがない。目新しさだけを狙っているんだな。だいたい、おれがあんなやつのために仕事をすると思ってるのか」。尊大な、嫌な男にしか思えない。

関川重雄という若い批評家も似たりよったりで、銀座のバーの「女給」と付合っているが、それが世間に知られると出世の妨げになると思い、かねがね、この女性に「ぼくらのことは、絶対に人にさとられてはいけない」と言い含めている。これも嫌な奴だ。

そして彼女が妊娠と分かると、和賀英良の助けを借りて彼女を死に追い込んでしまう。

映画「砂の器」は、この「ヌーボー・グループ」を割愛した。それが映画の成功の一因だったと思う。とても共感出来ない彼らが重要な役割を果たしたら、かなり印象が違い、後味の悪い映画になっただろう。

ちなみに原作では批評家の関川の愛人になっている「女給」が、映画では、和賀英良の愛人に変えられている（島田陽子）。

また、原作では和賀英良が新しい電子音楽の作曲のために使う超音波機器が殺人と関わるが、映画ではこれも思い切って削除した。その結果、「カメダ」「伊勢の映画館の写真」という二つの手がかりが重要なものとして浮かび上がり、ミステリとしてすっきりした。

「ヌーボー・グループ」をみごとに削ったために、映画では、加藤剛演じる和賀英良が原作で描かれたような野心家ではなく、人に知られたくない出生の秘密を持った悲しい男として生まれ変わった。観客は、やむなく恩人を殺してしまったが、和賀のつらい過去を知れば、同情したくなる。原作では同情出来ない男なのと対照的で、ここが原作と映画との大きな違いになっている。

私見では、最良のミステリとは、読者あるいは観客に、この犯人は捕まってほしくないと思わせるものと考えているが、映画「砂の器」のラストは、まさにそうで、栄光の頂点で逮捕されることになる和賀英良が気の毒になってくる。彼の作曲した「宿命」という曲の良さによるものでもあるだろう

（作曲、菅野《かんの》光亮《みつあき》）。

原作では数行でしかなかった父子の旅を映画では後半のクライマックスに持ってきたことも成功している。これで、原作では、出世のための殺人でしかなかったものが、悲しい過去を背負った殺人として観客に迫ってくる。映画の作られた昭和四十九年（一九七四）は、東京オリンピックも万博も終わり、日本の社会はかつてないほど豊かな社会になっていたが、この父子の巡礼のような旅には、原作の持っていた日本の社会の宿命的な貧しさがにじんでいた。

映画は父子の旅を詳しく見せることで、原作以上に、「悲しさ」をとらえたと言える。この子役（春田和秀）の「たった一人で全世界と戦っている子ども」の厳しい顔つきは忘れ難い。

撮影の川又昂によれば、試写を見た松本清張は、後半の旅と演奏会と捜査会議という、いまや伝説となった、あの三つの場面の同時進行を「小説では絶対に表現することができない」「この作品は原作を越えた」と絶賛したという（小学館ＤＶＤ ＢＯＯＫ「砂の器」二〇〇九年）。

映画「砂の器」は冒頭、二人の刑事（丹波哲郎、森田健作）が、秋田県の羽後亀田に行くくだりが、夏の緑の濃い田舎町の風景をよくとらえていて心に残る。

刑事の旅は、結局無駄足に終わるのだが、原作では、実は、これも意味があって、犯人は、警察が羽後亀田に関心を持っていると新聞記事で知り、〝目くらまし〟のためにわざとあやしげな人物に亀田の町をうろつかせた、ということが分かるのだが、映画ではこの種明かしも割愛した。ここもやはりそれですっきりし、刑事たちの無駄な旅の良さが浮き上がった。

二〇二〇年五月八日、NHK BSプレミアムの『新日本風土記』で「松本清張 鉄道の旅」が放映された。「張込み」(58年)のロケ地の佐賀市、撮影スタッフが宿泊したという松川屋旅館(映画評論家、西村雄一郎さんの実家)、さらに「砂の器」のロケ地となった島根県の亀嵩《かめだけ》などが紹介され、見ごたえがあった。

清張作品を読むと旅に出たくなる。コロナ禍が終息したら、『新日本風土記』で紹介された、短篇「陸行水行《りくこうすいこう》」の舞台、清張が愛したという大分県の安心院《あじむ》にぜひ行きたい。(2020年6月下旬号)

「マーティン・エデン」の原作者、ジャック・ロンドンのこと

「マーティン・エデン」（19年）には驚かされた。アメリカの作家ジャック・ロンドンの自伝的小説の映画化なのに、なんとイタリア映画（ピエトロ・マルチェッロ監督）。

原作は十九世紀末のアメリカが舞台なのに映画では二十世紀のナポリに置き換えられている。いきなりテレビが出てくるのに驚く。ジャック・ロンドン（一八七六―一九一六）の時代にテレビがあるはずがない。

どうやらこの映画は、時代を特定せず、二十世紀という移動の時代を生き、作家を志した若者を主人公にして寓話の作り方をしているようだ（主演のルカ・マリネッリはヴェネチア国際映画祭で男優賞を受賞）。

労働者階級出身の主人公が労働運動、社会主義に目ざめてゆく姿は、私などの世代にはマウロ・ボロニーニ監督の「わが青春のフロレンス」（70年、オッタビア・ピッコロが可愛かった！）を思い出させる。

そして、作家を志す若者という点では、スウェーデン映画「リンドグレーン」（18年）やグレタ・ガーウィグ監督の「ストーリー・オブ・マイライフ／わたしの若草物語」（19年）と共通する。

この映画でいちばん心に残るのは、主人公が小説を書いては出版社に郵送するもののことごとく返却され、その没になった原稿が山積みしてゆくところ。ついには食事代はおろか、切手を買う金もなくなってしまう。

「ストーリー・オブ・マイライフ」でも、シアーシャ・ローナン演じる次女のジョーは、作品を書き上げると、自分で出版社に売り込みに行った。十九世紀の出版界では、まだ自分で作品を出版社に持ってゆくしか作家になる道はなかった。現代のように、出版社が新人発掘のためにさまざまな文学賞を設けている時代ではない。ちなみに、日本の場合、戦前は主として「同人雑誌」が作家の登竜門の役割を果たした。

ジャックが出版社に何度送っても原稿は不採用で送り返されてくる。満足なものも食べていないので、ついに倒れてしまう。この時、困った時はお互いさまと助けてくれる下宿のおばさんが優しい。女手ひとつで子どもたちを育てている苦労人。自分が苦労しているから、若者を手助けしてやるのだろう。情がある。

作家として成功した主人公は、この女性のために恩返しとして家を買って与える。これがいい話になっている。

ジャック・ロンドンは貧しい家庭の出身。アーヴィング・ストーンのジャック・ロンドンの伝記『馬に乗った水夫』(橋本福夫訳、ハヤカワ・ノンフィクション、一九六八年)によれば、実父のこともよく知らなかったらしい。

サンフランシスコで育ち、幼い頃からさまざまな底辺の仕事を転々とした。アザラシ狩りの船に乗り、太平洋を渡り、日本に来たこともある。日露戦争の時代は、ルポルタージュを書くために再び日本に来ている。

チャップリンの「黄金狂時代」(25年)で描かれたカナダのゴールドラッシュの時代には、一攫千金を夢みて北の大地に出かけている。代表作『野性の呼び声』は、この時の体験から生まれている。

二十世紀初頭には、ロンドンに行き、イースト・エンドの貧民街で暮らし、最底辺の人々の暮らしを取材、『どん底の人びと』を書いた。

ジャック・ロンドンは、若き日、さまざまな肉体労働で働いた。そして肉体労働がいかに人から健康を奪うかを目の当たりに見た。身体を壊したら見捨てられてゆく。

彼が作家を志した大きな理由は、肉体労働をせずに金を稼ぎたいという切実な思いがあったこと。そこから彼の独学が始まった。

映画「マーティン・エデン」のなかでも描かれているように廃品業者のところに行っては本を安く手に入れ、むさぼり読んだ。図書館によく通った。長くは続かなかったが遅れて高校にも通った。大学教育を受けて作家になるという現代の作家と違って苦労人。セルフメイドの叩き上げである。ジャック・ロンドンが、いまもアメリカで人気があるのはそのためだろう。マーク・トウェインの変わらぬ人気の原因もそこにある。フロンティア開拓の歴史のあるアメリカでは、彼らのように自力で生きてきた人間が愛される。

個人的な話になるが、私は以前、『ジャック・ロンドン放浪記』(小学館、一九九五年)を訳したことがある。原題は〝The Road〟。

十九世紀末。若き日のジャック・ロンドンが鉄道をただ乗りしながら旅する放浪者、いわゆるホーボーとしてアメリカ各地を旅してまわった体験記。のちに書かれるケラワックの『オン・ザ・ロード』が車の旅とすれば、ジャック・ロンドンの『放浪記』は鉄道の旅。

鉄道好きとしては、こちらのほうに惹かれる。訳していて楽しい本だった。

ホーボーは、ロバート・アルドリッチ監督、リー・マーヴィン主演の「北国の帝王」(73年)で、日本でも広く知られるようになったが、放浪を愛するアメリカ人にとってはフォーク・ヒーローになっている。

「エデンの東」(55年)の貨車の屋根に乗ったジェームズ・ディーン、「ピクニック」(55年)で貨車に乗ってカンザス州の町にやってきたウィリアム・ホールデン。あるいは「ウディ・ガスリー　わが心のふるさと」(76年)のウディを演じたデイヴィッド・キャラダイン。彼らホーボーの先輩がジャック・ロンドンになる。

ホーボーはいつも腹を空かしている。町に着いたら何軒も訪ねて物乞いしなければならない。同情をひくために哀れな作り話をする。もちろんホラ話。父に死なれたとか、遠い親戚を訪ねる途中だとか。ジャック・ロンドンによれば、このホラ話作りで鍛えられたことがのちに作家になる時の助けになったという。

年輩の映画ファンは御記憶だろう。サミュエル・ブロンストンというアメリカの独立プロデューサーがいた。マドリッドに撮影所を持ち、チャールトン・ヘストン主演の「エル・シド」(61年、アンソニー・マン監督)や、キリストの生涯を描いたジェフリー・ハンター主演の「キング・オブ・キングス」(61年、ニコラス・レイ監督)、義和団事件を描く「北京の55日」(63年、ニコラス・レイ監督)などの大作史劇を製作して名を上げた。

先日、この人のことを調べていて驚いた。なんと〝The Adventures of Martin Eden〟(42年)と〝Jack London〟(43年)を製作しているではないか。どちらも戦時中のこともあって日本未公開。前作でマーティン・エデンを演じたのはグレン・フォード。後者でジャック・ロンドンを演じたのはマイケル・オシェア、二番目の妻シャーミアンはスーザン・ヘイワード。見てみたい。

最後に、ひそかに思っていること。

代表作『野性の呼び声』には犬を可愛がるソーントンという男と、主人公犬バックの仲間でパイクという犬が出てくる。サム・ペキンパの「ワイルドバンチ」(69年)のウィリアム・ホールデンの名はパイク。ロバート・ライアンの名前はソーントン。ペキンパもジャック・ロンドンが好きだったのではないか。

(2020年9月上旬号)

「異端の鳥」と原作者コジンスキーのこと

イエールジ・コジンスキーの『異端の鳥』が映画化された。よくぞこの小説を映画に。大仰ではなく、二十世紀後期の文学作品のなかで、もっとも感動した作品。一九六五年にアメリカで出版され、日本では亡き青木日出夫氏の訳によって一九七二年に角川書店から出版された。青木氏の簡潔平明な訳文がみごとなこともあって、一読、その残酷にして無垢な世界に驚嘆した。東欧文学の持つ民話的暗さに圧倒された。のちアゴタ・クリストフの『悪童日記』(堀茂樹訳、早川書房、一九九一年)が話題になった時、子どもの受難の物語の先駆的作品として『異端の鳥』を思い浮かべた。

一九八一年に、子どもを主人公とする小説十二作品を論じた『走れナフタリン少年』という評論集

（北宋社、のち中公文庫）を出した。そのなかに、無垢なる残酷な物語として、ウィリアム・ゴールディングの『蝿の王』、大江健三郎の『芽むしり仔撃ち』と並んでコジンスキーの『異端の鳥』を取り上げた。

第二次世界大戦のさなか、六歳の少年（おそらくユダヤ人）が迫害を逃れるため、両親によって東ヨーロッパの田舎に疎開させられる。そこから少年の受難が始まる。

少年は村から村へと転々とする。どこも古い因習にとらわれた閉鎖的な原始共同体で、余所者《よそもの》の少年を悪魔の子として迫害する。村の農民たち、そして子どもまでも、少年を虐待する。殴り、いたぶり、河へ投げ込み、ついには肥溜《こえだめ》に突き落とし、少年はそのために声を失ってしまう。

原題は〝The Painted Bird〟。鳥を一羽だけ捕えて色々なペンキを塗って、もとの仲間のもとへ放してやる。鳥は喜んで仲間たちのところへ帰ってゆく。ところが他の鳥たちは、異様な色をほどこされた鳥を仲間とは思わず、次々に攻撃を加え、排除しようとする。ついに彩色された鳥は殺され、地上に落ちてゆく。

黒い髪、黒い目、オリーブ色の肌の少年は村人たちから見ればまさに〝ペインテッド・バード〟で、異質の者として迫害を加えられる。

この小説は、残酷な描写が続く。村の子どもたちは少年の可愛がっていたリスを捕え、火をつける。粉屋は作男が女房に色目を使ったとしたその目をえぐりとる。収容所に送られるユダヤ人の娘は列車から逃亡したものの村人に捕えられ、犯され、殺される。ドイツ軍が、パルチザンが、あるいはカルムイク人（コサック）が、入れかわり村々を襲う。

あまりに残酷な描写が続くので出版当時から問題にされた。しかし、この小説の残酷さは、近代ヒューマニズムの視点からの残酷さではなく、民話やグリムの童話などに普通にみられる残酷さであって、「事実」というより「物語」になっているから抵抗なく読める。

いちおう第二次世界大戦下という時代設定になっているが、そうした「事実」を突き抜けて、どこか遠い昔の寓話の趣きがある。

アメリカで出版された時、ヒエロニムス・ボスの絵が表紙に使われたというのもうなずける。現代というより中世が舞台のようにも思えてくる。

主人公の少年には名前がない。東ヨーロッパとあるだけで具体的な地名もない。少年の言葉は異国の言葉なので、村人には通じない。従ってこの小説には会話がいっさいない。少年が声を失ってからはいっそう会話はない。

また少年は「悲しい」とか「つらい」といった感情的な思いを語らない。ただ「寒い」「痛い」「腹がへった」と生理的な苦痛を語るだけ。そして少年は、次々に起こる惨劇をただ見続ける。観察者に徹している。

だから、「ホロコーストの時代に生き延びた少年の物語」とも「不条理な世界に投げこまれた少年の絶望の物語」とも違う。まるで祖父母が語るお伽話のような虚構を持っている。残酷の細部はリアルに描写されているのに、カメラを引いてそれを見るように全体としては超現実的な暗いファンタジーになっている。

チェコ、スロヴァキア、ウクライナによる合作映画「異端の鳥」(19年)は、以上書いてきたコジンスキーの原作の寓話的な特質をよくとらえた素晴らしい作品になっている。監督はチェコのヴァーツラフ・マルホウル。

迫害された少年が森へ、森へと逃げてゆく姿は、往年の忘れ難いチェコ映画、ヤン・ネメッツ監督の「夜のダイヤモンド」(64年)を思わせる。二十世紀なのに中世のような村の風景はタル・ベーラ監督「ニーチェの馬」(11年)のあの辺境の村、あるいはヘルツォークの「カスパー・ハウザーの謎」(75年)の世界にも通じる。

何よりも、カラーではなくモノクロ(しかも35ミリフィルム)にしたのが成功の一因だろう。古い寓話の雰囲気が出ている。ミヒャエル・ハネケ監督の「白いリボン」(09年)がモノクロで成功したのと同様。最後にクレジットで、コジンスキーの原作に基づいていると出るところは、この小説の好きな人間は静かに感動する。

原作者のコジンスキーについては、この『キネマ旬報』のコラムで何度か書いた。

『異端の鳥』を読むと、あまりに細部がリアルなので、コジンスキーの少年時代も受難の連続だったと想像してしまうが、James Park Sloan の伝記〝Jerzy Kosinski〟(Penguin Books、一九九七年)によれば、ホロコーストの時代、確かに一家は田舎へと逃がれたが、幸運なことに捕えられることはなく、コジンスキーも両親と離れ離れになることもなかったという。

映画のなかで、少年がピアノを弾く場面があるが、両親は知識階級で戦後のポーランドで、それなりの生活を維持したらしい。

作家になってからウォーレン・ベイティが監督した「レッズ」(81年)で革命家ジノヴィエフを演じたが、若き日、ポーランドで映画学校に通い、自主映画を作ったこともある。

この時代に知り合ったのがロマン・ポランスキー。かのシャロン・テート事件のとき、当夜、コジンスキーもポランスキーの家に招待されていたが、たまたま飛行機が遅れ、難を逃れた(コジンスキーの作り話という説もある)。

一九九一年五月、マンハッタンの自宅で、ポリ袋を頭からかぶって自殺(これは二〇一八年に日本で公開された「修道士は沈黙する」〈16年、ロベルト・アンドー監督〉で踏襲された)。二番目の妻、ドイツの貴族出身のキキが遺体を見つけた。

コジンスキーの最初の妻は、コジンスキーのソ連批判のノンフィクション『同志よ、未来はわがもの』を読んでファンレターを出した十八歳年上の未亡人。マンハッタンの三十八部屋もある邸宅に住む大金持ちで、貧しかったポーランド移民のコジンスキーを支えた。

『異端の鳥』は、このメアリー・ヘイワード・ウィアという女性に捧げられている。「彼女なくしては過去さえもその意味を失ったことだろう」。

後記　青木日出夫訳『異端の鳥』は絶版。現在、手に入るのは西成彦訳『ペインティッド・バード』松籟社、二〇一一年）で、こちらの表記は「イェジー・コシンスキ」。拙文では、故青木氏に敬意を表し「イエールジ・コジンスキー」にした。

（2020年9月下旬号）

第四章　トルーマン・カポーティ

「ニューヨーク公共図書館 エクス・リブリス」とカポーティのこと、グロリア・ヴァンダービルトのこと

エリア・カザン監督のホームドラマの秀作「ブルックリン横丁」(45年)に本好きの可愛い女の子(ペギー・アン・ガーナー)が出てくる。アイルランド移民の子ども。貧しくて本が買えない。図書館では無料で本が読めると知って出かけてゆく。最初に借り出した本は十七世紀に出版された古典、ロバート・バートンの〝The Anatomy of Melancholy(憂鬱の解剖)〟。図書館の女性が驚いて「こんな難しい本を読むの」と言うと、「図書館の本をAからZまで全部、読みたいんです」。偉い。

夏目漱石の『三四郎』には、東京帝国大学の学生となった三四郎が図書館に行って毎日、たくさんの本を借り出すと、どんな本でも誰かが一度、読んでいることに驚く有名なくだりがある。

図書館は本の殿堂。

フレデリック・ワイズマン監督のドキュメンタリー「ニューヨーク公共図書館 エクス・リブリス」(17年)は、世界有数の大図書館の様子をあますところなくとらえていて面白い。

映画ファンにとってニューヨーク公共図書館といえば、なんといってもトルーマン・カポーティ原作、ブレイク・エドワーズ監督の「ティファニーで朝食を」(61年)だろう。

高級娼婦オードリー・ヘプバーンがニューヨークの同じアパートに住む駆け出しの作家ジョージ・ペパードと親しくなる。

ある日、二人は町に散歩に出る。ペパードが図書館に誘う。オードリーはおそらく図書館に入るのは初めて。ペパードがカードで自分の本を探し、うれしそうに見せる(まだカード式の時代)。オードリーは「すごい」とびっくりして「あなた、自分の本にサインしてあげなさいよ」。笑わせた。

この図書館がニューヨークの公共図書館。原作者のカポーティは作家修業中の若き日、ここをよく利用した。ある時、よく図書館で会う老女性とお茶を飲むことになった。「好きなアメリカの作家は?」と聞かれ、ウィラ・キャザーと答え、その作品名をあげた。「お読みですか」と聞くと、老女性は控え目に言った。「ええ、それを書いたのは私なの」。なんと目の前の女性はウィラ・キャザーその人だった(拙訳、カポーティ「ウィラ・キャザーの思い出」、『yom yom』二〇〇八年二月)。

図書館はこんな奇跡が起こる場所でもある。

カポーティには図書館をめぐるもうひとつ愉快なエピソードがある。

ある映画のプロデューサーがカポーティと車でアメリカ大陸横断の旅に出た。カポーティはよく運転手に田舎町の図書館に連れて行ってくれと頼んだ。車を待たせておいてカポーティは図書館のなかに入った。

プロデューサーは不思議に思って「何をしに行ってるんですか」と聞くとカポーティは無邪気に答えた。「著者目録を調べているんだ。この図書館ではメイラーのは七枚、ヴィダルは八枚。それに対して私のは十一枚だ」（拙訳、ローレンス・グローベル『カポーティとの対話』文藝春秋、一九八八年）。

自分の本のほうがライヴァルのノーマン・メイラーやゴア・ヴィダルの本より図書館に多く置かれているのを素直に喜んでいる。

二〇一九年六月なかば、新聞を開いたら、レディ、グロリア・ヴァンダービルトの死亡記事があった。鉄道王コーネリアス・ヴァンダービルトの直系（一九二四年生まれ）。

大富豪の娘で芸術好き。伯母のガートルード・ホイットニー（父親の姉）が開設したニューヨークのホイットニー美術館の運営に関わった。彼女については以前『忘れられた女神たち』（筑摩書房、一九八六年）で一章を割いたことがある。

少女時代、全米の注目を集める裁判が起きた。主役は十歳のグロリア。その養育権をめぐって、実の母と伯母のガートルードが法廷で争った。グロリアの父、レジナルド・ヴァンダービルトは四十五歳で亡くなった。若くして未亡人になった母親は喪に服することなく〝美しい金持の未亡人〟として社交界で遊びまわった。娘の養育どころではなかった。

ついに怒った伯母が「子どもを育てる資格なし」と裁判を起こした。大富豪の家族の愛憎劇は折からの大恐慌のなか、雲の上のスキャンダルと全米の大きな話題になった。十歳のグロリアには〝かわいそうな大金持の女の子〟という同情が集まった。

注目された裁判の結果は、伯母の勝利になった。

最終的にことを決したのは十歳のグロリア自身だった。ある日、裁判長はグロリアに母親か伯母か、どちらを選ぶかと聞いた。少女は答えた。「お母さんのところは怖い」。

なぜ、そんなことを答えたのか。

これについては、この裁判を詳述した本、バーバラ・ゴールドスミスの〝Little Gloria... Happy at Last〟はこう説明している。

当時のアメリカの大事件はといえば一九三三年に起きた、大西洋横断飛行の英雄チャールズ・リンドバーグの子どもが誘拐されて殺された事件。親たちだけでなく子どもたちもこの事件にショックを受けた。自分と同じ年齢の子どもが殺された。小さなグロリアは怯えて何日も寝込んだ。

裁判長に「お母さんのところは怖い」と答えたのは、母親は遊んでばかりいて家にいることがなく、いつ誘拐されるか怖れたからだった。痛々しい。

ちなみに、ジョン・ダニングのミステリの快作『死の蔵書』(宮脇孝雄訳、ハヤカワ・ミステリ文庫、一九九六年)によれば、リンドバーグの事件以降、誘拐は死罪となり、その結果、誘拐の発生件数は減ったという。

グロリア・ヴァンダービルトは四度結婚している。二度目の相手は名指揮者レオポルド・ストコフスキー。ディアナ・ダービン主演の「オーケストラの少女」(37年)に出演したことで知られる。四十歳以上、年上だった。「夫」より「保護者」を求めていたからだろう。

三番目の夫は映画監督シドニー・ルメット。ルメットが、のち、リンドバーグの事件に想を得たアガサ・クリスティ原作の「オリエント急行殺人事件」(74年)を撮るのは、不思議な縁を感じさせる。

グロリア・ヴァンダービルトの死亡記事には『ティファニーで朝食を』の主人公のモデルとあるが、正確には「モデルの一人」。

というのは、オードリー・ヘプバーンが演じたホリー・ゴライトリーのモデルは、若き日、カポーティが付合っていた「白鳥たち」と呼ばれる社交界の花形、金持の女性たちの何人かを組合わせているから。

なかでもキャロル・マーカスという女性の存在が大きい。作家のサローヤンとの結婚、離婚のあと、ウォルター・マッソー夫人となった。

（2019年7月下旬号）

ドキュメンタリー
「トルーマン・カポーティ 真実のテープ」のこと

一九二四年年生まれのトルーマン・カポーティは、いまや先行するフォークナー（一八九七年生）、ヘミングウェイ（一八九九年）、スタインベック（一九〇二年）らと並んでアメリカ文学の古典的作家になっているといっても大仰ではないだろう。

前年生まれのノーマン・メイラーは日本でも全集（新潮社）が出たほどの人気作家だったが、近年ではあまり読まれなくなった。後続のウィリアム・スタイロン、ジョン・アップダイクらも一時ほど読まれていない。八〇年代には次々に若手作家が現れたが、二十一世紀に入るとその名も消えた。

そんななかにあってもカポーティはいまだに読み続けられている。「ティファニーで朝食を」が、オードリー・ヘプバーン主演で映画化されたこと（61年、ブレイク・エドワーズ監督）、さらに「冷血」も一九六七年にリチャード・ブルックス監督によって映画化されたし、二〇〇五年には、フィリップ・シーモア・ホフマン主演、ベネット・ミラー監督によって「カポーティ」が作られるなど、つねに時の人であり続けていることが大きいが、何よりもその作品が現代人に、いままで以上に強く訴えるものがあるためだろう。

カポーティの作品の特色は、「強さ」が求められるアメリカ社会にあって「弱さ」を描いたことにある。それは孤児同然で育った子ども時代の体験から来るものだったし、ゲイというマイノリティであることから生まれたものでもあった。『冷血』で殺人犯人の一人、ペリー・スミスにあれほど惹かれていったのも、彼を「凶悪犯」ではなく、不幸な生い立ちの「弱い男」と見て共感したからに違いない。

ただ、カポーティは作家であると同時に、『冷血』の大成功によって超がつく有名人になってからは、つねにゴシップをまきちらす偽悪的な道化師のようになり、周囲の人間たちの顰蹙《ひんしゅく》を買うようになってしまった。その作品世界の繊細さとのギャップがあまりに大きかったので人々は戸惑った。

二〇二〇年十一月に公開されたドキュメンタリー映画「トルーマン・カポーティ 真実のテープ」(19年、イーブス・バーノー監督)は、孤独を愛する作家と、騒々しい有名人というこの作家の矛盾する両面を描いていて面白い。

カポーティの友人や知人、関係者が次々にカポーティの思い出を語ってゆく。いわゆるオーラル・

バイオグラフィ。その死後にさまざまな人間が故人を語ってゆく手法はオーソン・ウェルズの「市民ケーン」（41年）を思わせる。

『冷血』によって（おなじみのフレーズを使えば）「『風と共に去りぬ』以来の成功」を得てからは、派手な振舞いが目立つようになった。とくに、ニューヨークの社交界のトップレディたちと交際するようになってからは社交に明け暮れるようになる。

カポーティとしては、アメリカの上流階級の女性たちと付き合うことで、いずれはプルーストの『失われた時を求めて』のような小説を書きたいという思いがあったのだが、その小説はついに未完のままに終わった。

それが『叶えられた祈り』。

一九九九年にこの小説を翻訳した（新潮社、現在、新潮文庫）のだが、苦労したのは、モデルとなった社交界のレディたちが日本ではほとんど知られておらず、イメージがつかめなかったこと。当時、いまほどネットが普及していなかったから、どういう人物か分からないし、写真もない。活字だけで彼女たちの華やかさを想像するのに苦労した。

「トルーマン・カポーティ　真実のテープ」では、カポーティが「白鳥」と呼んで愛した彼女たちのスチール写真が多用されていて、なるほど彼女たちは、こんなに美しい女性たちだったのかとはじめて納得がいった。

とくに、ベイブの愛称で親しまれた社交界の女王、バーバラ・ペイリーの美しいこと。カポーティは彼女にまさに下僕のように仕えたのではあるまいか。

ベイブの夫は、CBSの会長ウィリアム・ペイリー。セクシーな男で女性たちと多くの浮名を流した。ジョージ・クルーニーが監督した「グッドナイト&グッドラック」（05年）では、フランク・ランジェラが演じたからその魅力もわかる。

カポーティは『叶えられた祈り』のなかで、このウィリアム・ペイリーをモデルにした男が、アバンチュールで女性をベッドに連れ込んだはいいものの生理中で大いにあわてるとコミカルに描いたため、ベイブは夫を侮辱したと激怒し、カポーティを社交界から締め出した。

それがカポーティのトラウマとなり、『叶えられた祈り』を書き上げることが出来なかった一因になったと思われる。

この、生理中の女性とのくだりは、ベイブ夫人には申し訳ないが、実に愉快で、訳していて何度も笑ってしまった。やはり作家としてのカポーティの才能だろう。

「トルーマン・カポーティ 真実のテープ」ではベイブ・ペイリーの他にも、『叶えられた祈り』での噂好きのレディ・クールバースのモデルとなったスリム・キース（ハワード・ホークス監督と結婚歴がある）、ショー・ガール出身で大金持の夫を泥棒と間違えて銃で撃ち殺したケイト・マクロードのモデル、アン・ウッドワード、ベイブ・ペイリーに並ぶ品のいい美人グロリア・ギネスらの写真が次々に紹介され、『叶えられた祈り』を翻訳している時に、この映画が作られていたらなあと思ったものだった。

子ども時代、親戚の家に預けられたカポーティを可愛いがったのは、祖母のように年齢の離れたスックという〝いとこ〟。

発達障害があったためか、内気で社会生活が出来ない女性だったが、幼いカポーティに優しく接した。短篇「クリスマスの思い出」「感謝祭のお客」、長篇『草の竪琴』には童女のような心のきれいな女性として描かれている。

山岸凉子は「クリスマスの思い出」をもとに「クリスマス」という漫画を描いている。

クリスマスの当日、少年（漫画では名前はジョルジュ）とスックは、犬（バディ）を連れて丘に凧を揚げにゆく。そこでスックがとてもいいことをいう。この言葉はカポーティの原作より山岸凉子の漫画のほうがいいので引用したい。

「ねえ　ジョルジュ　今　やっと気がついたわ　わたしはねえ　死ぬときに初めて　神さまがお姿を現わしてくれるのかとずっと思っていたのよ　でも　そうじゃないのね　わたしたちは　毎日神さまにお会いしてるのよ　今こうして　この丘であなたとバディと凧をあげながら　この美しい風景の中にいる　このことが神さまにお会いしていることと　同じなのよ　このことを忘れないようにしましょうね　ジョルジュ　このことをね」

スックと少年カポーティはクリスマスに三十個ものケーキを作って遠くにいる未知の人間にも（ルーズベルト大統領にも！）送った。「トルーマン・カポーティ 真実のテープ」に、とてもいい話が出てきた。

カポーティは、このスックが使ったお菓子を入れる粗末な缶を生涯、大事にしたという。カポーティにとってそれは「市民ケーン」の、あのバラのつぼみがあしらわれたそりのように、無垢な子ども時代の象徴だったのだろう。

（2020年11月下旬号）

カポーティと「ティファニーで朝食を」のこと

ミモザフィルムズが配給するドキュメンタリー映画「トルーマン・カポーティ 真実のテープ」（19年、イーブス・バーノー監督）の字幕を監修するに当たって、カポーティの『ティファニーで朝食を』を再読し、またブレイク・エドワーズ監督、オードリー・ヘプバーン主演の、その映画化作品（61年）を再見した。いくつか考えることがあるので書いてみたい。

この物語のヒロイン、ホリー・ゴライトリーは、ヘプバーンが演じたためについ忘れてしまうが、実は高級コールガールである。

そのためにカポーティの原作（一九五八年に書き上げられた）は最初、ハーパーズ・バザー誌に掲載が予定されていたが、内容に問題があると拒否され、その後、ランダムハウス社から出版された。

フィリップ・シーモア・ホフマン主演の「カポーティ」（05年、ベネット・ミラー監督）では、カンザス州でこの本が発禁になっていたことが語られている。現在では何も問題がない小説だが、モラルの厳しかった五〇年代には物議をかもした作品だった。

映画化に当たって、カポーティはホリー役にマリリン・モンローを望んだ。二人は共に、孤児同然の子ども時代を送ったことから親しかった。しかし、グラマーのイメージから逃れたいモンローは「夜の女」の役を断ってしまった。

プロデューサーのマーティン・ジュロウは次にオードリー・ヘプバーンと交渉した。当然、難航した。とくに夫のメル・ファーラーが娼婦の役などとんでもないと反対した。ちなみに、オードリーと人気を二分していたエリザベス・テイラーは「バターフィールド8」（60年、ダニエル・マン監督）で高級コールガールを演じてアカデミー賞主演女優賞を受賞している。

ジュロウはオードリーを説得するに当たってこういった。「売春婦の映画を作りたいんじゃないんですよ」「我々が作りたいのは、夢見る人の映画なんです」。こういわれたらオードリーも断れなかっただろう。

映画「ティファニーで朝食を」は確かに甘いラブストーリーである。ヘンリー・マンシーニ作曲の「ムーン・リバー」が流れるハッピーエンディングには、原作者のカポーティが怒った。にもかかわらずこの映画は成功した。映画も「ムーン・リバー」もヒットした。どう考えればいいのか。

実は、私自身、映画「ティファニーで朝食を」は、ハリウッドらしい甘ったるい映画だと軽視していた。しかし、近年、ある本を読んで、〝そうだったのか！〟と目を見開かされた。

二〇一一年に中央公論新社から出版されたサム・ワッソン著、清水晶子訳の『オードリー・ヘプバーンとティファニーで朝食を　オードリーが創った、自由に生きる女性像』という素晴らしい本。

アメリカでは、この映画は、単にラブストーリーとしてではなく、新しい女性のイメージを作り出した先駆的な映画として高く評価されていることを知った。ちなみに前述の製作者のジュロウの言葉は、この本からの引用。

確かに、原作同様、映画も娼婦が主人公だから一部で強い反発を買った。万引きのシーンにまで文句を言う批評も出た。しかし、女性たちのあいだで支持が高まった。

なぜか。それまで、男性中心の社会で「悪い女の子」とされてきたホリー・ゴライトリーが実に生き生きと自由に見えたから。

「女のひとり暮らしも、恋愛も、お酒落するのも、ちょっと酔っ払ったりするのだって、そんなに悪くないじゃない、と本当に唐突にそうなったのだ。実際、シングルでいるのが恥ずかしいどころか、何だか楽しそう、というふうになってきたのだ」

まさに画期的な価値の転換だった。エリザベス・テイラーが「悪い子」を演じるとシリアスになるが、オードリー・ヘプバーンが演じると軽やかになった。オードリーは、社会に怒りをぶつけることもなく、女性差別だといきりたつこともなく、自由にホリーを演じてみせた。考えてみれば、ヒロインの姓、golightly は「軽やかに生きる」である。

ホリー・ゴライトリーのモデルは一人ではない。グロリア・ヴァンダービルトが二〇一九年の六月に死去した時（九十六歳）、日本の新聞は、その死亡記事で、「『ティファニーで朝食を』の主人公のモデルとされる」と書いたが、ジェラルド・クラークの伝記『カポーティ』（中野圭二訳、文藝春秋、一九九九年）にあるように、ホリーは、グロリアだけではなく、当時、カポーティが付き合っていた多くの美しい女性たちをモデルにしている。それに、ホリーは多くの点でカポーティの若い母親ニーナにも似ていた。「ニーナもホリーも南部の田舎で育ち、きらびやかで魅力にみちたニューヨークに憧れた。二人ともそれぞれリリー・メイとルラメイという田舎者の名前を捨てて、もっと垢抜けているると思う名前に変えた」。

ホリーには、若くしてカポーティを親戚の家に預け、再婚してしまった母親もイメージされていた。さらに伝記を書いたジェラルド・クラークは続ける。ホリーが最も似ている人物は、実は「作者」自身であると。カポーティも南部の田舎町からニューヨークに夢を抱いて出て来た出郷者《しゅっきょうしゃ》だった。

カポーティの「ティファニーで朝食を」の時代設定は映画のイメージが強いので一九五〇、六〇年代と思ってしまうが、実は一九四三年、第二次世界大戦のさなかである。

その点で、意外なことがある。

作中に、「ユニオシ」という日本人が出てくる。映画では、ミッキー・ルーニーが演じている（これは明らかにミスキャスト）。

戦時中、日本人は敵国人として収容所に入れられた。それなのに、「ユニオシ」は、収容所に入れられずニューヨークで暮らし、カメラマンとして仕事をしている、戦時下、こんなことが可能だったのか。以前から不思議に思っていた。

この原稿を書くに当たって、いつも拙稿を丁寧に見てくださる校正者、Tさんにお聞きしたところ、日本人が収容所に強制的に入れられたのは西部のことであって、なぜか、東部では〝お目こぼし〟にあっていたのだという。

さらにTさんによれば、この「ユニオシ」のモデルは、当時、ニューヨークに住んでカメラマンの仕事もしていた画家の国吉康雄（一八八九―一九五三）ではないかという。

国吉と「ユニオシ」。これには膝を打った。

蛇足を。「トルーマン・カポーティ 真実のテープ」は、ノンフィクション作家ジョージ・プリンプトンのオーラル・バイオグラフィ『トルーマン・カポーティ』（野中邦子訳、新潮社、一九九九年）をもとにしている。

プリンプトンは文芸誌『パリス・レビュー』の編集長だが、スポーツマンでもあり、フットボール・チーム、デトロイト・ライオンズを体験取材したり、世界ライトヘビー級チャンピオンのアーチー・ムーアと三ラウンド戦ったりしている。

映画にも一場面出演している。ハワード・ホークス監督の西部劇「リオ・ロボ」(70年)。悪党の一人。ジョン・ウェインに銃を向けるがあっというまに殴り倒されてしまう。

ちなみにハワード・ホークスの前の奥さん、スリム・キースはカポーティと親しかったのでホリーのモデルの一人とされている。「トルーマン・カポーティ　真実のテープ」では彼女もインタヴューに答えている。

(2020年12月上旬号)

第五章

経済で説明できない幸せについて

ジム・ジャームッシュ監督「パターソン」の面白さ

アメリカ映画にも、こんなに静かで穏やかな作品があったか。

ジム・ジャームッシュ監督の「パターソン」(16年)。ニュージャージー州のパターソンという人口十五万人ほどの小都市に住む若い夫婦(アダム・ドライヴァー、ゴルシフテ・ファラハニ)の日常を飄々と描いている。ソートン・ワイルダーの戯曲『わが町』につながるスモールタウンものの伝統を踏まえている。

夫婦には子どもはいない。かわりにブルドッグを可愛がっている。町と同じパターソンという名前の夫は、市バスの運転手。寡黙で穏やか。詩を書いているが、詩集を出して世に出ようという野心はまるでない。あくまでも控え目で、実直な小市民。

彼が愛する妻は、対照的に明るく、活発。料理が好き、服や室内をデザインするのが好き、歌も好き。好きなものがたくさんある。好ましい。彼女がデザインするポップなカーテン、服、あるいは夫に持たす弁当が可愛い。

二人の穏やかな一週間の暮らしが、月、火、水……と日記風に綴られてゆく。大きなドラマは起こらない。しかし、よく見ると、随所に風変わりな味付けがされている。

ある日、奥さんは、双子の夢を見る。それを聞いて以来、夫は町のあちこちで双子を見るようになる。双子の女の子。双子の老人。気がつくと、町のあちこちで双子を見かける。

夫は詩を手書きでノートに書く。パソコンは使わない。スマホも持っていない。時代の流れに乗らないアナログ人間。だいたい、バスの運転手で詩を書くというのが少し変わっている。

夫は家では、奥さんのお喋りの聞き役。バスのなかでは、乗客の話を聞く。営業所では愚痴ばかり言っている同僚の話を聞く（このおじさん、山田洋次監督「息子」〈91年〉の愚痴屋、田中邦衛を思わせる）。

詩を書くだけに、彼は昼休みは一人でいるのが好き。町の名所の滝、グレート・フォールズのところに行って、一人、ランチボックスを開く。奥さんの作る弁当は、毎日、工夫が凝らされている〝ニコニコ弁当〟。わが「のんちゃんのり弁」（09年、緒方明監督）の母親、小西真奈美が子どものために作った可愛い弁当や、「ママ、ごはんまだ？」（17年、白羽《しらは》弥仁《みつひと》監督）の母親、河合美智子が娘たちのために作る凝った弁当を思い出させる。

この映画、随所で、日本映画を思い出してしまう。破壊と暴力ばかりが目立つ最近のアメリカ映画とはまったく違う。ジム・ジャームッシュは成瀬巳喜男をはじめとして、平凡な日常のなかにささやかなドラマを見出す日本映画が好きなのではないだろうか。

アダム・ドライヴァーが（名前も、ドライヴァー！）仕事の合間に、十歳くらいの、詩を書く少女に会う場面も、ちょっと変わっている。日常のなかに、ふっと非日常があらわれる瞬間をとらえるのがジム・ジャームッシュはうまい。エミリ・ディキンソンが好きというこの少女は、母親と姉が買物を終えるのを待っている。やがて現れた姉は、双子の姉だったというのも面白い。日常のなかに、不思議な瞬間があらわれる。詩とは、まさにその瞬間から生まれるものだ。

少女の詩は、空から降ってくる水、つまり雨を主題にしている。アメリカの詩人、メイ・サートンの、散文は努力して得られるものだが詩は天から降ってくるような啓示だ、という言葉を思い出す。

変わっているといえば、二人が住む家の構造も、普通の家とは、少し変わっている。傾斜地に造られているために、道路に面した玄関や居間が一階にあり、夫が詩を書くための部屋は地階にある。彼は、地下に降りていって、日常から離れ、詩という非日常の世界に入ってゆく。

彼は、ウィリアム・カーロス・ウィリアムズ（一八八三—一九六三）という地元の詩人を尊敬している。映画のなかではパターソン出身とされているが、実はウィリアムズは同じニュージャージー州でもラザフォードの出身。町で病院を開き、医師をしながら詩を書いた。
ひとつの町に長く暮らした点で、エミリ・ディキンソンに似ている。アメリカ人の心の故郷であるスモールタウンを主題に詩を書こうと思いたった時、自分の町ラザフォードより、歴史のある町、パターソンを選び、長編詩『パターソン』(一九四六―四九)を書いた。

この映画を見ると、パターソンという小都市からは実に多くの有名人が出ていることが分かる。喜劇コンビ、アボットとコステロのルー・コステロは、この町の出身で、町には彼の銅像だけではなく、記念館もあるという。

これも知らなかったが、ボブ・ディランのプロテスト・ソング「ハリケーン」で知られる、バーでの殺人という冤罪で逮捕、収監された黒人のボクサー、ルービン・ハリケーン・カーターもこの町の出身という。

ビート詩人のアレン・ギンズバーグや、ジム・ジャームッシュの新作ドキュメンタリー「ギミー・デンジャー」(16年)に描かれたパンク・ロック歌手、イギー・ポップもこの町にいたことがあるというから驚く。いい町なのだろう。

最後のほう、アダム・ドライヴァー演じる主人公がいつものように、グレート・フォールズの見える公園でランチをとろうとすると、永瀬正敏演じる日本から来た詩人が現れる(永瀬正敏は、言うまでもなく山田洋次監督「息子」に出演している)。彼はウィリアム・カーロス・ウィリアムズについて語る。

この場面で、永瀬正敏演じる詩人は、実に印象的なことを言う。詩を翻訳するのは難しいと語るなかで、こう言う。

「翻訳というのは、レインコートを着てシャワーを浴びるようなものだ」

これはカポーティの作品などを翻訳したことのある人間には、納得させられた。翻訳はどんなに努力しても、原文の良さを伝えられない。例えば、森鷗外の『澁江抽齋』や永井荷風の『断腸亭日乗』が英訳され、それを読んでも、原文の味わい深さを知ることは不可能だろう。『源氏物語』のように、ストーリー展開の面白さがある小説は翻訳でも読めるが。日本からやって来た詩人、永瀬正敏のこの言葉に、アダム・ドライヴァーが納得したようにうなずくのも理解出来る。

(2017年10月上旬号)

ワイズマンの新作ドキュメンタリー「ボストン市庁舎」のこと

「ニューヨーク公共図書館　エクス・リブリス」に続くフレデリック・ワイズマン（二〇二三年九十三歳になった！）の新作「ボストン市庁舎」（20年）は題名どおり、ボストン市の、日本風にいえば市役所の日常の仕事を丹念に追った、形容矛盾になるかもしれないが「静かなドキュメンタリー」。四時間以上の上映時間があるが、まったく退屈させない。

ドキュメンタリーは通常、社会的な問題、大きな事件を追うことが多い。ワイズマンの対極にいるマイケル・ムーアの作品などはその代表。

ワイズマンはそれに対し、何事も起こらない日常をとらえようとする。図書館にせよ市庁舎にせよ誰もが普通に接しているのに、そこで日々、何がされているのか一般にはなかなか気づかない。というのも公共機関というのは「日々、問題が起こらないようにする」のが仕事だから。

鉄道会社は事故を起こすとニュースになるが、何事もないと注目されない。それと同じで、平常どおりに機能している公共機関は、一般の目にとまりにくい。ワイズマンはそこにこそ着目する。

ボストンの市庁舎で働く人々が普段どのような仕事をしているのか。「日々、問題が起こらないようにするために彼らがどんな努力をしているか」を淡々と見せてゆく。事故を描くドキュメンタリーに対して無事故の素晴らしさを描いてゆく。

道路の補修工事、樹木の剪定、保護した犬のケアといった地味な仕事から、同性カップルの結婚式（マサチューセッツ州では二〇〇四年にアメリカで初めて同性婚が認められたという）、ホームレスの保護など、市庁舎の仕事は多岐にわたる。一人暮らしのシニアの男性が、台所にネズミが出て困っているというと、きちんと係の人間が駆けつけるのには驚く。

アメリカは軍事国家で、第二次世界大戦のあとも戦争が絶えない。当然、帰還兵の心的障害の問題が起こる。そのためのサポートが必要になる。

そこで彼らを孤立させないために、さまざまな世代の帰還兵の会を開き、そこで彼らに苦しい体験を語ってもらう。語ることによって彼らは精神的な苦痛から瞬時とはいえ解放される。しかも、そこで市長は、彼らが国のために戦ったことに感謝するのを忘れない。

このマーティン・ジョセフ・ウォルシュ（一九六七年生まれ）という市長が素晴らしい。アイルランド系、カトリック、民主党。ボストン出身のジョン・F・ケネディと同じだが、ケネディ家のように金持ちではなく労働者階級の出身。マイノリティに理解がある。

退役軍人の集まりだけではない。彼はさまざまな集まりに積極的に出かけてゆく。ボストン・レッドソックスが、二〇一八年のワールド・シリーズで優勝した時にはパレードに喜んで参加し、市民と喜びをわかちあう。

障碍者を雇用する福祉工場の感謝祭のパーティに出席し、スピーチのあとの食事には、各テーブルにおかわりのサービスをしてまわる。

政治家の能力は演説にあるというが、ウォルシュ市長の演説は人の心をとらえる。役人が用意したペーパーをただ棒読みするだけの日本の首相などとはまったく違う。ほとんどメモを見ずに、自分の言葉で話す。細かい数字も頭に入っている。

市民に「問題があったら私に言ってくれ」と言い続ける。他人の話をきちんと聞く。当時の大統領トランプと正反対の政治家。トランプを批判するように「分断のある町は発展しない」と言い切る。

スピーチのなかに随所に個人体験を入れ、それが共感を呼ぶ。若い頃にアルコール依存症で悩んだこと、子どもの頃、白人と黒人の統合教育を受けたこと、退役軍人の会合では自分の大伯父が第一次世界大戦に従軍したこと。

市長という高みからではなく、同じ市民として語りかける。熱がこもっている。市の人口約七十万人。これくらいの規模の市のトップのほうが国会議員より個性を発揮出来るのかもしれない。

ワイズマンはこの映画を作るにあたって、六つの都市に企画を提案した。唯一、返事をくれたのがウォルシュ市長だったという。自分に自信があるし、人との対話を重視しているからなのだろう。ちなみにワイズマンはボストンの出身。

アメリカの市長というと、アイ・ラブ・ニューヨークのキャンペーンでニューヨークを蘇生させ、ウディ・アレンの映画にも協力したエドワード・コッチが有名だが、コッチがやや派手だったのに対し、この映画を見る限り、ウォルシュ市長は堅実で、撮影されているからといってスタンド・プレイを見せない。

銃の規制にも熱心で（これもトランプとは違う）、全米ライフル協会に異議を申し立てるが、同時に、犯罪の背景には貧困と教育の問題があるとも指摘する。

ボストンは以前はＷＡＳＰとアイリッシュが多数派だったが、近年は、アジア、中近東、中南米などからの移民が増えているという。だから、ウォルシュ市長はボストンを「有色の町」「移民の町」と呼んでいる。「分断のある町は発展しない」はボストンの切実な思いなのだろう。

フードバンクでの集まりで市長が「市民の六人に一人が食糧難に苦しんでいる」とスピーチするのもこうした新しい現実を踏まえてのこと。そして「問題」が山積みしているから、市長としてやり甲斐も出てくる。

会合の場面が多いのもこの映画の特色。

人種が多様化し、それぞれが問題を抱えている。

ある会合では、零細企業の経営者が、自分たちはいくら努力をしても大きなプロジェクトには参加できない。これでは何十年経っても暮らしはよくならないと訴える。

別のある会合では、女性たちが同じ職場で働いているのに、男性とのあいだに賃金の格差があると訴える。

またある場面では、大麻ショップの出店申請に関する地元住民と店側の意見交換会が開かれる。双方が、意見をぶつけ合う。

ワイズマンはこうした会合の場面でも「問題」を追及する作り方はしない。それよりも議論そのものの白熱をとらえる。

マイノリティの女性（イスラム系か）が、慣れない英語で、それでも懸命に自分の置かれた状況を話す姿は感動する。

民主主義とは手間暇がかかるものだ。誰もが自由に意見を言い合う。その手間を大事にしないと独裁になる。トランプ式の強引な他者排除になる。普通の市民が自分の意見を言い合う。その面倒な手続きこそが民主主義を産む。この映画のさまざまな会合の場面を見ていると、面倒こそが民主主義を作るのだと分かる。

ボストンはいうまでもなくアメリカの古都。メイフラワー号は一六二〇年にボストンの南のプリマスに上陸した。植民地を築いた清教徒たちは理想の国をめざした。その形は、町の中心にまず教会を作り、そこをミーティング・ハウスにする。住民たちは教会に集まり議論し物事を決めてゆく。民主主義の根幹となる住民自治である。「ボストン市庁舎」を見ると、この建国以来の理想がいまも保たれているようだ。

ウォルシュ氏はバイデン政権下で労働長官に就任。そのあとのボストン市長はキム・ジェイニーという初めての黒人の女性になった。

（2021年10月下旬号）

是枝裕和監督「三度目の殺人」の河川敷のこと、山下敦弘監督「天然コケッコー」の石段のこと

河川敷は都市の周縁にあり、中心からは見えにくい。だからよく犯罪が起こる。また、ホームレスたちの逃げ場にもなる。

是枝裕和監督の「三度目の殺人」（17年）は、冒頭、夜の河川敷で、役所広司演じる男が殺人を犯し、儀式のように死体に火を放つ。場所は多摩川の川崎側の河川敷だと徐々に分かってくる。

二〇一五年二月に起きた痛ましい「川崎中一殺害事件」を思い出させる。あの現場も多摩川の川崎側の河川敷だった。多摩川は東京の大田区側と神奈川県の川崎市側には経済格差が見られる。川崎市側は工場が多く、河川敷も周縁の度合が濃い。

二〇一六年、出版されて話題になった小説、木村友祐の『野良ビトたちの燃え上がる肖像』（新潮

社）は、川崎側の河川敷で暮らす「野良ビト」（ホームレス）が町の自警団の襲撃を受け、河川敷に建てた小屋を次々に燃やされてゆく、すぐそこにある近未来の悲劇だった（小説のなかでは多摩川は「弧間川《こまがわ》」と架空の名前になっている）。

格差社会で追いつめられた者たちが、最後に河川敷にたどり着く。そして、そこでも排除され、生きる場所を失なってゆく。

役所広司演じる三隅という男も、河川敷に出かけてゆく。そういえば、今村昌平監督の「うなぎ」（97年）では、役所広司演じる主人公は、浮気していた妻を殺し、刑期を終えて出所してから、利根川べりの水郷に住んだ。その水辺も河川敷のように周縁の地であり、罪を犯した人間にはふさわしい隠れ家となっていた。

三隅はかつて故郷の北海道で人を殺したことがある。職を失ない、行き場がなくなっての殺人だったようだ。出所して、いま、川崎の小さな食品工場で働いている。何かの事情でまたその主人を殺してしまった。

主人は、前科者であることを承知で三隅を雇った。前科者なら安く雇えるという打算があったのだろうが、格差社会の現代では、町の小規模の会社が、底辺で生きる者たちのセーフティネットになっているのは確かだろう。

三隅は、金を奪おうと多摩川の河川敷に社長を誘い出し、殺した（と供述する。本当かどうかは分からない）。ふだんから、三隅は、よく河川敷に行って川を見つめていたのだろう。三隅がかばうことになる社長の娘（広瀬すず）も、また心に傷を負っている。逃げ場所を求めるように枯草におおわれた河川敷に出かけてゆく。

この映画は、誰が社長を殺したのかという犯人探しの法廷劇の形を取りながら、格差社会のなかで、河川敷という見捨てられた場所しか行き場がなくなった追いつめられた人間たちに着目している。河川敷で燃やされた死体の跡が十字架の形をしているのは、その意味できわめて象徴的だ。ここにやって来る敗残者たちを十字架がかろうじて慰藉する。

地方の過疎化がいわれて久しい。鉄道が次々に廃線になる。とりわけ北海道では鉄道の廃線が続く。「三度目の殺人」には、三隅の故郷として、北海道の留萌《るもい》の町が出てくる。三隅が最初に犯した犯罪のことを調べに二人の弁護士、福山雅治と満島真之介は、冬、留萌に出かけてゆく。留萌本線（現在は深川―留萌間）に乗る。雪のなかをゆく鉄道は、気動車がわずか一両。過疎化してゆく地方をあらわしている。

二人は留萌駅で降りて、町を歩く。人の姿が少ない。留萌駅は、降旗康男監督の「駅 STATION」（81年）に登場した。

留萌本線の当時の終着駅、増毛の町で知り合った刑事の高倉健と、飲み屋のおかみの倍賞千恵子が、大晦日、より大きな町、留萌に出て、いっとき、夫婦のように買物をし、映画を見る。この時代まではあった映画館はもうとうにないだろう。

『ホテルローヤル』で直木賞を受賞した桜木紫乃は、北海道に生まれ育ち、寂れゆく地を舞台にした小説を書き続けている。

桜木紫乃原作、篠原哲雄監督の「起終点駅 ターミナル」(15年)では、釧路で暮らす孤独な弁護士、佐藤浩市は、以前、恋人の尾野真千子を亡くしている。冬、彼女はある駅のホームから、彼の目の前で入線してきた列車に飛び込んだ。映画では、この駅は釧網《せんもう》本線の標茶《しべちゃ》駅になっていたが、原作では、留萌駅。桜木紫乃は留萌に住んでいたこともあり、愛着があったのだろう。

留萌本線は、深川から主要駅である留萌を経て日本海沿いに走り、増毛駅まで行っていたが、留萌―増毛間は二〇一六年の十二月に廃線になってしまった。ラストランの深川行きの列車が途中、留萌市内を走行中にシカと衝突して約八分間、停車せざるを得なかったという事故が悲しかった。残された留萌―深川間も近く廃線になるようだ。

役所広司演じる三隅という男はこういう町で働き、殺人を犯し、そして出所後、首都圏に出て、川崎の小さな食品工場に職を得た。アパート暮らしがやっと。映画のなかでは、何を考えているのか分からない「からっぽの器」と評されているが、留萌から川崎の河川敷までの風景に目をやれば、そこには格差社会の歪みが見えてくる。決して「からっぽな器」なわけではない。

新宿区の、中央線信濃町駅に近い須賀神社といえば、新海誠監督のアニメ「君の名は。」(16年)のラストシーンがこの神社の前の石段に設定されたことで、いまやファンのあいだで「聖地」となっている。この石段、実は、その前にある映画のなかに登場したことがある。

中学生の夏帆が最高に可愛かった映画、山下敦弘監督の愛すべき「天然コケッコー」(07年)。島根県の小さな学校(浜田市内で撮影されている)には、小中学生合わせて六人しかいない。東京から来た中学校の転校生、岡田将生を入れてやっと七人。小さいから子どもたちのあいだには家族のような温かい雰囲気がある。

中学三年生になった夏帆は、夏、先生たちに連れられて修学旅行で東京へ行く。国会議事堂や新宿に行ったあと、夏帆は神社の前の石段のところにやって来る。ここが須賀神社のあの石段。

「天然コケッコー」の夏帆は、「君の名は。」の三葉と瀧より先に、須賀神社に来ていた! 岐阜県の小さな町で暮らす女の子、三葉はもしかしたら「天然コケッコー」を見て、東京に行ったら、同じように田舎で育った女の子、夏帆が歩いたあの石段を見たいと思ったのかもしれない。

夏帆は最後、岡田将生と共に浜田市内の高校に進学し、小さな学校に別れを告げる。たった七人しかいなかった学校から二人いなくなる。いずれ廃校になるだろう。いま、日本各地で起こっていることに違いない。

(2017年11月上旬号)

「しあわせの絵の具 愛を描く人 モード・ルイス」のこと、「修道士は沈黙する」のこと

慎ましいということが、こんなにも穏やかで美しいとは。

「しあわせの絵の具」(16年、アシュリング・ウォルシュ監督)ではじめて、カナダのモード・ルイス(一九〇三―七〇)という画家の存在を知った。プレスにあるように、アメリカの田舎暮らしを描いたグランマ・モーゼスと似ている。

画家といっても正規の教育は受けていない。自己流で身近な花や鳥、動物たちを描いた。遠近法とは関係がない。色も自由。春と秋が同居したりする。素朴画。「私は多くを望まない。絵筆があればいい」という一途な思いから描かれていった。

モード(サリー・ホーキンス)はカナダ東部の田舎町の生まれ。両親に死別し、叔母の家に引取ら

れる。生まれつきリウマチのため手足が不自由で、厄介者にされる。
それでも結構お転婆なところもあり、叔母に隠れてこっそり煙草を吸ったり、町のクラブに出入りしたりする。

ある時、町の雑貨店で「家政婦募集」の張り紙を見て、「これだ！」と住み込みで働く決心をする。

雇主は、町はずれの粗末な一軒家に住むエベレット（イーサン・ホーク）という男。魚の行商や廃品回収などをしながら暮らしている。家には電気も水道もない。ベッドがひとつしかなく雑魚寝《ざこね》をする。

彼は孤児院育ちで、人付き合いは悪い。口は乱暴だし、女性の扱いも知らない。モードに対し「この家ではオレがボスだ」と威張る。暴力を振ったりもする。

このあたりは、フェリーニ「道」（54年）のザンパノ（アンソニー・クイン）とジェルソミーナ（ジュリエッタ・マシーナ）の関係に似ている。

しかし、一緒に暮らしているうちに、モードはエベレットが働き者で、実直な男だと分かってくる。モードが以前、妊娠、子どもを死産したことがあると打明け、エベレットが驚くのも微笑ましい。大人しそうに見える女性だが、過去があった。モードには、生活力もあって、飼っているニワトリを締めてシチューを作ったりする。やがて二人は自然に結婚する。

ウディ・アレンの「ブルージャスミン」（13年）で、贅沢な姉ケイト・ブランシェットと対照的なブルーカラーの妹を演じたサリー・ホーキンスが、どこか浮世離れしたモードを飄々と演じている。

いつも首まである長い前掛けをしているのが可愛い。

モードは子どもの頃から絵を描くことが好きだった。ある時、部屋にペンキがあったので、それで壁に、花や鳥を描いてゆく。カンバスを買う金などないから窓ガラスや古板、階段にも描く。

いつもはうるさいことを言う夫が、意外や絵を気に入ったようだ。鳥を妖精と間違えるのだからモードもいい気分だろう。雑貨屋の主人が「こんな絵、子どもでも描ける」と馬鹿にしたのと対照的。そのあと二人で「あの馬鹿」と言うのが、笑わせる。

モードは夫に励まされるように、身近な暮らしのなかの気に入った生き物や風景を絵にしてゆく。それをたまたまニューヨークから町に避暑に来ていた女性（カリ・マチェット）が目にして、モードの絵の素朴な良さに気づく。

彼女が目に留めたのは、壁に描かれたニワトリの絵。モードは説明する。「あの子が幸せだった頃を絵に残そうと思った」。このひとことで、モードの絵の秘密が分かる。

シチューを作るために締めたニワトリのことをモードはずっと気にかけていた。人が生きるために他の生き物の命を奪う。その悲しみを込めて「あの子が幸せだった頃を絵に残そうと思った」のだろう。彼女は生ある者の「幸せ」こそを描こうとした。だからどの絵も明るい。

モードは、またニューヨークから来た女性にこんなことを言う。

「私は窓も好き。鳥が横切ったり、蜂が来たり。毎日、違う。命がいっぱい。いろんな命がひとつのフレームにいるの」

画家ならではの言葉だが、窓というフレームを通して風景を見るとは、映画もまたそうではないか。スクリーンとカメラというフレーム（窓）を通して、観客は世界を見る。

敬愛する詩人、映画評論家の亡き杉山平一さんは「映画は窓だ」と言った。

「前に窓枠を置くことによって、その向こうに、奥行き深い、もの思わせる世界が現出するのである」（随筆集『窓開けて』編集工房ノア、二〇〇二年）

日本題名の良さに惹かれ、イタリア映画「修道士は沈黙する」（16年、「ローマに消えた男」のロベルト・アンドー監督）を見た。

ひと筋縄ではゆかないストーリー展開だが、現代社会に経済の面で影響を与える重要なエコノミストたちの「罪と罰」が描かれてゆく。

ドイツ（旧東ドイツ）の高級リゾートホテルで、先進国の財務相会議が開かれることになる。

その会議に、およそ世界経済とは無縁なロックスター、女性の絵本作家、そしてイタリアの戒律激しいカトリックの修道士（「湖のほとりで」〈07年〉「グレート・ビューティ／追憶のローマ」〈13年〉のトニ・セルヴィッロ）が、なぜか加わる。主催したカリスマ的エコノミスト（「愛と宿命の泉」〈86年〉「隠された記憶」〈05年〉のダニエル・オートゥイユ）が招《よ》んだらしい。

会議の日の朝、そのエコノミストの死体が発見される。ビニール袋を被って死んでいた。夜、告解《こっかい》のために部屋に呼ばれた修道士に疑いの目が向けられる。しかし、修道士はその職業的倫理から真実を語れない。

主催者のエコノミストはなぜ死んだのか。ホテルが大きな密室になる。

エコノミストは、頭からビニール袋（コンビニのレジ袋のようなもの）を被って死んだ。窒息死。こんなことで人間は簡単に死ねるのだろうか。

死ねる。前例がある。映画のなかで、ある人物が「ビニール袋を被って自殺した作家がいた」と言う。これは、一九九一年、ポーランド生まれのアメリカの作家、『異端の鳥』で知られるイエールジ・コジンスキーが、そうやって自殺したことを指している。

以前、この死について書いたことがある。コジンスキーは、ポーランド系のユダヤ人。映画ファンには、ピーター・セラーズ主演、ハル・アシュビー監督の「チャンス」（79年）の原作者、脚本家として知られる。ウォーレン・ベイティ監督、主演の「レッズ」（81年）でロシア革命家ジノヴィエフを演じた。

苦しい少年時代のあと、アメリカで作家として成功したあと、ホロコーストの記憶から脱れられなかったのか、ポリ袋を頭から被って自殺した。

イタリア映画でこの作家を思い出すとは。

（2018年3月下旬号）

「あなたの名前を呼べたなら」と「存在のない子供たち」のこと

恋愛は「この恋をしてはならない」という禁止の力が働く時にこそ美しく立ち上がる。現代の日本のような、なんでもありの世の中では恋愛は平凡になってしまう。

インド映画、ロヘナ・ゲラ監督の「あなたの名前を呼べたなら」(18年)は、身分違いのひそやかな恋愛を描いていて素晴らしい。

現代のインドのムンバイ。田舎からこの大都会に出て来たラトナという女性は、大きなマンションに住む金持の若者の家でメイドとして働いている。田舎から出て来た若い女性が都会の金持の家で住み込みのメイドとして働く。

ラトナはまだ二十代。若いが実は未亡人。十九歳で結婚させられたが、夫は四カ月で病没した。ロ減らしのために夫の実家を追い出され、ムンバイに働きに出た。それでいてわずかな給料から夫の実家に仕送りをしなければならない。

ラトナを演じるティロタマ・ショーム（「モンスーン・ウェディング」01年）が、華奢で繊細な美しさを見せ、魅了される。

インドは現代でも厳しい階級社会。田舎から出て来たメイドのラトナと、雇主のアシュヴィンとのあいだには階層の大きな壁がある。

だからラトナはいつも控え目。料理を作る。給仕をする。お茶を運ぶ。よく働くが雇主の前ではつねに遠慮がちで目を伏せている。このあたり、ベトナム映画、トラン・アン・ユン監督「青いパパイヤの香り」（93年）の、あの愛らしい幼いメイド、ムイを思わせる。

アシュヴィンは父親の経営する建設会社で働いている。結婚直前に相手の女性の不実が分かって破談となった。消沈している。ラトナの控え目な仕事ぶりが、次第に傷ついたこの若者の心を慰めてゆく。マンションの部屋のなかで、若い男女が一緒に暮す。当然、そこに感情の揺らぎが生まれてくる。しかし、階層の壁がある。たとえ恋であっても「してはならない恋」。禁止、抑制の力が大きく働く。気持を抑えた二人が徐々に接近してゆく。その緊張感が美しく冴える。未亡人の高峰秀子と、義弟の加山雄三との「してはならない恋」を描いた成瀬巳喜男監督の、禁じられたがゆえに美しい恋愛映画「乱れる」（64年）を思わせる。

相手がすぐ目の前にいるのに触れてはならない。抱かれたいのに抑制しなければならない。その緊張感がラトナをいよいよ美しくしてゆく。

詩人、清岡卓行に「それが美　であると意識するまえの　かすかな驚きが好きだ。」（「ある眩暈《くるめき》」）という言葉がある。ラトナは、まさに自分の気持が「恋」であると意識する前の気持に震えている。

ラトナの生きる村では、未亡人は死ぬまで未亡人として生きなければならないという掟がある。再婚など許されない。そんな因習が二人の「禁じられた恋」の背景にある。

ラトナは美しいものが好きで、いつか「ファッション・デザイナー」になることを夢見ている。自立への強い思いがある。雇主のアシュヴィンはそれを知って、「きみは勇気《ブレイヴ》がある」と讃える。「ブレイヴ」の意味が分からず、ラトナが同僚のお抱え運転手に「ブレイヴって、何？」と聞くのが可愛い。

原題は〝Sir《サー》〟。ラトナがいつも雇主を呼ぶ「旦那様」のこと。最後、ラトナは雇主との携帯電話ではじめて「アシュヴィン」と相手の名を呼ぶ。「旦那様」から「あなたの名前」へ。そこで画面が暗転するラストは秀逸。映画の名ラストシーンとして長く記憶されるだろう。

中東社会の貧しい子どもたちには、親に保護された「子ども時代」というものがない。早くから厳しい現実社会に投げ出され、大人たちに交って働かなければならない。

レバノン映画、ナディーン・ラバキー監督の「存在のない子供たち」（18年）は、早くから生き延びるために現実社会の厳しさにさらされた幼い男の子を主人公にしている。私の好きな言葉でいえば「たった一人で、全世界を相手に闘っている子ども」の物語。

イラン映画、アミール・ナデリ監督の「駆ける少年」（85年）や、マジッド・マジディ監督の「少女の髪どめ」（01年）、バフマン・ゴバディ監督の「亀も空を飛ぶ」（04年）などの流れにある、「子ども時代のない子どもたち」の物語である。今日の中東社会の厳しい現実を反映している。

主人公のゼインという少年は十二歳だが、貧しい家庭の子で親が出生届を出していなかったので正確な年齢が分からないという設定。舞台はレバノンのようだが、今日のアラブ社会のどこでも起りうるという普遍性がある。

出生の記録さえない貧しい家の子ども。厳しい現実社会に投げ出された子ども。この映画はまるでストリート・チルドレンのように、生存のために何でも（犯罪さえ）してたくましく生きてゆこうとする幼い子どもが、ストリートに生きる姿をドキュメンタリーのように描いてゆく。ヴィットリオ・デ・シーカの「靴みがき」（46年）に代表されるイタリアン・ネオリアリズム作品に通じる、優しい厳しさがある。

ゼインが「クソ野郎」を刺して逮捕される。幼い子どもがなぜそんなことをしたのか。映画は、この少年の裁判が進んでゆく過程で、少年のこれまでの生活がフラッシュ・バックで語られてゆく。

ゼインの家は貧乏人の子沢山で、狭いアパートに何人もの家族で暮らしている。当然、生活は苦しい。実は、ゼインは逮捕されたあと自分の両親を、いわば育児放棄で訴えたのだが、貧しい両親にも同情すべき点がある。この映画の悲しいところ。

ゼインは幼い頃から家のためによく働く。ストリートで雑用をこなしながら必死に生きる。しかし、ある時、可愛がっていた妹がまだ幼いのに嫁に売られた（幼児婚）ので、両親に激怒し、また妹を守ってやれなかった自分に絶望し、家を出る。刺した「クソ野郎」は妹を奪った男。

少年が、はじめて自分に優しく接してくれる大人の女性に出会うエピソードが泣かせる。エチオピアあたりからの不法移民の若いシングル・マザー。幼い子どもを抱え、底辺の仕事をしながらなんとか生き延びている。彼女が町をさまよっている少年を助けるのだが、彼女自身も人の助けを必要とする身。結局は少年も彼女もより苦境に陥ってゆく。

ゼインが、このエチオピアの女性から預かった幼い子どもを守り、乳母車に乗せて町をさまよう姿は、少年の責任感を感じさせて胸を打つ。中東社会の厳しい現実が、少年の背後に確実に浮き上がる。

「あなたの名前を呼べたなら」の監督（これがデビュー作）のロヘナ・ゲラは女性。また「存在のない子供たち」の監督ナディーン・ラバキーも女性。しかも、この監督は以前公開された「キャラメル」（07年）で素晴らしく美しい美容師を演じたレバノンの女優と知って、うれしく驚いた。

（2019年8月上旬号）

第六章

スパイものとミステリ

ピエール・ルメートルの歴史ミステリ『われらが痛みの鏡』のこと

第二次世界大戦は当初、「奇妙な戦争」と呼ばれた。一九三九年九月にナチス・ドイツ軍のポーランド侵攻によって始まった戦争だが、その後、戦闘らしい戦闘がなかったため。それが一九四〇年五月になって急展開する。ドイツ軍はベルギーに侵攻し、フランスに攻め入り、六月にはパリを制圧した。『その女アレックス』で日本でも多くの読者を獲得したフランスのミステリ作家ピエール・ルメートルの『天国でまた会おう』『炎の色』に続く歴史ミステリ三部作の完結篇『われらが痛みの鏡』（平岡敦訳、ハヤカワ・ミステリ文庫）は、この「奇妙な戦争」が終わり、ドイツ軍の攻勢が始まった一九四〇年六月のフランスを舞台にした群像劇。映画好きが読むとさまざまな戦争映画と重なり合い、読みごたえがある。

第一次世界大戦の教訓からフランスはドイツとの国境にマジノ線という、万里の長城を思わせるような長い要塞を造った。これは難攻不落と信じられ、フランス軍は油断していた。『われらが痛みの鏡』では、マジノ線の守備につくフランス兵がすっかり弛緩し、酒を飲んだり、賭博をしたりしている様子が描かれる。そこをドイツ軍が突いて一気に進軍、六月にはパリ入城を果たした。

ルメートルの文章を借りれば、「ドイツ軍はまずベルギーに侵攻し、フランス軍がそれを食い止めようと集まった隙にアルデンヌの森を抜け、軍事史に名を残す大攻勢のあと、英仏海峡を背にしてフランス軍と英仏連合軍をダンケルクへと追いつめたのだった」

アルデンヌの森はベルギーとの国境に広がる深い森。フランスはここを自然の要塞と考えていた。のち一九四四年のノルマンディー上陸のあとドイツへ攻め入ろうとする連合軍は、この森でドイツ戦車部隊の思いもかけない反撃を受け、苦戦する。そのさまは、ケン・アナキン監督、ヘンリー・フォンダ、ロバート・ショウ主演の「バルジ大作戦」(65年)に描かれている。

パリはドイツ軍にほとんど抵抗することなく陥落し、無防備都市宣言をする。アーウィン・ショウ原作、エドワード・ドミトリク監督の「若き獅子たち」(58年)では、マーロン・ブランド演じるドイツの中尉が上官のマクシミリアン・シェルと共にパリに入り、観光客気分でサクレ・クール寺院の前で記念撮影をする。さらにパリ娘（リリアン・モンテヴェッキ）と愛し合う。ナチス・ドイツの絶頂期である。

一方、フランスは敗戦の悲劇に見舞われる。フランス政府はパリの住民に疎開を呼びかける。パリ市民の、南部フランスへの移動が始まる。ルメートルによれば、これは「エクソダス（大脱出）」と呼ばれているという。

一九五八年のイギリス映画「激戦ダンケルク」（レスリー・ノーマン監督）では、フランスを支援するイギリス軍の兵士（ジョン・ミルズ）たちが、パリから南仏へと疎開してゆく難民の群れがドイツ軍の戦闘機に襲われるさまを見て、愕然とする。

ルメートルはこの「大脱出」について書く。「何台もの車、牛に引かれた荷車、手押し車が押し寄せてくる。錯乱した老人たち。松葉杖をつきながら、誰より速く歩く男。ひとかたまりになった群衆。あらゆる年代の子どもたちがいるのは、学校じゅうの生徒が集まって避難しているからだろうか」。

ドイツ軍の突然の進攻によってパリ市民が、パリ脱出を余儀なくされている。難民、つまり非戦闘員に対しドイツ軍の戦闘機は容赦なく空から銃弾を浴びせかけたことはナチス・ドイツの残酷さをあらわしている。

そしてルメートルの描くこの悲惨な「大脱出」で思い出すのは、いうまでもなくルネ・クレマン監督の「禁じられた遊び」（52年）。

この映画は、パリ市民の「大脱出」から始まる。パリが陥落した一九四〇年六月、ドイツ軍の空襲におびえながらパリから南へと田舎道を急ぐ避難民の姿をまずとらえる。ルメートルの『われらが痛みの鏡』は、映画ファンには「禁じられた遊び」と重なり合う。

ルネ・クレマンのこの映画では、難民の群れにドイツ軍の戦闘機が空から銃撃を加え、その結果、五歳の少女ポーレット（ブリジット・フォッセー）の両親と、彼女が、可愛がっていた犬のジョックもその犠牲になる。

ルメートルの本を読んだあとに「禁じられた遊び」を見ると時代状況がよく分かってくる。

ルメートルはこの難民のなかにはフランスだけではなく、ドイツ軍を逃れてきたベルギーやオランダ、あるいはドイツからの難民がいたことも忘れてはいない。新聞の記事が紹介される。「パリの教師たちが難民の受け入れに／全国連合教員組合はベルギーおよび国境地域からやって来た難民の受け入れに協力するため、今すぐ関係機関に申し出るよう組合員に呼びかけている」

「大脱出」の難民たちのなかにはフランス人だけではなくドイツの侵略を受けた国の人々がいた。さらに、難民のなかには、ドイツで両親をナチスに殺された子どもたちもいた。

このことを描いた映画は、二〇二一年の夏に公開された英米独合作映画の「沈黙のレジスタンス　ユダヤ孤児を救った芸術家」（20年、ジョナタン・ヤクボウィッツ監督）。

パントマイムのアーティストとして知られるマルセル・マルソーは、戦時下、レジスタンスに参加し、命がけで冬のアルプスを越え、ドイツからフランスに逃れてきたユダヤ人の子どもたちをスイスへと逃がす活動をしていたという秘話。最後、無事にスイスに到達した子どもたちが、「自由」に向かって走り出してゆく姿は胸を打つ。

アンジェイ・ワイダ監督の「コルチャック先生」（90年）で強制収容所に送られてゆく子どもたちが、最後、夢として列車から逃れ、草原へと走ってゆくあの感動的なラストシーンと重なる。

個人的な話になる。一九八一年、ヤノット・シュワルツ監督の「エニグマ」（82年、日本未公開、VHSになっている）の撮影の取材でフランスのストラスブールに行った時、この映画に出演しているブリジット・フォッセーにインタビューすることが出来た。無論、「禁じられた遊び」のポーレットの時より大人になっている。

それでもあの可愛い少女の面影が残っていた。私が日本から来たと知ると、「日本のファンからは、いまでも手紙や贈り物がたくさん来ます」とうれしそうに話してくれた。さらに「撮影の時は、本当の戦争だと思ってこわかった」とも。

「禁じられた遊び」が日本で公開された時に大きな反響を呼んだのは、ブリジット・フォッセーの、可愛さに加え、この映画が、第二次世界大戦の勝利国であるフランスの、当初の敗北、「大脱走」の苦難を描いていたからではなかったか。

（２０２１年11月上旬号）

事実に基づいたスパイ映画「オペレーション・ミンスミート ―ナチを欺いた死体―」のこと

「買って来いスパイ小説風邪薬」

丸谷才一の愉快な句。風邪をひいてやけになって威張っている。奥さんから見れば大作家も大きな駄々っ子だが、確かに風邪のひきはじめで寝込んだ時にはスパイ小説がいいかもしれない。

スパイものといえばイギリス。ジョン・マッデン監督（「恋におちたシェイクスピア」）の新作「オペレーション・ミンスミート ―ナチを欺いた死体―」（22年）は第二次世界大戦中、イギリスの諜報部がナチス・ドイツに仕掛けた奇想天外な謀略作戦を描いていて実に面白い。事実に基づいているというから驚く。

第二次世界大戦当初、ドイツ軍が破竹の進撃でフランスをはじめヨーロッパの主要国を制した。しかし、一九四二年秋に北アフリカ戦線でイギリス軍が勝利してから情勢が変わった。連合軍の反撃が始まった。

ドイツ軍が占領するヨーロッパに連合軍が攻め込む。どこから攻めるか。一九四三年一月、チャーチルとルーズベルトのカサブランカ会談でシチリア島への上陸作戦が決まった。しかし、これは当然ドイツも予想している。

そこでイギリスの諜報機関がミンスミート作戦を考える。連合軍はシチリアではなくギリシャに上陸するとドイツを騙す。どうやってか。

無名の人間の死体にイギリスの海軍将校の軍服を着せ、飛行機の墜落事故で地中海に落ちたとする。この死体は重要文書（偽文書）を所持している。そこには、連合軍はギリシャに上陸するとほのめかされている。

スペインは中立国だがドイツびいきが多い。死体がスペインの町に流れ着いたら、偽文書がドイツに読まれる可能性が高い。そうなればドイツはギリシャ上陸というガセネタを信じるかもしれない。

賭けに似た作戦だが、チャーチルは面白がって許可を与える。

「もっとも優秀なスパイとは、自分がスパイとは知らない者だ」。ドン・シーゲル監督のスパイもの「テレフォン」（77年）にそんな言葉があったが、死体はその意味でもっとも優秀なスパイといえるだろう。死体だから敵に捕らえられ拷問される心配もない。

ひそかに集められた諜報部員たち、海軍将校（コリン・ファース）、空軍将校（マシュー・マクファディン）を中心にチームが組まれる。なかに後に007シリーズを書くイアン・フレミング（ジョニー・フリン）がいるのが面白い。また彼らの上官になる海軍のゴドフリー提督（ジェイソン・アイザックス）はボンド・シリーズの「M」のモデルだという。

イギリスのスパイ小説の書き手には実際に諜報部員だった者が多い。『アシェンデン』を書いたモームをはじめ、『三十九階段』のジョン・バカン、さらにグレアム・グリーン、フレミング、ジョン・ル・カレ。

バカンといえば、この映画の最初のほうでコリン・ファースがベッドのところで我が子に読んできかせるのが『三十九階段』。いうまでもなくヒッチコック「三十九夜」（35年）、そのリメイク、ラルフ・トーマス監督の「三十九階段」（59年、タイナ・エルグが美しかった！）の原作。小さな子どもが寝る前に父親にスパイ小説を読んでもらうとは、さすがイギリスというべきか。

「ミンスミート」とはベン・マッキンタイアーの原作（『ナチを欺いた死体　英国の奇策・ミンスミート作戦の真実』小林朋則訳、中公文庫）によれば「刻んだドライフルーツの洋酒漬け」のこと。「挽き肉」の意もある。

作戦のため、まず死体を用意する。溺死体がなかなか見つからないが、なんとか路上生活者の死体を見つけ、溺死した将校に仕立ててゆく。

ドイツの諜報機関には智将カナリスがいる。それを騙すには小さなミスも許されない。そのために架空の恋人を作り上げ、ラブレターまで作る。諜報部員たちがその綿密な仕事を案外、楽しそうにやってゆくのが愉快。ドイツを騙すのは楽しい。

潜水艦から死体がひそかに地中海をスペインに向かって流される。無事にジブラルタルに近いウエルバという町に流れ着く。

ここからがいよいよ面白い。通常の作戦なら死体と秘密文書がドイツの手に渡っては困る。しかし、この作戦では、偽文書が必ずドイツに渡らなければならない。コリン・ファースをはじめ諜報部員はなんとか文書がドイツ側に渡ってほしいと、はらはらする。

ベン・マッキンタイアーの原作には興味深い事実が描かれている。

コリン・ファース演じる海軍将校ユーエン・モンタギューは裕福なユダヤ人一族の子。驚くのは、映画にも登場する弟のアイヴァー。当時のリベラルな知識人によくあった例で、ソ連の社会主義の信奉者として、ソ連のスパイになっていたという。有名なスパイ、キム・フィルビーと似ている。

このアイヴァー・モンタギューなる人物、映画の製作者としても活躍し、なんとヒッチコックのイギリス時代の作品、「暗殺者の家」（34年）、「三十九夜」、「サボタージュ」（36年）などを製作している。コリン・ファースが子どもにジョン・バカンの『三十九階段』を読んできかせているのは、このためもあってのことかもしれない。

ミンスミート作戦について書かれた日本のスパイ小説の快作がある。逢坂剛の『暗い国境線』（講談社、二〇〇五年）。第二次世界大戦下、中立国だったスペインを舞台に日本の諜報部員、北都昭平《ほくとしょうへい》の活躍を描く逢坂剛のイベリア・シリーズの第四作。

ロンドンでミンスミート作戦が検討されるところから物語が始まる。

「一九四二年秋、連合軍が北アフリカ上陸作戦を首尾よく成功させた場合、次の目標は数ヵ月後に行なわれるシシリー島侵攻、と方針が定まっている。その際、ドイツ軍に侵攻地点を別の場所と思わせるため、この謀略作戦を導入することが決まった。極秘裡に、政府上層部へ基本計画が提出され、チャーチル首相もこれを承認した」

映画の公開に当たってベン・マッキンタイアーの原作が単行本から文庫になった。逢坂剛さんが解説を寄せている。

それによれば、逢坂剛さんは一九七〇年代のなかば、神田神保町の古本屋の平台で、この作戦の責任者ユーウィン・モンタギューが書いた『放流死体　謀略戦記』（鱒書房）という一九五七年に出版された本を見つけ、ミンスミート作戦のことを知り、のちに『暗い国境線』に生かしたという。神保町好き、古本好きの逢坂剛さんらしい。

（2022年3月下旬号）

第七章

戦争はどこから来るのか

「生き残る」ための戦いを描く「ダンケルク」のこと

勝ち戦さには、ほど遠い。

敵に押されて後退につぐ後退を繰り返し、ようやく脱出に成功する。

クリストファー・ノーラン監督の「ダンケルク」（17年）は、撤退を描く戦争映画。敵と戦うことなく逃げ出したイギリス軍を「よくやった」と称える。そこが面白い。「生きて虜囚の辱めを受けず」の考えだった日本の軍隊と大きく違う。死ぬより生き残ることを優先する。

最後、無事に本国に戻った若いイギリス兵の一人は、はじめ、国民から批判されると思っている。戦わずに逃げてきたのだから。ところが本国に帰るや、港や駅で温かく迎えられる。「自分たちは生き残っただけだ」と自嘲すると、迎える国民は「それだけで充分だ」と称える。

同じようなことが戦時下の日本で起きたらどんな反応があっただろう。卑怯者とそしられたのではないか。彼我の違いを思わざるを得ない。

こんな場面もある。イギリスの戦闘機スピットファイアに乗ったパイロットが状況不利と判断して、いったん基地に戻ろうとする。結局は戦闘を続行するのだが、英空軍では、不利な状況では帰還が許されていたことが分かる。帰還のための燃料もあらかじめ計算されて積んでいる。ここでも「生き残る」ことが優先されている。帰りの燃料を持たずに出撃するような特攻精神はない。

新宿のＩＭＡＸシアターで見たのだが、冒頭から銃撃のすさまじい音には圧倒された。音そのものが怖い。音にさらされた若い兵士たちの恐怖が伝わってくる。戦場とはまさに音の修羅場だった。兵士の一人は、からくも助かったあと、戦闘の恐怖から「シェル・ショック」になり、精神がおかしくなるが、観客も、戦場のすさまじさにおののいてしまう。

徹底して、銃弾にさらされた兵士の視点からとらえられている。スピルバーグの「プライベート・ライアン」(98年)の、あのノルマンディ上陸作戦のオマハビーチでの約三十分間の戦いの場面も兵士の目にこだわり、圧倒的な迫力を生んだが、「ダンケルク」は二時間ほど、ほとんど全篇これに徹している。

ただ意外に死んでゆく兵士の場面は少ない。「生き残る」ことの大事さをテーマにしているからだろう。

ダンケルクの撤退はこれまでさまざまな映画で描かれている。

近年では、イアン・マキューアン原作、ジョー・ライト監督「つぐない」(07年)がある。ジェームズ・マカヴォイ演じるイギリス兵がドイツ軍に追われ、疲れ切ってようやくダンケルクの浜辺にたどり着く。そこで脱出を待つ何万人もの兵隊がいるのを見る。仲間の一人がそれを見て思わず呟く。「まるで聖書みたいだ」。モーゼによる出エジプトのことを言っている。

私などの世代が一九四〇年のこの大撤退劇を知るのは、イギリス映画「激戦ダンケルク」(58年、レスリー・ノーマン監督)によって。ドキュメンタリー色の強い映画作りでバルコン・タッチと謳われたマイケル・バルコンの製作(彼はのちにサーの称号を受ける)。

CGなどない時代に、イギリス陸海軍の協力を得てすさまじい攻防戦を再現してみせた。

この撤退作戦をフランス側から描いたのがジャン＝ポール・ベルモンド主演、アンリ・ヴェルヌイユ監督の「ダンケルク」(64年)。

浜辺には英仏両軍の兵士がいたにもかかわらず、イギリス軍がフランス兵を脱出の船に乗せなかったことを問題にした。これは、今度の「ダンケルク」でも語られているが、英仏間にその後、亀裂を生じさせたことは想像に難くない。

ダンケルク撤退には、実は大きな謎がある。

ドイツ文学者の亡き池内紀さんは二〇一七年に出版された『闘う文豪とナチス・ドイツ　トーマス・マンの亡命日記』（中公新書）のなかで、このダンケルク撤退を「第二次世界大戦における最大の謎」と書いている。

つまり――、一九三九年、ナチス・ドイツによるポーランド侵略によって始まった第二次世界大戦では、開戦当初、ドイツ軍は圧倒的な強さを見せた。

一九四〇年に入るとマジノ線を突破してフランスに進軍した。五月、英仏軍はついにダンケルクにまで追い詰められた。

五月二十四日、英仏軍から見れば「奇蹟」が起きた。あと一歩で、英仏軍を叩けるのにヒトラーはなぜか突然、ドイツ装甲部隊に進撃停止命令を下した。

これが「第二次世界大戦における最大の謎」とされている。なぜヒトラーは勝てる戦いをいったん停止したのか。さまざまな解釈がされている。ヒトラーの「気まぐれ」説もあるという。

手元に、イギリス映画「激戦ダンケルク」が一九五八年に日比谷映画劇場で公開された時の劇場プログラムがある。これは非常に丁寧に作られていて、「奇蹟」についてきちんと触れられている。

「英仏軍は敵の空陸一体の猛攻のもとに全滅寸前であった。然《しか》るに、ここに一夕《いっせき》の奇蹟が起った。ヒトラーが麾下《きか》のフォン・ルンドシュテッド元帥に、戦車隊による〝最後の突撃〟命令を下さなかったことだった」。「奇蹟」だった。

このプログラムによれば、ヒトラーが最後の攻撃命令を下さなかったのは、ダンケルクの敗残兵を叩くより、パリ占領を優先したからだという。事実、ダンケルク撤退直後の六月十四日にはドイツ軍はパリを無血占領する。ヒトラーはパリが陥落すれば、フランスも、そしてイギリスも降伏すると考えた。この解釈には納得するものがある。

しかし、ヒトラーの判断は結局誤まりとなった。

ダンケルク撤退に成功したイギリスは三十万余の兵力を確保し、その後のドイツ軍によるイギリス本土侵攻に備えることが出来た。

今度の「ダンケルク」にも描かれているが、撤退作戦には、イギリスの民間の漁船や小型船が命がけで参加した。グリア・ガーソンがアカデミー賞の主演女優賞を受賞したウィリアム・ワイラー監督の「ミニヴァー夫人」(42年)では、ウォルター・ピジョン演じる夫が、妻には黙って自分のモーターボートでダンケルクに向かう場面があった。

ポール・ギャリコの童話『スノーグース』では、イギリスの海辺に住む孤高の画家が、故国の危機を知って自分の小さなヨットで兵士を救うためにダンケルクへ向かった。

最近、NHKのBSで放映されたイギリスのテレビドラマ、第二次世界大戦中のドーヴァー海峡に面した港町を舞台にした『刑事フォイル』の一篇(第二話「臆病者」)にも、漁師の息子が自分の漁船でダンケルクへ向かう話があった。

イギリス国民には、撤退にもかかわらず多くの兵士を救ったこの攻防戦は誇りになっていることが分かる。「生き残る」ための戦いが、自国を勝利に導いた。

戦争映画にこういうことを書くのは不謹慎かもしれないが、「ダンケルク」には最後にひとつ美しい場面がある。ドイツ軍のメッサーシュミットとの空中戦に勝ったスピットファイアが一機、ゆっくりと海岸に着陸するところ。まるで宮崎駿アニメの一場面を見るようだった。この飛行が美しいのも、生きるためであったことはいうまでもない。

（2017年10月下旬号）

フランソワ・オゾン監督「婚約者の友人」のこと

レマルクの『西部戦線異状なし』、マルタン・デュ・ガールの『チボー家の人々』、ヘミングウェイの『武器よさらば』、アンリ・バルビュスの『砲火』……さまざまな小説で描かれたように第一次世界大戦は、近代兵器が使用された（毒ガスまで）巨大な戦争であり、国を挙げての総力戦であり、また、塹壕のなかでの消耗戦でもあった。多くの若者（それも戦争を望まなかった普通の若者）が犠牲になった。最近ではNHKテレビで放映されたイギリスのテレビドラマ『ダウントン・アビー』が、この戦争で死傷し、また精神的打撃（いわゆるシェルショック）を負った若者たちを描いていた。

この戦争は第二次世界大戦が起こるまで〝the Great War〟と呼ばれた。ビリー・ワイルダー監督の「悲愁」（78年）では、若い世代のウィリアム・ホールデンが〝World War ONE〟と言うと、年上の世代のレディ、ヒルデガード・ネフが〝the Great War〟と言い直している。
グレートには「偉大」という意味があるが、戦場で死の恐怖にさらされた兵士は「悲惨」と言い換えたいのではないか。

フランソワ・オゾン監督の「婚約者の友人」（16年）は、第一次世界大戦に従軍し、かろうじて生還したフランスの青年アドリアン（ピエール・ニネ）が、戦場で無抵抗なドイツ兵を殺したことに罪の意識を覚え、戦後、そのドイツ兵の故郷を訪ねる物語（原題は、ドイツ兵の名前をとって〝Frantz〟）。死者に対する思いがこもっていて心揺さぶられる。

戦前に日本でも公開されたエルンスト・ルビッチ監督の「私の殺した男」（〝The Man I Killed〟／32年）を基にしている（原作は『シラノ・ド・ベルジュラック』のエドモン・ロスタンの子モーリス）。洗練された喜劇で知られるルビッチにしては珍しいシリアス・ドラマ。パラマウント作品で、アメリカでは興行でも批評でも芳しくなかった。パラマウントは題名を〝Broken Lullaby〟と改題して再公開したが、それでも不評を挽回出来なかった。現在、ジュネス企画でDVDが発売されているが、タイトルには改題された〝Broken Lullaby〟が採用されている。

ルビッチ版では、フランス人の青年の悩みがあまりにたやすく解決されてしまうのに対し、オゾンはアドリアンという青年の良心の痛み、さらに死んだドイツ兵の婚約者アンナ（パウラ・ベーア、新人）の、アドリアンの突然の出現に驚く、揺れ動く心をとらえていて深い感動を与える。

アドリアンはドイツ兵フランツを殺した罪の意識から、戦後（一九一九年）、フランツの故郷のドイツの小さな村を訪れる。

しかし、敗れたドイツ側にとっては、フランス人は同胞を殺した憎むべき敵。フランツの家族（両親と婚約者のアンナ）を訪ねても招かれざる客で居心地が悪く、本当のこと（塹壕で、戦意のないフランツを殺した事実）を言えない。ところが、家族のほうは、アドリアンのことを、フランツがパリに留学していたときの友人と誤解し、歓待するようになる。とくにアンナは次第に彼に親しみを持つようになる。アドリアンはいよいよ本当のことを言えなくなってしまう。


嘘をめぐる物語である。生きてゆくうえで、やむを得ない嘘がある。とりわけ相手を気づかうあまりに、嘘をつかざるを得ない場合、嘘が本人を苦しめる。

アドリアンはその苦しみからのがれるようについにアンナに、戦場であったことを告白する。その事実に、さらにアドリアンに嘘をつかれていたことに、アンナは二重に驚き、傷つくが、今度は、アンナ自身がフランツの両親に本当のことを言えず、嘘をつかなければならなくなる。

さらに——。フランスまでアドリアンに会いに行ったアンナは許しを求めるアドリアンに「両親に話したが、二人はあなたを許すと言った」と嘘をつかなければならない。

相手を傷つけまいとする「高貴な嘘」が、アドリアンとアンナの二人を傷つけてゆく。アンナは、婚約者の両親に、アドリアンが告白した事実を告げられない。嘘をつく。その苦しさに耐えかねて、教会で神父に告白する。苦しみを語る相手は神しかいないのだろう。二人の「嘘の苦しみ」が、見ていて痛いほど伝わってくる。

映像が素晴らしい。大半がモノクロで撮影されている。その点で、ミハエル・ハネケのドイツの、小さな村を舞台にした「白いリボン」(09年)を思い出させる。そういえば、あの映画は、第一次世界大戦が勃発するところで終わっていた。まだ平和だった時代なのに、村には子どもたちによる不可解な犯罪という暗い影がおおい始めていた。

「婚約者の友人」では、冒頭、黒い喪服を着たアンナがゆっくりと町を歩き、石段を登って、墓地へ行き、婚約者の墓を詣でる。そこでアドリアンが花を捧げたことを知る。

黒く長いスカートをはいた女性は、「白いリボン」の女性たちとも重なり合う。その姿は死者への祈り、さらには遠い彼岸への思いをあらわしている。プレスにある、アンナを演じるパウラ・ベーアのインタビューによれば、オゾンは撮影に当って、彼女に「白いリボン」を見るように言ったという。「白いリボン」で医者の十四歳の娘を演じた美しい少女ロクサーヌ・デュランは忘れ難いが、あの少女が大きくなってアンナになったと考えてもいいかもしれない。

モノクロの端正な映像は、オゾンがいうように、十九世紀ドイツの幻想的風景画家カスパー・ダーヴィト・フリードリヒの絵を思わせる。高い山、深い森、谷と川。風景のなかに神秘を見たこの画家をヴェルナー・ヘルツォークが愛したことはよく知られている。

アンナがアドリアンと別れたあと、入水自殺を図ろうと決意し、以前、二人で行った岩山の上に立つ。そのうしろ姿をとらえるところは完全にフリードリヒの『夕日に向かう女』(一八一八年)。

この映画は、ひそかなラブストーリーにもなっていて、最後、駅で別れる時、アドリアンと抱き合ったアンナの目から、ぽろりとひとつ涙がこぼれ落ちるところは、胸がしめつけられた。近年、こんなに悲しい涙は知らない。

(2017年12月上旬号)

大林宣彦監督「花筐／HANAGATAMI」のこと

青春映画の多くが太陽の光を浴びているのに対し、大林宣彦監督の「花筐／HANAGATAMI」（17年）は月の光を受けてひっそりと輝いている。太陽が生とすれば、月は死だろうか。

檀一雄の『花筐《はながたみ》』は昭和十二年、日中戦争の勃発した年に出版された第一創作集。二十五歳の檀はこの直後に召集される。師、佐藤春夫が描いた蝶の絵が表紙に添えられたこの本は檀にとって、いわば青春の形身、遺書となった。

表題作の「花筐」は、ある海辺の町の大学予備校に通う四人の少年たちの青春を描いている。旧制高校の知的雰囲気を持っている。三島由紀夫が愛読したことで分かるように、生が限られていた時代、死が美しく語られている。

大林監督は、この小説をもとに、原作では詳しく描かれていない戦時下の、やがて兵隊に取られてゆく青年たちの不安、怖れを強く訴えかけている。脚本は大林宣彦と桂千穂。
花筐とは世阿弥作の能で、女の狂恋を描いている。

戦時下の青春を描くといっても、大林監督はよくあるリアリズムの手法は取らない。幻想のイメージをあふれさせている。その点で寺山修司の「田園に死す」（74年）を思わせる。

主人公の少年の一人、長塚圭史演じる吉良は足萎《な》えのため、部屋にこもっている。遠眼鏡で外界を見る。十九世紀ドイツロマン派の作家E《エ》・Th《テ》・A《ア》・ホフマンの『隅の窓』で足の悪い主人公がいつも窓辺からオペラグラスを通して町の人々を覗いたように。

この映画全体が吉良の遠眼鏡で眺められたように現実感を失なっている。丘の上の和洋折衷の屋敷、少女の眠る飾りのついたベッド、海に浮かぶ島が見える六角形の窓、ドラキュラ伯爵らしき人物が作曲したレコード、蓄音機、カメラ。現実感のないドールハウスのアンティーク、オブジェが次々にあらわれる。

町から見下ろせる海は月の光を浴びて人工の波幕のようだし、水田は書割のパノラマ。唐津で撮影されているが、原作にあるように、どこかにある架空の町といったほうがいい。夢のように美しかった「廃市」（84年）の消えゆく水郷と同じように「花筐」の町も、心のなかにだけ存在しているはかない幻影の町なのだろう。そういえば通奏低音のように流れるバッハの「無伴奏チェロ組曲」は、よく知られるように長く古書店に眠っていた楽譜を二百年もたってパブロ・カザルスが発見して、世に知られることになった。まさに幻の曲だった。

四人の少年と三人の少女、それに少年たちに慕われる一人の大人の女性が登場する。

彼らは、およそ戦時下とは思えない、秘密の花園のような静かな世界に暮らしている。主人公の少年、俊彦（窪塚俊介）は、軍人の子どもで、父の赴任先のアムステルダムから日本に戻ったばかり。まだ、幼ない。同級生になった、わが道を往く、世捨て人のような吉良と、美しい裸身を見せる美少年の鵜飼（満島真之介）に憧れる。思春期の憧憬は、ほとんど同性愛に近い。この三人に道化役の阿蘇（柄本時生）が加わる。ヘルマン・ヘッセが描くようなギムナジウムの世界になっている。

一方、三人の少女はいずれも美少女。ひょうきんな町娘のあきね（山崎紘菜）、ボブヘアが似合うカメラの好きな千歳（門脇麦）、肺を病んで寝たきりの美那（矢作穂香）。

そして、少年たちの憧れの対象となる俊彦の叔母（常盤貴子）。

彼らは、昭和十六年の現実に生きながら、現実の生臭さはない。生活臭がない。良家のお坊っちゃん、お嬢さんという以上に、そもそも外界から切れている。

戦前、男女関係が限られていた時代、身近な異性は親類とか、きょうだいの友人が普通だった。現代の開かれた男女関係とはまったく違う。閉ざされている。それだけに、「秘密の花園」が作りやすい。彼らは、現実が厳しくなればなるほど、自分たちだけの「秘密の花園」の小宇宙に逃げ込みたくなる。

この映画には、「外部」の人間は、ほとんど登場しない。あくまでも親しい人間たちだけの、内密的な世界に限られている。大林宣彦監督にとっては、それが、戦時下の最後のユートピアに思えるのだろう。

しかし、その望遠鏡で覗かれた穏やかな小宇宙にも、確実に死はやってくる。

戦後に育った日本人は、つい忘れてしまうが、戦前の青春には、確実に二つの死があった。男子には徴兵制があり、二十歳になれば戦場での死が待ち受けていたし、この時代、男女ともに、肺病（結核）が死に至る病としてあった。

「花筐」の少年、少女たちは、この二つの死を前にして生きなければならない。「花筐」が現代の青春映画と違って月の光にひたされているのはそのためだろう。実際、肺を侵された美那は、少女のままに死んでゆくし、戦争に行く鵜飼も戦死することになるだろう。

死にとりつかれた青春をなんとか生き抜くには、かろうじて死を美化するしかない。真白な海軍の軍服を着て軍隊に行く鵜飼は、美青年の象徴だし、結核で死んでゆく美那はまるでドラキュラ伯に血を吸われる美少女のようだ。美那はあくまでも美しい結核で死んでゆくので、決して癌であってはならない。

戦争の無惨さに抗うためには、彼らを本当はなかったかもしれない美で包むしかない。月の光のなかで生かすしかない。

人形は人の形身という。人間のかわりを果たしてくれる。戦争の時代に生きる悲しみを生身の人間が語れないなら人形に託すしかない。

この映画には、随所に人形がいる。門脇麦演じる千歳は、いつもお守りのように人形を持っている。夜の酒場の女（池畑慎之介）は西洋人形を大事にしている。繰返しイメージされる田圃のかかしは人形だし、死地へと行進してゆく白い死化粧の兵士たちも、あるいは、常盤貴子演じる叔母が戦死した夫の前で能面を付けて舞う、世阿弥の能『花筐』の舞い姿もまた、もうひとつの人形と言っていいだろう。

とすれば、この映画の書割のような映像に登場する少年と少女たちも、月の光を浴びた人形と言えるのではないか。人形は死者の霊である。檀一雄の『花筐』には、「生きていることはこんなに甘美な夢なんだ！　こんなにゆたかな幻影なんだ！」という言葉があるが、大林宣彦監督は、人形たちを描きながら「幻影」の向こうにある、怖ろしい現実を見ようとしている。（２０１７年12月下旬号）

六〇年代の熱気が伝わる「シカゴ7《セブン》裁判」のこと

Netflix作品「シカゴ7《セブン》裁判」(20年)を吉祥寺のアップリンクで見ることが出来た。一九六〇年代、「若者の叛乱」の時代に青春を送った人間には忘れられない事件——一九六八年のシカゴでの民主党全国大会での大規模な反戦デモ、警官と州兵による弾圧、そしてその後の若いリーダーたちの裁判——を正面から描いていて、胸が熱くなる。

監督はアーロン・ソーキン。事件当時は七歳で、当然、何が起きていたかは知らなかった。企画は二〇〇六年に始まった。スティーヴン・スピルバーグの発案だったという。ヒットメーカーの硬派の面が出ている。

一九六八年は熱い政治の季節だった。何よりベトナム戦争が激化したことが大きい。アメリカ兵の死者は三月に十三万七千人近くにのぼり、朝鮮戦争の死者を上回った。

当然、アメリカ国内で若い世代による反戦運動が激化した。四月にはニューヨークのコロンビア大学で学生たちがキャンパスを占拠。これは、映画「いちご白書」(70年、スチュワート・ハグマン監督)のモデルになった。

アメリカだけではない。パリでは「五月革命」が起きた。日本では全共闘運動が広がった。十月には「新宿騒乱」事件が起きる。まさに「世界的同時性」だった。

さらに四月にはマーティン・ルーサー・キング牧師が、六月にはロバート・ケネディが暗殺される。物情騒然たる時代だった。


八月にシカゴで民主党全国大会が開かれることになった。秋の大統領選に向けて候補者を選ぶ。すでにジョンソン大統領はベトナム戦争の不人気から不出馬を表明。ヒューバート・ハンフリーが指名されるのは確実だった(共和党はニクソン)。

ベトナム戦争に抗議する若者たちは、これを機にシカゴで集会を開くことになった。これに市当局が過剰に反応した。

シカゴの市長は、長く市政を牛耳っているボス、リチャード・J・デイリー。民主党だがおよそリベラルには遠く、キング牧師暗殺のあとに黒人暴動が起きた時は、放火犯、略奪者に対し、射殺命令を出したほど。

強権を振るうデイリーが事を大きくした。言論の自由を尊重し、デモ、集会を認めればいいのに、警官だけではなく州兵も動員し、デモ隊を警棒《ビリー・クラブ》と催涙ガスで弾圧した。およそ民主主義国家とは思えない。

しかも、自分たちが騒ぎを大きくしたにもかかわらず、混乱の責任はデモを主導した若者にあるとし、彼らを逮捕し、暴動を扇動した罪で裁判にかけた。見せしめだった。

無茶苦茶である。一審では若者たちは有罪になったが、さすがに控訴審で無罪になった。当時、若者たちは「世界が見ている!」と抗議の声を上げたが、まさに世界は見ていた。

「シカゴ7裁判」はこの裁判を正面からとらえている。裁判劇である。余談だが、裁判シーンは、かのニュージャージー州パターソンで撮影されたという。

被告となったのは、新左翼の学生団体SDSのリーダー、トム・ヘイデン(のちにジェーン・フォンダと結婚する)とレニー・デイヴィス。天真爛漫なアウトサイダー、「イッピー」のリーダー、アビー・ホフマンとジェリー・ルービン(「三十歳以上は信じるな!」と言ったので知られる)。非暴力の抗議を続けるデイヴィッド・デリンジャー。彼らほど有名ではないジョン・フロイネスとリー・ワイナー。計七人。これに、黒人ゆえに彼らとは一線を画するブラックパンサーのリーダー、ボビー・シール。

裁判長のジュリアス・ホフマンはまるでデイリー市長の分身のように強圧的で、はじめから若者たちを敵視していて、少しでも被告や彼らの弁護士（マーク・ライランス）が抗議すると法廷侮辱罪を連発する。公平も公正もあったものではない。演じているのはフランク・ランジェラ。憎々しいばかりの怪演。

あまりに偏った進行に頭にきた、悪ふざけの好きなアビー・ホフマン（サシャ・バロン・コーエン）とジェリー・ルービン（ジェレミー・ストロング）が、ある時、裁判長をからかって自分たちも法衣を着て出廷するのが笑わせる。

無論、この裁判長にユーモアのセンスなどあるわけがない。ますます強圧的になり、なんとボビー・シール（ヤーヤ・アブドゥル＝マティーン2世）に、法廷侮辱罪を科したあげく、身体を拘束し、猿ぐつわまではめさせる。これにはさすがに陪審員も眉をひそめる。

裁判の過程で、集会やデモの様子がフラッシュバックで描かれる。実際のニュースフィルムも使われている。

確かにデモ隊も警官に汚い野次を飛ばしたり、挑発に乗って投石したりする。トム・ヘイデンはパトカーのタイヤの空気を抜いたところを逮捕される。

彼らにも非はある。しかし、それ以上に警官と州兵の暴力はすさまじい。警棒で若者たちを容赦なく殴りつける。さらに、まるで現在のトランプ支持の右翼のような男たちが若い女性に襲いかかり、服をはぎとる。平和的なデモが可能だったのに、権力の側がそれを無にした。

裁判では驚くべき無法が行われる。ジョンソン政権の司法長官だったラムゼイ・クラーク（マイケル・キートン）が勇気を出して証言台に立ち、ジョンソン政権では学生たちを起訴しないと決めていたと重要な証言をする。にもかかわらず裁判長はその証言を陪審員に聞かせない。それに抗議すると、またしても法廷侮辱罪。このひどい裁判長はのちに法曹界で批判されたというが、当然だろう。

七人の若者たちのあいだにも違いがある。トム・ヘイデン（「リリーのすべて」のエディ・レッドメイン）は真面目。裁判に当たって印象をよくしようときれいに髪を切る。それを相変わらずヒッピー姿のアビー・ホフマンがからかう。一方、ブラック・パンサーのボビー・シールは終始、白人の若者とは関わらず、わが道を行く。

七人のなかに一人、大人がいる。非暴力運動を重視するデリンジャー。日本で言えばべ平連のメンバーか。奥さんと子ども（男の子）がいて裁判を傍聴している。

この常識ある大人が、あまりにひどい裁判のやり方についに腹を立て、思わず法廷の吏員を殴ってしまう。それを男の子が悲しそうに見る場面は、この映画でいちばん心に残った。男の子も父親の気持ちが分かったはずだ。

この非暴力運動家を演じているのはコーエン兄弟の「ファーゴ」（96年）で、フランシス・マクドーマンドの愛すべき夫を演じたジョン・キャロル・リンチ。

そして感動的な最後になる。

裁判長に発言を許されたトム・ヘイデンはノートを手にして立ち上がると、そこに書かれた、ベトナムで死んでいった若い兵士たちの名前を一人一人、読み上げてゆく。

死者に敬意を表して被告全員が立ち上がる。若い検事までも彼らと共に起立する。裁判長が「静粛に」と叫んでも、もう誰もいうことを聞かない。傍聴席でも次々に立ち上がる。そのなかに、あの男の子もいる！

うれしそうに笑顔を浮かべながら。

ベトナム戦争が終結したのはこうした世論あってこそだろう。


（２０２０年12月下旬号）

ヴァレリオ・ズルリーニ監督「国境は燃えている」のこと

十代の頃に見た懐しい映画のことを書きたい。幸いDVDとブルーレイになっている。シニアの映画ファンならイタリアのこの監督のことは御存知だろう。ヴァレリオ・ズルリーニ（一九二六―八二）。ロッセリーニ、デ・シーカらイタリアン・ネオレアリズムの監督の次に現われた新しい世代になる。

日本では六〇年代に三本の作品が公開され、その名が知られた。エレオノーラ・ロッシ・ドラゴのむせかえるような色香がいまも語り草になっている「激しい季節」（59年）、クラウディア・カルディナーレが野性的な美しさを見せた「鞄を持った女」（61年）、そしてマリー・ラフォレとアンナ・カリーナが共演した「国境は燃えている」（65年）。私の世代の映画ファンでこの三本に惹かれなかった者はいないと思う。

とくに「激しい季節」は二〇一七年にディスクロード社で待望のDVDが発売されたが、同社によれば、大変な人気作で毎月のように多くの復刻のリクエストが寄せられたという。この作品は当時、『キネマ旬報』のベスト・テンに選ばれなかった。そのあと読者の投稿欄になぜなのかと抗議の投書(女性)が載り、これには大きな拍手だった。

「激しい季節」のことは拙著『ギャバンの帽子、アルヌールのコート 懐かしのヨーロッパ映画』(春秋社、二〇一三年)に書いたし、前述のDVDには解説を書いた。同様に「鞄を持った女」のDVDにも解説を書いた。従ってここでは「国境は燃えている」について書きたい。原題は〝Le soldatesse〟(女兵士たち)。


第二次大戦下、独伊が占領したギリシャを舞台にしている。冒頭に説明される。一九四〇年、ムッソリーニはギリシャに侵攻、ギリシャの抵抗が続いたが、ドイツがイタリアに援軍を送ったために一九四一年四月にギリシャは降伏した。

イタリア軍の若い中尉が、ギリシャ人の娼婦(いわゆる従軍慰安婦)十数人を、駐屯している各部隊にトラックで送り届けるという任務を与えられる。

中尉を演じるのはトーマス・ミリアン。のち「情無用のジャンゴ」(67年)でガンマンを演じるが、この映画ではまだういういしく、戦場の非人間さにも汚されていない。「激しい季節」の年上の寡婦に惹かれる青年ジャン＝ルイ・トランティニャンや「鞄を持った女」の年上の世慣れた女性に純情を捧げるジャック・ペランに通じる清潔さがある。娼婦たちに優しく接する。

娼婦たちを演じるのはマリー・ラフォレ、アンナ・カリーナ、レア・マッサリ、ヴァレリア・モリコーニら。

一年続いた激しい戦闘でギリシャの町は荒廃しきっている。食べるものも満足にない。女性たちは飢えからまぬがれるためにやむなく従軍慰安婦になった。慰安婦になればとりあえず食料を配給される。金ももらえる。

しかし、占領軍のイタリア兵のために身を売ることが苦しくないはずはない。

アンナ・カリーナやレア・マッサリらは生きるために仕方がないと割り切っているが、マリー・ラフォレは兵士相手の仕事が嫌でたまらない。彼女に心惹かれたトーマス・ミリアンがいくら彼女に優しく接しようとしても頑なに拒否する。

娼婦たちを多様に描いているところが面白い。割り切っている者、心を閉じている者、子持ちの者。

ある時、彼らは、前線から戻った兵士たちのトラックと出会う。兵士たちは、女性を一人要求する。トーマス・ミリアンはやむなく黒髪のキュートな女性を選ぶ。ここで驚くことが起こる。彼女は嫌がるどころか、まるで選ばれたことを誇りに思うように兵士たちのトラックに乗り込む。

仕事に慣れてしまったのか、笑顔でやりすごすしかないのか。あるいは娼婦という仕事に誇りを持っているのか。以前、ニューオーリンズの娼館を舞台にしたルイ・マルの「プリティ・ベビー」（78

年）の、ブルック・シールズがはじめての客を取るところで娼婦たちがお祝いをし、少女もにこやかに応じる場面を評して、淀川長治さんが「日本映画だとここで少女を泣かせるのに、ルイ・マルは笑顔にした。凄い」と言っていたのを思い出す。

終始、笑顔を見せないマリー・ラフォレに対し、この娼婦（ミレナ・ドラーヴィチ）がトラックに乗り込む時の笑顔は強烈な印象を残す。まるで娼婦だったマグダラのマリアを思い起こさせる。

しかも、ヴァレリオ・ズルリーニはこのあと不条理と思える悲劇を用意する。

ギリシャは降伏したとはいえ、パルチザンがまだ抵抗を続けている。トーマス・ミリアンが指揮する一行は、山岳地帯にさしかかる。そこに前夜、パルチザンに襲撃されたイタリア兵の遺体がいくつも放置されている。

トラックから降りたったトーマス・ミリアンが遺体を見てゆく。なんとそこにはあの笑顔を見せてトラックに乗った若い娼婦の遺体がある。イタリア兵のトラックに乗り込んだギリシャ人の女性が、同胞のパルチザンに殺された。こんな無惨な悲劇はない。トーマス・ミリアンは呆然として彼女の遺体に毛布をかけてやるしかない。戦争の残酷さをこれほど端的に描いた場面はない。

「激しい季節」もムッソリーニのイタリアが連合軍に追いつめられてゆく末期の一九四三年を舞台にしていた。ズルリーニは年齢からいって兵隊には取られなかったかもしれないが、一九二六年生まれとしてロッセリーニやデ・シーカら前の世代の描く対独レジスタンスの輝かしいイタリアではなく、ファシズムに加担した汚れたイタリアを描きたかったのだろう。

そういえば「激しい季節」のジャン＝ルイ・トランティニャンの父親はファシスト党の幹部で、一九四三年九月にムッソリーニが失脚したあと慌てて逃げ出した。

アンナ・カリーナ演じる娼婦もパルチザンの流れ弾に当たって重傷を負い、同行するイタリアの黒シャツ隊の少佐（嫌な奴！）に〝安楽死〟させられてしまう。

一方、マリー・ラフォレは最後、ひとり、仲間と別れ、パルチザンに加わってゆく。その前夜、「生きた思い出が欲しい」とそれまで優しくしてくれたイタリア人の中尉トーマス・ミリアンとはじめて一夜を共にするのが切ない。

「国境は燃えている」はもっと反戦映画として評価されていい。マリー・ラフォレとアンナ・カリーナは二〇一九年に相次いで世を去ったから、その追悼の意も込めて。

余談になる。クロエ・ジャオ監督の「ノマドランド」の最初の方でフランシス・マクドーマンドが、人の姿の見えない野原でしゃがむのには驚いたが、これには先例がある。

「鞄を持った女」のクラウディア・カルディナーレ。冒頭、男と車に乗って町はずれを走る。「とめて」といって降りる。何をするのかと思うと、草むらでしゃがんだ。高校生の時、このシーンにはびっくりした。

（2021年9月上旬号）

第八章

ナチスの記憶

ホロコースト否定論者と戦う「否定と肯定」のこと

ホロコーストを否定する者にも言論の自由はあるのか。あるいは、現代の日本でいえばヘイトスピーチを繰返す者にも言論の自由はあるのか。

ミック・ジャクソン監督の「否定と肯定」（16年）は、この重大な問題に切り込んでいる。

実際にロンドンの王立裁判所で争われた、イギリス人のホロコースト否定論者と、ナチスによるユダヤ人虐殺は「地球が丸い」と同じように厳然たる事実だとするアメリカの歴史学者との裁判を描いている。

二〇〇〇年に行なわれた裁判だが、恥かしいことにこの裁判を知らなかった。当時、日本ではほとんど報道されなかったのではないか。ホロコーストへの関心が薄かったためか。それともトンデモ裁判と見られたのか。

スピルバーグの「シンドラーのリスト」(93年)が公開されていたのだから、日本でもホロコーストへの関心はあったと思うのだが。

否定論のデイヴィッド・アーヴィング(ティモシー・スポール)が、著書で自分を批判した歴史学者のデボラ・E・リップシュタット(レイチェル・ワイズ)を名誉毀損で訴える。どう考えても無茶な訴えだが、反ユダヤ主義者であるアーヴィングは、リップシュタットがユダヤ人であることが許せなかったのだろう。おまけに女性なのだから。


黒白ははじめからはっきりしている。問題は、ホロコースト否定論者にも言論の自由があるという主張をどうやって打破するかにある。裁判はロンドンで行なわれる。これも初めて知ったことだが、イギリスの裁判制度ではアメリカのように推定無罪の原則がなく、訴えられたリップシュタットのほうに立証責任がある。制度の違いに驚く彼女だが、裁判で戦うために多人数のイギリス人弁護団に頼らざるを得ない。その弁護費用を寄附に頼るのだが、スピルバーグが多額の寄附をしたという。

リップシュタットは、はじめイギリスの弁護団に不信感を持つ。自分を証言台に立たせない。ホロコーストの生存者も証言に呼ばない。しかし、彼女は弁護団のそうした方針が実は賢明なものだと知ってゆく。

自分に証言させないのは、歴史学者をトンデモ論者と同列にしないためだし、ホロコーストの生存者を呼ばないのは、彼らを傷つけないためだと分かる。

それで思い出すのは、スタンリー・クレイマー監督の「ニュールンベルグ裁判」(61年)。戦後、一九四七年、ナチ政権下の有力な裁判官や検事が戦犯として裁かれる。

この時、ナチの犠牲になって断種された男性(モンゴメリー・クリフト)と、ユダヤ人の雇主と付合ったため罪に問われたドイツ人のメイド(ジュディ・ガーランド)が、アメリカ側の検事(リチャード・ウィドマーク)に証人として呼ばれる。二人は証言台でナチが一般市民に対してもいかに残酷なことをしたかを訴える。

ところが、被告人側のドイツ人弁護士(マクシミリアン・シェル)は、二人に厳しい反対尋問をし、男性は実は知能障害があること、女性は自分から積極的にユダヤ人に抱かれたと攻撃してゆく。二人の証人は証言台に立ったことによって誇りを傷つけられてしまう。

「否定と肯定」の弁護団もこれを怖れたのだろう。生存者に対し、ホロコースト否定論者は「ガス室のドアは右にあったか、左にあったか」など些末なことを突いてきて、それに答えられないと、生存者の証言を全否定するに決まっている。生存者の尊厳を守るには証言に呼ばないほうがいい。

弁護団の方針にリップシュタットも納得してゆく。それならばどう戦うのか。弁護団は、アーヴィングの、これまでの発言や日記、著作から彼が反ユダヤ主義者であることを明らかにしてゆく。

第二次世界大戦下、イギリス国内にも親ナチ勢力(それも貴族たちのなかに)がいたことは、カズオ・イシグロ原作、ジェームズ・アイヴォリー監督の「日の名残り」（93年）で描かれているし、近年、NHKで放映されたイギリスのテレビドラマ『刑事フォイル』の第二話「臆病者」では、ダンケルク撤退直前の一九四〇年の初夏に、早くナチスドイツがイギリスを占領して欲しいと願っている政治組織が国内にあったことが明らかにされている。無論、反ユダヤ主義にこりかたまっている人間たち。アーヴィングのようなホロコースト否定論者が生まれる土壌はあった。

イギリスの裁判というと、アガサ・クリスティ原作、ビリー・ワイルダー監督の「情婦」（57年）があまりに有名なので、すべて陪審員制と思ってしまうが、「否定と肯定」を見ると、この事件のように専門の知識を必要とする裁判の場合には、陪審員ではなく裁判官に判断を委ねる単独審があることが分かる。

それだけに、法廷弁護士《バリスター》が重要になる。

この映画では、トム・ウィルキンソン（「イン・ザ・ベッドルーム」01年、「フィクサー」07年）演じる法廷弁護士が素晴らしい。引退を考えているような年齢で、当初、やる気がないように見えたのだが、やがて、アウシュヴィッツに足を運ぶなどして、証拠固めをして、法廷でアーヴィングのユダヤ人への偏見、論理の破綻を冷静に突いてゆく。

実に頼もしい。「ニュールンベルグ裁判」で判事を演じたスペンサー・トレイシーを思わせる。「引退して、モーツァルト三昧の日を送りたかったんだがね」とユーモアもある。ワイン好きだが、気取ってはいない。グラスは使い捨てのものでいいんだと平然としている。

スコットランド人らしい。朝、カフェで食事をしているところにリップシュタットが来て、テーブルを共にする。この頃には、彼女は最初のわだかまりを捨て、老弁護士を信頼するようになっている。テーブルについた彼女はユダヤ人らしくベーグルを注文する。老弁護士の皿はと見ると、ベーコン・エッグの脇に何やら黒い固まりがある。「何ですか?」と聞くと「豚の血の腸詰《ブラック・プディング》だよ」。スコットランド人の朝食の定番という。リップシュタットがびっくりするのが可笑しい。

モーツァルト好きのこの老弁護士が夜、書斎で「魔笛」の王子タミーノの歌う「何と美しい絵姿」を聞きながら、ひとり仕事をする場面が心に残る。どうしてこんな美しい音楽を産んだ国でヒトラーのような怪物が生まれたのかという思いだろう。

「ニュールンベルグ裁判」でスペンサー・トレイシーがコンサートに行き、ピアニストの弾くベートーヴェンの「悲愴」を聞きながら、思わずドイツ人の聴衆をながめる場面を思い出す。

老弁護士の弁論によって裁判はリップシュタットの勝利になる。「私は、言論の自由を悪用する者と戦ったのです」と言う彼女が、老弁護士を抱き締めて「ありがとう」と感謝するところは胸が熱くなる。二人が父と娘のように見える。

（2018年1月下旬号）

ハンガリー動乱を背景にしたドイツ映画、「僕たちは希望という名の列車に乗った」のこと

ハンガリー動乱と言っても、もう若い人は知らないだろう。

一九五六年に共産圏のハンガリーで起きた反ソ連民衆蜂起。いったんはハンガリー国民の勝利になるかと思われたが、ソ連が戦車を出動させ、たちまち武力弾圧した。反ソ政権の首相となったナジ・イムレは即刻逮捕、処刑された。一九六八年のプラハの春の先駆けとなる、あまりに短いブダペストの春だった。

今日では、ハンガリー動乱は、ハンガリー国民の自由化運動と評価され、ナジ・イムレは名誉回復されている。一九九二年にはエリツィン大統領がソ連侵攻を正式に謝罪した。

とはいえ、当時、社会主義勢力のなかにはハンガリー動乱を反革命とし、ソ連の軍事行動を支持す

る動きもあった。信じ難いことだが、日本でもそうだった。

手元に一九六四年に岩波書店から出版された『各国別　世界の現勢Ⅱ』（岩波講座　現代）がある。そこでは「この事件は、多くのまじめな大衆の参加にもかかわらず、基本的には反革命であった」と記されている。

また、小島亮『ハンガリー事件と日本　一九五六年・思想史的考察』（中公新書、一九八七年）によれば、当時、安部公房、中野重治、花田清輝ら錚々たる文学者がソ連を支持していたというから驚く。まだ「社会主義」への幻想が強い時代だったのだろう。


個人的な話になる。一九五六年、小学校六年生の私は、ある日、ラジオで異様な声を聞いた。知らない異国の言葉で、誰かが悲痛な声で叫んでいる。世界のどこかで大変なことが起きている。何かは分からないが、その声は異様に心に焼きついた。

のちに、それは、ソ連の軍事侵攻を前にしてナジ首相が西側諸国に「助けてくれ」と訴えているラジオ放送だったと知った。しかし、冷戦下、ソ連との対立を恐れる西側は動かなかった。ハンガリーを見殺しにした。

私などの世代が、おぼろげながらハンガリー動乱のことを知るのは、日本で大ヒットしたドイツ映画「野ばら」（57年）で。可愛らしいミヒャエル・アンデ少年演じる主人公は、ハンガリー動乱でオーストリアに逃れ、ウィーン少年合唱団に入って活躍するという物語だった。

小学生の時に聞いたナジ・イムレの悲痛な叫びが忘れられなかった人間として、ソ連崩壊後、NHKテレビの仕事でハンガリーに行き、動乱のことを取材した。まだ十代の若者たちが多数逮捕され処刑されたと知り、暗然とした。

ドイツ映画「僕たちは希望という名の列車に乗った」（18年、ラース・クラウメ監督）は、この事件を背景にしていて心うたれる。

一九五六年。東ドイツの高校生たちが、ハンガリー動乱を知る。無論、東ドイツの国家権力は「反革命」と決めつける。しかし、若者たちは納得しない。ハンガリー国民は、ソ連支配の息苦しさに抵抗し、抗議の声を上げたのではないか。それならば、自分たちも自由を求める彼らへの連帯の意思を表明したい。

そこで、授業中に、動乱での死者たちへ「二分間の黙禱」を捧げる。若者らしい純粋な、正義感からである。

高校生の小さな行動のはずだった。ところがこれが、ソ連圏の東ドイツにあっては、大事件に発展していってしまう。

「二分間の黙禱」が「国家への重大な犯罪」になる。校長のレベルを超え、共産党の幹部（この女性が、ナチのゲシュタポのようで怖い）が乗り出してくる。

首謀者は誰か。犯人探しが始まる。十代の少年少女たちを一人一人、呼び出して、追及する。誰が首謀者なのか言え、言わないと退学させる。脅しであり、「踏み絵」である。

実際に東ドイツであった事件だという。

十代の少年少女たちにとってはつらい試練だったことだろう。自分が退学から逃れようとしたら、同級生を裏切らなければならない。

「国家か友情か」

共産党の女性幹部が強いる「踏み絵」に対し、クラスの一人一人が抵抗の意志表示をしてゆく場面は、十代の若さでよくぞと胸が熱くなる。彼らは、自分たちを苦しめる国家への忠誠より、仲間と共にありたいという友情を選んでゆく。このあたり、近年、再評価されている吉野源三郎の『君たちはどう生きるか』を思わせる。思春期とは、何よりも友情の季節である。

親たちもつらい。大人として不満はあっても家族を守るために体制に従わなくてはならない。子どもの反抗の気持ちが分かっても、子どもの将来のためには「英雄になるな」と言わざるを得ない。とくに、労働者階級の父親が、体制と子どもの板挟みにあって苦しむ姿は、親の立場が伝わる。この映画の良さは、反抗する少年少女たちと同時に、板挟みになった親の苦しみもきちんと描いていることにもある。

「二分間の黙禱」を敢行した十代の高校生たちは、最後、親を、学校を捨て、西側へ脱出する。まだ東西ベルリン間の通行が厳しくなかった時代だから出来たのだろう。このあとベルリンの壁が作られることになる。

繰返し言えば、実話だという。

　ハンガリー動乱のあと、国を捨てた亡命者たちのことを思い出す。『悪童日記』で知られる作家アゴタ・クリストフ、ハリウッドに渡り、「ロング・グッドバイ」「スケアクロウ」（73年）「未知との遭遇」（77年）「ディア・ハンター」（78年）などを撮るヴィルモス・ジグモンド、「イージー・ライダー」（69年）「ペーパー・ムーン」（73年）を撮るラズロ・コヴァックス。いずれもハンガリーからの亡命者である。

　スカーレット・ヨハンソン主演、エヴァ・ガルドス監督の「アメリカン・ラプソディ」（01年、日本未公開だがDVDになっている）は、ハンガリー動乱で引きさかれた家族の物語。


　最後に柔らかい話を。東ドイツの高校生たちは、どうやってハンガリー動乱を知ったのか。

　ある時、二人の少年が西ベルリンに行き、西側で大評判になっている「リアーネ」という映画をこっそり映画館で見た。ニュース映画が付いていて、そこでハンガリー動乱が、ハンガリー国民の自由を求める運動であると報道されているのを見て、二人は衝撃を受けた。

　そのドイツ映画「リアーネ」（56年、エドゥアルト・フォン・ボルゾディ監督）は、私などの世代にとっては、「秘境の情熱」（58年、ジグモンド・スリストラフスキー監督）と並んで当時の、いわゆるギルティ・プレジャー（こっそり見に行く映画）として忘れ難い一本。邦題は「ジャングルの裸女」。アフリカのジャングルで育った白人の少女の物語。大勢のなかから選ばれたという主演の十五歳のマリオン・ミヒャエル（M・M）が大胆なヌードを見せ、「秘境の情熱」のジーナ・アルバートと共に日本の十代の映画ファンを興奮させたものだった。

ピンク映画の草創期の作品で「ピンク映画」の名がはじめて付けられたことで映画史に残っている関孝司監督、沼尻麻奈美主演の女ターザンもの「情欲の洞窟」（63年）は、私見では「ジャングルの裸女」の模倣。

それほどマリオン・ミヒャエルはセクシーで、東ドイツの少年たちが危険をおかして見に行った気持ちもよく分かる。シリアスな映画だが、このあたり、きちんと当時の生活風俗を踏まえている。

（2019年6月上旬号）

ナチス・ドイツの戦争犯罪を描く「コリーニ事件」のこと

ドイツはミステリ小説がほとんどない国である。フランスも、ミステリ大国のイギリスとアメリカに比べれば少ないが、それでも古くはガストン・ルルウ、下ってボワロ&ナルスジャック、セバスチャン・ジャプリゾ、カトリーヌ・アルレー、最近では『その女アレックス』のピエール・ルメートルらがいる。

それに対し、ドイツはほとんどミステリ作家がいない。わずかに思い浮かぶのはピーター・オトゥール、オマー・シャリフ主演、アナトール・リトヴァク監督によって映画化（67年）された「将軍たちの夜」の原作者ハンス・ヘルムート・キルストくらいだろうか。

なぜドイツにはミステリが少ないのか。

経済学者の高橋哲雄は『ミステリーの社会学　近代的「気晴らし」の条件』（中公新書、一九八九年）のなかで、その原因を、ドイツはプロテスタントのなかでもとりわけ厳格なカルヴァン系の諸宗派の力が強く、娯楽を敵視したことを挙げている。

私見では、それに加えて、ナチスの存在が大きかったと思う。

ミステリは民主的で健全な警察が存在しない社会では成り立たない。拷問が日常的に行われていたら推理も謎解きも意味がなくなる。しかも、ナチスという究極な悪の前では、たいていの犯罪は色褪せてしまう。ドイツにミステリ小説が育たなかったのはそのためではないか。

そんなミステリ不在だった国、ドイツに現われたミステリ小説が、日本では二〇一一年に翻訳出版され、大評判になった、現役の弁護士のフェルディナント・フォン・シーラッハによる『犯罪』（酒寄進一訳、東京創元社）。

短篇集で、次々に、不条理な犯罪が語られてゆく。町の誰からも信頼されている老医師が、ある日、長年、連れ添った妻を斧で殺してしまう。そんな話をはじめ、理解不能な不条理な犯罪が次々に語られる。いかにもドイツ文学らしい。

そのシーラッハの長篇小説『コリーニ事件』（酒寄進一訳、東京創元社、二〇一三年）が映画化された。ドイツ映画で、監督は一九七七年西ドイツ生まれのマルコ・クロイツパイントナー。

二〇〇一年、ベルリンのホテルで大物の実業家が拳銃で撃たれ、殺される。犯人は自首して出る。

コリーニという、イタリアから来てドイツに三十年以上、暮らしている元自動車組立工。犯行は認めたが、肝腎の動機は口を閉ざして語らない。

裁判が始まる。若い弁護士（エリアス・ムバレク）が担当することになる。裁判劇になっている。この弁護士は、原作ではドイツ人だが、映画ではトルコ移民の子どもに設定されていて、これが効いている。マイノリティがマイノリティの弁護をする。

詳しく書くことは控えるが、被害者のナチス時代の犯罪が関わっていることが分かってくる。コリーニは、イタリアの小さな村の生まれ。その村は戦争中、ドイツに占領されていた。少年のコリーニは、そこでドイツ将校の残虐な行為を目撃した。それが殺人の動機となった。

コリーニを演じるのはフランコ・ネロ。重厚な貫禄を見せる。

ナチスという悪と、どう向き合うか。戦争責任、戦犯は戦後のドイツの大きな問題となった。しかし、戦後、ナチスに関わった人間があまりに多かったため、戦争責任の追及はないがしろにされた。戦争犯罪を犯した者が、戦後、普通に日常復帰したばかりか、国家の要職に就いた。この映画で重要な鍵となる「ドレーアー法」という、戦争犯罪者に有利になる法を作ったエドゥアルト・ドレーアーという人物は、第三帝国時代に検事として、食料品を盗んだ者に死刑を求刑したような冷酷さで知られたが、戦後、罪に問われることはないどころか、西ドイツ政府の刑法局局長まで務め、「ドレーアー法」を作るに至った。

戦後も戦争犯罪者は生き延びただけではなく、新しい政府の要職に就いたとは驚く。

フレデリック・フォーサイス原作、ロナルド・ニーム監督の「オデッサ・ファイル」（74年）のなかで、ナチスの戦犯を追うジャーナリスト、ジョン・ヴォイトは、一九六三年の時点で「戦争犯罪人を摘発する検察が十三年間にしたことといえば、わずか、三人を逮捕しただけだ。それも一兵卒ばかり」と怒ったが、戦後のドイツにも、依然としてナチスの影が広くおおっていた。

二〇一五年に日本で公開されたドイツ映画「顔のないヒトラーたち」（14年、ジュリオ・リッチャレッリ監督）では、一九六三年から六五年にかけてフランクフルトで行われたアウシュヴィッツ裁判で、はじめて多くのドイツ人は強制収容所で何があったかを知った、という驚くべき事実が描かれていた。それまで「嘘と沈黙」によって負の歴史が隠されていた。とくに若い世代は知らなかった。

シーラッハの原作『コリーニ事件』には裁判の過程で呼ばれたナチ犯罪訴追センターに勤める女性がこんな発言をしている。

「ドイツ国民の大半がはじめて、当時の残虐行為と向き合ったのは、フランクフルトで一九六三年から六五年にかけておこなわれたアウシュヴィッツ裁判でした（注、「顔のないヒトラーたち」で描かれた裁判）。しかし国民感情が大きく変化したのは一九七〇年代の終わりからです。当時、アメリカの連続テレビドラマがドイツで放映されました。『ホロコースト』です。毎週月曜日に一千万から一千五百万の視聴者がこのドラマを見て、議論が湧き起こりました」

そうだったのか。日本人である私が、十代で『アンネの日記』や、映画「夜と霧」（アラン・レネ監督、55年製作、日本公開61年)、「若き獅子たち」(エドワード・ドミトリク監督、57年製作、日本公開58年)などで強制収容所のことは知っていたというのに。

訳者の酒寄進一氏によれば、シーラッハの祖父はナチ政権の中心人物の一人で、ニュルンベルク裁判で禁固二十年の判決を受けたという。一九六四年生まれのシーラッハは、祖父の世代の戦争責任と向き合ったことになる。その勇気には頭が下がる。酒寄進一氏は『コリーニ事件』の「訳者あとがき」でシーラッハのこんな学校時代の思い出を語る言葉を紹介している。

「聖ブラジェン校で学んでいたとき、クラスメイトにはシュタウフェンベルクやリッベントロップの孫がいました」。エリート校だから有名人の孫がいた。リッベントロップはいうまでもなくヒトラー政権の外相で、ニュルンベルク裁判により絞首刑となった。

シュタウフェンベルクはドイツ軍の参謀大佐で、一九四四年七月二十日のヒトラー暗殺計画の主要人物。東プロイセンの要塞〝狼の巣〟に爆弾を運んだ。ブライアン・シンガー監督(「ユージュアル・サスペクツ」)の「ワルキューレ」(08年)ではトム・クルーズが演じた。

「ワルキューレ」のDVDには特典が付いていて、そこではシュタウフェンベルクの子息や娘が思い出を語っているが、それによれば、戦後もしばらくはヒトラー暗殺に関わった者の家族として肩身の狭い思いをしたという。名誉回復されるのはようやく一九五二年ごろになってからだ、と。

(2020年5月上・下旬号)

ありふれたファシズムと戦う

「顔のないヒトラーたち」のこと

英雄でもなんでもない組織のなかの個人が歴史を大きく動かすことがある。一途な正義感に突き動かされて、世の中では常識になっている嘘と沈黙の壁を破ろうとする。

現在、ナチスがアウシュヴィッツをはじめとする強制収容所で何をしたかは、広く世界で知られている。しかし、驚いたことに戦後十年以上も西ドイツではその事実が隠されていた。嘘と沈黙が真実を覆っていた。

映画のはじめのほうで、収容所の実態を明らかにしようとするジャーナリストのトーマスが、周囲の人間に「アウシュヴィッツを知っているか」と質問すると、誰もが「知らない」と答える。嘘をついている者もいるだろうが、本当に知らない者もいる。実際、主人公の若い検事ヨハンでさえ、始めはこの収容所で何が行なわれているかを知らなかった。

国家権力が不都合な真実を隠そうとしていたのだから。戦後、西ドイツは、アデナウアー政権の下、経済復興に集中した。ナチスによる戦争犯罪は一九四五年の連合軍によるニュルンベルク裁判によって決着したとし、以後、経済優先によって、戦時下、ナチスが何をしたかは忘れられていった。

そんななか、新しい世代のヨハンはトーマスと共にナチスの戦争犯罪を追及する決意を固める。勇気ある行動だが、当然、多くの人間の反発を買う。

先輩の検事は「癒えはじめた国民の傷をなぜ暴く」「父親たちを犯罪者にするのか」と責める。アメリカ当局ですら「そんなことをしても無駄だ」「我々の現在の敵はソ連だ」とさとす。収容所に入れられ悲惨な体験をしたユダヤ人の知人でさえ「何をしても仕方がない」とあきらめ切っている。

嘘と沈黙のなか、正義感が人一倍強いヨハンは真実にぶつかってゆく。彼に理解を示す検事総長はさすがに事態の重大さに気づいていて、「公的機関のなかにはナチスが潜んでいる」と忠告するのを忘れない。いかに「ナチスの壁」が厚かったかがうかがえる。その意味で、ヨハンとトーマスがいる部屋に何者かによって、ナチスのカギ十字が書かれた石が投げ込まれるところは無気味で怖い。ナチスは決して過去のものになっていない。

ヨハンは若く、強い正義感の持主である。冒頭、彼が交通違反をした女性（のちに恋人になるマレーネ）を「法は法だ」と厳しく責める姿など、融通のきかない嫌な男に見えるほど。母親が、再婚することになったと知らせに来た時も、「その男は元ナチだ」と言って母親を許そうとしない。恋人のマレーネの父親がナチだったことも告発する。それだけ非情にならなければナチスの犯罪は追及出来ない。そこに彼の苦しみがある。

真実に迫れば迫るほど、苦しみは増す。ナチスの残虐行為に圧倒されるだけではない。誰もがそれに目をつぶろうとする現実に驚かされる。正義を貫こうとすると、周囲から浮きあがってしまう。

さらに、自分には他人を裁く資格はあるのか。若い自分は、戦争の時代、子どもだからよかった、もし兵士だったら、手を汚さずにすんだか。その思いもヨハンを苦しめる。外に敵がいるだけではない。自分のなかにも敵がいるかもしれない。

真実を追及するあまり、母親を批判し、恋人のマレーネとも別れてしまうヨハンが、心身ともにボロボロになってゆくくだりは哀切で痛ましい。ヨハンを単純に英雄としては描いていない。そこにこの映画の深さがある。

「ありふれたファシズム」という言葉がある。ファシズムは決して特殊な現象ではない。ある時、気がつくと、良き隣人たちが残虐なファシストになっている。ヨハンとトーマスが、かつて収容所の監視役だった男を見に行く印象的な場面がある。

この男は、小さな町でパン屋をしている。幼ない女の子に優しい。気さくで、おそらくは町の誰からも愛されている。こういう人間が収容所で信じ難い残虐な行為をした。彼らは良き隣人であり、そして残酷なファシストである。「ありふれたファシズム」の怖さである。日本題名の「顔のないヒトラーたち」はこの怖さを言っている。最後のクレジットにアウシュヴィッツ裁判の結果、元親衛隊員十九名のうち十七名が有罪になったが、裁判中に自責の念を表明する者は誰もいなかった、と出る。彼らは悪いことをしたとは思わず、小市民として日常生活を送っていた。ファシズムの怖さは、おそらくこの事実にある。

それでもヨハンの闘いは決して孤立無援ではなかった。ユダヤ人の検事総長が彼を励ました。同僚のなかにも協力する検事がいた。ジャーナリストのトーマスは終始、彼と共にあった。そして、この映画を見る者の誰をもあたたかい気持にしてくれるのは、検事局で秘書のような仕事をしている太った中年の女性だろう。セリフは少ないが、見ているうちに彼女のあたたかさが徐々に伝わってくる。最後、法廷に出てゆくヨハンを励ますように法衣を着せるところは、母親に見える。笑顔がとてもいい。彼女もまた歴史を動かした大事なひとりだろう。

(「顔のないヒトラーたち」劇場プログラムより)

第九章　写真と報道

スピルバーグ「ペンタゴン・ペーパーズ／最高機密文書」のこと

久しぶりに見終ったあと興奮を禁じ得なかった。スピルバーグの「ペンタゴン・ペーパーズ／最高機密文書」（17年）。日本でもベトナム戦争への反対運動が続けられていた七〇年代のはじめ、まさに「ニューヨーク・タイムズ」と「ワシントン・ポスト」によって政府秘密文書の報道がされた七一年に、新聞社で働いていた人間としては、若き日の血が騒ぎ、熱くなった。アメリカのジャーナリズムの強さが羨ましくなった。

冒頭、暗闇のなかでヘリコプターの音が聞こえてくる。それだけでベトナム戦争だと分かる。ジャーナリストのマイケル・ハーが『ディスパッチズ／ヴェトナム特電』（増子光訳、筑摩書房、一九九〇年）で書いているように、ベトナム戦争は「ヘリコプターとナパーム弾」の戦争だった。マイケル・チミノ監督の「ディア・ハンター」(78年)でも、コッポラ監督の「地獄の黙示録」(79年)でも、ヘリコプターがベトナム戦争を象徴していた(マイケル・ハーは「地獄の黙示録」のナレーション台本に協力している)。

ヘリコプターの音に重なるようにロックの曲が聞こえてくる。マイケル・ハーは、ベトナム戦争は「ロックとドラッグの戦争」とも評した。だから「地獄の黙示録」では冒頭、ドアーズの「ジ・エンド」が流れた。「ペンタゴン…」で流れる曲は、よく聴けばクリーデンス・クリアウォーター・リバイバル(CCR)の「グリーン・リバー」ではないか！　拙著『マイ・バック・ページ』でキーとなる音楽としてCCRのことを書いた人間としては、CCRで一気にあの時代に引戻された。

「グリーン・リバー」に重なるようにベトナムのジャングルが映し出され、そこに戦場視察中のダニエル・エルズバーグ(マシュー・リス)が登場する。これには納得する。彼こそ、政府の機密文書を内部告発し、ベトナム戦争の終結に貢献したのだから。物語のもう一人の主人公といっていいだろう。

ハーバード大卒の秀才。政府のシンクタンク、ランド・コーポレーションに入り、国防長官マクナマラの下で、ベトナム戦争に関する秘密文書作成の仕事に加わった。

無論、はじめは政府側の人間として戦争を支持していたが、文書の作成に関わるうちに長年にわたり歴代の大統領が国民に嘘をついていたことに愕然とし、勇を鼓して文書を秘密裡に持ち出した。

秘密漏洩罪などに問われ、有罪になったら懲役百五十年にもなるところだった(ウォーターゲート事件が起きたため、追訴されず)。いかに勇敢な行為だったかが分かる。「ニューヨーク・タイムズ」も「ワシントン・ポスト」も彼がいたからこそスクープをものにすることが出来た。その意味で「ペンタゴン…」が、エルズバーグから物語を始めているのは説得力がある。

ベトナム戦争を批判したドキュメンタリー、バート・シュナイダー製作、ピーター・デイヴィス監督の「ハーツ・アンド・マインズ」(74年。アカデミー賞最優秀ドキュメンタリー映画賞受賞)には発言者の一人としてダニエル・エルズバーグが登場する。

戦争当初は自分も、ベトナム戦争は共産主義との闘いであり、ベトナム人のための戦いだと信じていたと正直に語る。

ちなみに「ニューヨーク・タイムズ」でさえ、ベトナム戦争激化のきっかけとなった一九六四年のトンキン湾事件当時、社説で、戦争を全面的に支持していた。

だからこそ、秘密文書の内容(政府のいっていることは嘘だらけだった)がいかに衝撃的なものだったかが分かる。

早くから戦争に批判的だった「ニューヨーク・タイムズ」の記者デイヴィッド・ハルバースタムは名著『ベスト・アンド・ブライテスト』(浅野輔訳、サイマル出版会、一九七六年)のなかで、文書作成を命じたマクナマラが、「ここに書いてあることを罪状に、絞首刑にされる人間が出て来ても不思議ではないほどだ」と語ったと書いている。そしてマクナマラはタカ派からハト派に転じ、国務省を去っていった。

トルーマン・カポーティは、『冷血』が出版され大評判になった一九六六年の十一月、ニューヨークのプラザホテルで仮面舞踏会を開いた。セレブリティ、リッチ・アンド・フェイマスが多数出席した一大パーティで、いまだに語り草になっている。

映画では語られていないが、この一大パーティの主賓になったのが「ワシントン・ポスト」の社主キャサリン・グラハム（映画ではメリル・ストリープ）。

カポーティはキャサリンと親しく、ワシントンでは有名だが、ニューヨークの社交界ではまださほど知られていなかったキャサリンを、いわばニューヨークにデビューさせた。

このパーティは、映画界ではフランク・シナトラ、文学界ではノーマン・メイラー、リリアン・ヘルマンらが出席する豪華なイベントで、ジャーナリズムからは、「ワシントン・ポスト」のベン・ブラッドリー（映画ではトム・ハンクス。「大統領の陰謀」〈76年〉ではジェイソン・ロバーズ）、それに「ニューヨーク・タイムズ」の社主アーサー・サルズバーガーが出席している。

一九六六年といえば、すでに北爆が始まっている。ベトナム戦争は泥沼化している。「アメリカン・グラフィティ」（73年）で、チャーリー・マーティン・スミス演じるベトナム戦争に従軍した若者は、一九六五年、戦闘中に行方不明になっている。

そんな時代に、豪華なパーティが開かれた。出席したキャンディス・バーゲン（当時、十九歳）はさすがにこう語っている。

戦争のさなかでの派手なパーティだから「うしろめたかった」。記者たちは、戦争中に四百人のゲストを集めた舞踏会を開くのは「不適切」ではないかと質問してきた。「その問い自体、屈折した罪悪感のあらわれよね」（ジョージ・プリンプトン『トルーマン・カポーティ』野中邦子訳、新潮社、一九九九年）

時代の空気をよくあらわしている。

そしてダニエル・エルズバーグの勇気ある行動で「ニューヨーク・タイムズ」も「ワシントン・ポスト」も戦争の真実を知り、国民の「知る権利」のために報道する。

「ポスト」の編集部は記事掲載に踏み切る時、建国の父たちの精神を支えにする。二百年前の民主主義の精神がいまも生きている。

そういえば「ハーツ・アンド・マインズ」のなかで、ダニエル・エルズバーグはこんなことを語っている。

ベトナム人は独立のために、革命のために戦っていた。それを敵にすることは反革命であり、われわれの建国の父たちの理念に反することになる、と。〝たった一人の反乱〟を起こしたエルズバーグも合衆国憲法こそを信じた。

どんなときでも、建国の精神に立ち帰ることが出来る。アメリカの民主主義の強さだろう。

トム・ハンクス演じるブラッドリーの家で記者たちが熱く議論、仕事しているなか、彼の子どもがレモネードを売るのが可愛い。マット・デイモン主演、ガス・ヴァン・サント監督の「プロミスト・ランド」（12年）にもレモネードを売る可愛い女の子が出てきたが、アメリカの子どもはレモネード売りでおこづかいを得る。ここにも独立精神がある。

（2018年5月上旬号）

ジャーナリストの活躍を描く「新聞記者」と「プライベート・ウォー」のこと

「新聞記者」（19年、藤井道人監督）を見ながらいちばん心惹かれたのは、実は新聞記者の吉岡という女性（シム・ウンギョン）ではなく、松坂桃李演じる杉原という内閣情報調査室の青年官僚だった。

彼は権力の中枢にいながら自分の仕事に疑いを持ち、尊敬する先輩（高橋和也）が自殺したのを機に、内部告発者（情報提供者）の道を選んでゆく。実際に内調にこんな良心的な官僚がいるかどうかは分からないが、映画のなかの杉原の葛藤は時に痛ましくさえ思えてくる。

外務省からの出向として内調に入った。理想に燃えて官僚になったのに、内調での仕事は平たく言えばスパイのようなもの。犯罪者でもない人間たちを権力にとっての「好ましからざる人物」として調査する。

エリートであるがゆえのノブレス・オブリージュを持った杉原には仕事が次第に耐えられなくなってくる。自分は何をしているのか。公務員は本来、国民のために働くのではなかったか。理想と現実の板挟みになる杉原の苦悩はこの映画の芯になっている。

杉原に比べると新聞記者の吉岡には悩みは少ない。彼女には権力と戦うという使命感があり、勇気を持って目標に突き進んでゆく。

他方、杉原は内部告発者として組織と対立しなければならない。孤立無援。吉岡は新聞社という組織に守られているし、上司や同僚たちを味方に出来る。杉原に比べると恵まれている。

杉原はまわりじゅうが敵のなかで戦わなければならない。心に残る場面がある。ある時、吉岡は杉原の話を聞こうと退庁後の彼のあとをつける。隅田川に出たところで、彼女の携帯が鳴る。出ると目の前を歩いている杉原からだった。吉岡につけられているのを知っていた彼は言う。自分たちは内調にマークされている。尾行されていないか確認してくれ。

杉原のほうがはるかに慎重だった。すでに先輩の自死を知っている彼は、内部告発者となったら自分も死に追いこまれるかもしれないという切実な危機感を持っている。

新聞記者は内部告発者と接触する時、相手の危険を思い、慎重にならなければならない。相手は命がけなのだ。新聞記者も、その危機感を共有しなければならない。どんなことがあっても情報源の秘匿は守り通さなければならない。吉岡にどこまでその覚悟が出来ていたか。個人的には吉岡の取材のやり方は相手への配慮が足りないように思う。

吉岡は、取材のきっかけとなった新聞社へ送られてきた政府の極秘文書のFAXの送り手が、自殺した官僚ではないかと思い、遺族であるその妻（西田尚美）を訪ねる。

ここはかなり強引である。いきなり家を訪れ、インターフォンごしに話をする。内調は当然、その妻のことも監視しているだろう。だとすれば、もう少し慎重な取材の仕方はなかったか。幸い、物分かりのいい妻は、吉岡に、夫が隠していた資料を見せることになるのだが、ここも下手をすると、この奥さんを事件に巻き込んだかもしれない。


確かに吉岡の勇気によって権力が隠そうとした事実が明らかになった。記事は他紙を圧するスクープとなった。ただ、その手柄は、内部告発者、杉原の自己犠牲の上によるものだったことを忘れてはならない。

吉岡にはスクープ記者の栄誉が与えられるが、杉原にはより厳しい現実が待っている。内調の上司（田中哲司）には、すでに杉原が新聞社に情報を提供したと分かっているに違いない。だから「外務省に戻してやる。代わりに知り得たことはすべて忘れろ」と迫る。懐柔であり、同時に恫喝である。

これに杉原は動揺する。無理もない。妻（本田翼）に子どもが生まれたばかり。家族を守らなければならない。それを誰が責められよう。

それだけに通りを挟んだ杉原と吉岡がついに言葉を交わせない幕切れの意味は重い。

マシュー・ハイネマン監督の「プライベート・ウォー」(18年)は、実在した戦場ジャーナリスト、メリー・コルヴィン(「ゴーン・ガール」のロザムンド・パイク)の壮絶な生涯を描いている。

恥ずかしいことに、このジャーナリスト(一九五六―二〇一二)のことを知らなかった。アメリカ人だが、イギリスの『サンデー・タイムズ』紙の記者として、世界の紛争地域の最前線に行き、命がけの取材を続けた。そして二〇一二年にシリア内戦の取材中に死去(なんとシリア政府が彼女を「好ましからざるジャーナリスト」として暗殺したことがのちに明らかになる)。

クリスチャン・フレイ監督の「戦場のフォトグラファー　ジェームズ・ナクトウェイの世界」(01年)を思い出させる。世界各地の戦場を取材したナクトウェイの女性版と言っていいだろう。

メリー・コルヴィンは女性でありながら、勇敢に戦場に駆けつける。スリランカ、イラク、アフガニスタン、リビア、そして命を絶つことになるシリア。

スリランカでは重傷を負い、左目を失う。以降、左目のアイパッチがトレードマークになる。悲惨な戦場の取材が続くから、当然のようにPTSD(心的外傷後ストレス障害)になる。戦場で悲惨な殺され方をした少女や子どもたちの姿が忘れられない。

それでも彼女は、回復すると、また戦場に取材に行く。

当然、誰もが疑問に思う。なぜそこまでして戦場に行くのか。命がけで取材をしなければならないのか。

この疑問に対する普通の答えは、「世界のどこかでいまも現実に起きている悲劇を世界中の人々に伝えるため」だろう。ジャーナリストの使命は「誰もが見ようとしない悲惨な現実をとらえ、報道すること」にあるのだから。

しかし、これはあまりにも優等生の答えだろう。この映画を見ていて、納得したのは、メリー・コルヴィンが、たとえPTSDにかかってもなお戦場に出かけてゆくのは、そうした人道上の使命感を越えて、ただ、現場に立ちたいという熱い思いからだということ。

いわば「血が騒ぐ」。この切羽詰まった気持が、左目にアイパッチをつけ、ひっきりなしに煙草を吸い、ときに大量の酒を飲む女性からよく伝わってくる。

（2019年8月下旬号）

中野量太監督、「浅田家！」のこと

日本の写真は家族写真と共に発展してきた。家族の特別の日に揃って記念の写真を撮る。例えば、小津安二郎の戦後の作品「麦秋」（51年）では、娘の原節子が男やもめの医師、二本柳寛と結婚が決まったあと、家族全員で記念写真を撮る。まだ写真機の普及していない時代、町の写真館の写真師に来て撮ってもらう。「家族の肖像」である。

ノンフィクション作家、工藤美代子の実家は両国の写真館だった。その思い出を書いた『工藤写真館の昭和』（朝日新聞社、一九九〇年）に、日本の写真館が飛躍的に増えたのは日露戦争の時だった、とある。なぜか。「出征記念に兵士が写真を撮るのと同時に、家族たちも肖像写真を持たせた。まだ一般家庭に写真機などなかった時代に、人々は写真館で今生《こんじょう》の名残《なごり》となるかもしれない瞬間を凍結した」。

戦地に向かう兵士との今生の別れに家族が写真を撮った。家族の記憶を写真のなかにとどめる。写真は家族写真と共に始まったことが分かる。

中野量太脚本、監督の「浅田家！」(20年) は、家族写真を撮り続ける写真家の物語を通して、家族とは何か、人にカメラを向けるとは何かを問いかける秀作。見ごたえがある。実際に家族写真を撮り続けている写真家、浅田政志をモデルにしている。

二宮和也演じる主人公の政志は、三重県の津に、両親（平田満、風吹ジュン）と兄（妻夫木聡）と四人で暮らしている。普通の小市民の家庭だが、兄の友人が「浅田君ちの家族、普通とちゃうな」というように、少し変わっている。

母が看護師として働き、父が主夫として家事を受け持つ。それ以上に変わっているのは、両親とも次男の政志が、通常の人生コースからはずれてぶらぶらしていてもそれをおおらかに許していることだろう。変わり者の子どもに寛大で、鋳型にはめようとしない。

そんな家族だから、一家揃って消防士になったり、やくざになったりのコスプレ写真を撮影しようとする政志に喜んで協力してゆく。

演出された家族写真といえば、鳥取の砂丘を舞台に、家族がポーズを取る植田正治の作品がよく知られているが、浅田政志の写真はよりコミカル。運動会の仮装行列のような楽しさがある。

政志の写真は思いがけず写真家の登龍門、木村伊兵衛賞を受賞する。と、ここまでは前段。それだけでも充分に面白いのだが、このあと、政志が家族の写真を撮ることの重みにぶつかってゆくことで、さらに深みを増してゆく。

ある時、重い病気にかかった子どものいる家族の写真を撮ることになる。まだ幼い男の子は小児癌だろうか、余命が限られているようだ。両親とその子どもと、妹。四人の家族の写真をどう撮ればいいか。

考えたうえで、男の子が虹が好きと知って、家族四人にTシャツにクレヨンで虹を描いてもらう。そして四人がそれを着て仲良く並んで寝ているところを撮る。

この場面は家族の絆、そして同時に儚さがにじみ出ていて思わず涙が出る。「写真は死のメディア」という。出征してゆく兵士の写真にあらわれているように、生という、死に向かってゆく時間の流れを写真は一瞬のうちに停止させる。何年かたってその写真は、生きていた人間の遺影になることは間違いない。小さな男の子もまもなく天に召されることになるだろう。写真とは、人の世の儚さにかろうじて抗うメディアともいえるかもしれない。

そのことが政志にとってはっきりと意識されるのは3・11の体験によって。二〇一一年三月十一日の東日本大震災の時、政志は岩手県の三陸海岸にある小さな町へ出かける。以前、その町に住む家族の写真を撮ったことがあった。幸福な一家が惨劇のあとどうなったか気がかりで、居ても立ってもいられなかった。

いちおうカメラは持っていた。しかし、目の前に広がる惨状を見て、とてもシャッターを押す気持ちにはならなくなる。壊れた家が続くさまは、家族の残骸といっていい。自分がいままで撮り続けてきた家族が一瞬で破壊された。政志は、言葉にならない衝撃に打ちひしがれる。プロならばクールに、惨状にカメラを向けるべきなのだろうが、政志にはそれが出来ない。ナイーヴな彼の気持ちが素直に伝わってくる。

それは、悲惨な戦場を前にして立ちすくんでしまう戦場カメラマンの苦悩にも似ている。シャッターを押せない。そこに政志の良心がある。

写真の撮れない政志は、町民の復興の拠点になっている役場の前の広場で、一人のボランティアの青年（菅田将暉）が黙々と汚れた写真を一枚一枚、洗っているのを目にする。

被災の現場から、家族が大事にしていたアルバムや写真を探し出し、それをきれいに洗って家族のもとへと返す。「被災写真洗浄返却活動」。一人で作業を続ける青年の姿を見て、政志は自然と彼を手伝うことになる。

無論、他人の家族の写真を人前にさらすのだからプライベートな面での問題はある。事実、「人様の写真、勝手に触っていいど思ってんのが？」と怒鳴りこまれもする。内心忸怩《じくじ》たる思いにとらわれる。青年も同じ思いだったろう、「苦しくて」と胸の内を語る。

このあたり、青年と政志の誠実さが伝わってくる。あの惨劇を目の当たりにしたら誰でも、自分は何をしたらいいのか、分からなくなる。

それでも徐々に、写真をきれいにしてくれたことを感謝する町の人々が増えてくる。山田太一脚本のテレビドラマ『岸辺のアルバム』で描かれたように、家族写真は、かつて親がいた、子どもがいたことの貴重な証しなのだから。

写真の洗浄を続けてゆくうちに、政志は次第に写真家としての使命感を取り戻してゆく。

いまこの瞬間にしか撮れない家族の写真を撮る。写真は亡き人の思い出になると同時に生き残った者のこれからを生きる支えにもなる。

津波で父親を失ったらしい幼い女の子から、家族の写真を撮ってという願いを、一度は、気持ちの余裕がなく断った政志が、最後、写真の力を信じて、その女の子と母親、小さな妹の三人を浜辺で撮影するところも胸を打つ。

「死のメディア」である写真は、実は「生のメディア」でもある。

この映画、女性たちがとてもいい。「妹《いも》の力」ではないが、女性たちが政志を支えている。母親(風吹ジュン)、幼なじみ(黒木華)、写真の洗浄のボランティアをする地元の居酒屋のおかみ(渡辺真起子)、家族写真を撮ってとせがむ女の子。そして、政志の写真集を出版してくれる小さな出版社の姫野社長（池谷のぶえ）。この女社長が日本酒の一升瓶で祝い酒を飲むのは愉快。

余談になる。この原稿を書く準備をしていた時、未知の編集者の女性から電話があった。「赤々舎《あかあかしゃ》」の姫野さんという人で、写真家、冴木《さえき》一馬《かずま》の写真集にエッセイを書いて欲しいとのこと。話しているうちに気がついた。「赤々舎の姫野さんって、あの『浅田家！』で豪快に日本酒を飲んでいた人ですか!?」。

まさにその愉快な人だった。

（2020年10月下旬号）

水俣を撮ったユージン・スミスを描く「MINAMATA ―ミナマタ―」のこと

戦争や動乱の写真を撮る報道写真家にとって「いい写真」とは何なのだろう。目の前で人が殺される、その瞬間を撮る。それが「いい写真」なのだろうか。心は傷つかないのだろうか。

写真誌『LIFE』の女性写真家マーガレット・バーク＝ホワイト（一九〇四―七一）は、第二次世界大戦の末期、パットン大戦車軍団とともにドイツに侵攻した。強制収容所で想像を絶する光景を見た。

「このときほどカメラを持っていることを有難いと思ったことはない。なぜってこの光景を自分の目で正視することは出来なかったからだ。私がカメラを向けたのは、彼らの写真を撮ろうとしたからではない。むしろ逆で、目を背けたかったからだ」

収容所でシャッターを押しているうちに彼女はついにファインダーを覗くことも出来なくなった。「あの悲劇を目の前にしたら、『いい写真』を撮ろうとする気持ちはなくなった」（拙著『忘れられた女神たち』筑摩書房、一九八六年）。

悲惨な対象にカメラを向けなければならない彼らの苦しみが伝わってくる。

第二次世界大戦中は、サイパン、硫黄島、沖縄の激戦地で写真を撮り、一九七一年から七四年まで現地に滞在して水俣のチッソ工場の廃水により犠牲になった人々にカメラを向けたアメリカ人のユージン・スミスは、こんなことを言う。

「かつてアメリカの先住民は写真は人の心を奪うと考えた。私は思う。写真は撮る者の魂の一部も奪い去る。だから本気で撮れ」

彼もまた報道写真家として、写真を撮ることの苦しさを知っていたのだろう。


ジョニー・デップがユージン・スミスを演じる「MINAMATA ―ミナマタ―」（21年、アンドリュー・レヴィタス監督）は、水俣の悲劇を伝えようとする写真家の苦しみを描いた素晴らしい力作。

一九七一年のニューヨークから始まる。戦争報道写真で名の知られたユージンだが、いまは、抜け殻のような失意の日々を送っている。安アパートで酒浸りになっている。家族に送る金もない。

それでも名声だけはある。回顧展が開かれることになっている。そのスピーチを『LIFE』誌の編集長に頼む。「『LIFE』史上最高の写真家だ」と言ってくれ、と。編集長は切り返す。「きみは史上最も厄介な写真家だ」。

無論、この編集長はユージンに立ち直ってほしいからこう皮肉をこめて言っている。

『LIFE』は、『TIME』で成功したヘンリー・ルースによって、一九三六年の十一月に創刊された写真雑誌。ルースは豊かで平和な市民生活を紹介しようとした。創刊号の一ページ目には、帝王切開によって生まれた赤ん坊の写真を大きく掲げ、「LIFE《生命》が始まる」と銘打った。

しかし、時代はルースの期待を裏切る。一九三九年に第二次世界大戦が始まると『LIFE』誌は、その誌名に反し、戦争と死の写真ばかりになってゆく。ユージンは、マーガレット・バーク＝ホワイトと共に戦場写真家になっていった。

ニューヨークのユージンの部屋に日本人の女性、アイリーン（美波）が訪れる。彼女は日本のフィルム会社のＣＭの仕事に通訳としてきたのだが、仕事とは別に、水俣で何が起こっているか知ってほしい、水俣の写真を撮ってほしいと頼む。

沖縄戦の取材で心身ともに傷ついたユージンは「日本には行きたくない」と断る。まだ戦争の悲惨な記憶をひきずっている。

それでも、アイリーンが置いていった写真を見て衝撃を受け、水俣行きを決意する。

水俣に向かう列車のなかでフラッシュバックによって沖縄戦の悲惨な記憶がよみがえる。銃弾の音が幻聴のように聞こえてくる。「魂の一部」が奪い去られている。

水俣での取材が始まる。

正直なところ、はじめのうちはユージンに活力が感じられない。人々に何の了解もなしにカメラを向けてゆく。酒がないと動けない。スキットル（ポケット・ボトル）に酒を入れて飲む。

被害者の一人、生まれつき目が見えず話せないアキコの家に泊まった時、夜、眠れないからとアキコの父親（浅野忠信）に「酒をくれ」とアイリーンを通して頼む。父親も母親（岩瀬晶子）も決して歓迎していないわけではないが、いきなりこんなアメリカ人に娘の写真を撮らせてくれ、と言われても断らざるを得ないだろう。

苦しんでいる人間にカメラを向ける。強い信頼関係がなければ、人の「魂」に触れるようなことは出来ない。

いくら名のある写真家であっても、よく分からない相手に簡単に娘の写真を撮ってほしくない。ユージンがアイリーンに案内されて病院に行き、被害者の写真を撮ろうとする時も、その患者に「顔は撮らないでくれ」と断られる。「取材拒否」が繰り返されるうちにユージンもようやく事の重大さが分かってゆく。

この映画は、高名な写真家が水俣に行って「いい写真を撮りました」、それによって世論が動かされました、という単純な物語にはなっていない。

水俣の人々はユージンに粗末とはいえ、住む家を用意し、暗室もこしらえる。あくまでも善意で彼を迎える。それでも最初のうちは、両者の関係はぎこちない。

他方で悪意もある。会社側の人間は当然のことにユージンの行動を妨害する。社長（國村隼）は多額の金でユージンを買収しようとする。ユージンが受け取りを拒否すると、何者かによって水俣の善意の人たちが造った暗室が放火されてしまう。

水俣を撮ると意気込んで日本に来たユージンは深く傷ついてしまう。自分は結局はよそ者で地元の人にとっては招かれざる客でしかないのではないか。ここが痛ましい。単純にユージンを英雄扱いしていない。

この傷心のユージンを支えるのが、通訳であり、ある時から秘書のように、また弟子のように付き添うアイリーン（実際にユージン・スミスは彼女と結婚することになる）。そしてもう一人が、ニューヨークでユージンの写真を待っている『LIFE』の編集長。「きみは史上最も厄介な写真家だ」と言ったこの編集長が、気弱になったユージンを電話で叱咤激励する。ここは感動する。この編集長は、「新しいLIFE《生命》」を作ると理想を掲げた創業者ヘンリー・ルースの志を継いでいる。

演じているのはイギリスの名優ビル・ナイ。この映画の製作にも関わっている。

暗室を焼かれる。工場への抗議デモを撮影に行った時には、やくざのような連中に殴られて重傷を負う。

しかし、そうなることで被害者やその家族との距離が埋まってゆく。招かれざる客が次第に共に困難に立ち向かう同志になってゆく。

最後、一度は撮影を拒否されたアキコの写真を撮ることが出来る。母親が身体の不自由な娘を宝物のように抱いて風呂に入れる。まるで聖母マリアがキリストを抱くように神々《こうごう》しい。この「いい写真」を撮るためにどれだけの試練があったか。まさに『LIFE《生命》』の誕生である。

（2021年10月上旬号）

第十章

美わしき女優たち

桑野みゆきの青春映画のこと

昭和三十年代に活躍し、人気があるなかで若くして引退してしまった女優といえば、日活の芦川いづみ、大映の叶順子、そして松竹の桑野みゆきだろう。いずれも結婚を機に引退した。三人とも好きな女優だったので寂しい思いをした。

二〇二〇年二月、ラピュタ阿佐ヶ谷のモーニングショー、「桑野みゆき特集」で懐しい作品を三本見た。

「野を駈ける少女」（58年、井上和男監督）「明日をつくる少女」（58年、同監督）「恋人」（60年、中村登監督）。いずれも未見だった。

「桑野みゆき特集」といえば、一九九五年に三軒茶屋のスタジオａｍｓでの企画が懐かしい。吉濱葉子さんという、古い日本映画を愛する素晴らしいキュレーターの方がいて、なんと三十八本の桑野みゆき作品を上映した。

この時、前述の三本も上映されたのだが、見逃していた。

「野を駈ける少女」は小津安二郎監督に師事したことで知られる井上和男監督のデビュー作。田宮虎彦原作、楠田芳子脚本。

信州の八ヶ岳山麓の広大な富士見高原を舞台に、農家の少女、桑野みゆきと、東京から大学受験のため夏のあいだ勉強に村を訪れた学生、山本豊三とのひと夏のはかない恋を描いている。

二人は互いに惹かれ合うが、住む世界が違う。やむなく別れてゆく。木下恵介監督の「野菊の如き君なりき」（55年）の現代版といった趣き。

もんぺ姿の桑野みゆきが可愛い。元気に馬に乗る。盆踊りで歌を歌う。何より驚くのは清流で水浴びをするところでヌードを見せること。無論、当時のことだからロングでうしろ姿をとらえるだけなのだが、健康的なエロティシズムがある。売れっ子のダンサーだった桑野通子を母親に持つだけにスタイルがいい。

冒頭、中央本線の蒸気機関車が、まだ木造平屋だった富士見駅に到着するところなど鉄道好きにはうれしい。列車の到着で物語が始まり最後は当然、列車が東京へと去ってゆく。それを桑野みゆきが見送る。昭和三十年代の恋愛映画の定石。

井上和男監督は二〇一一年に八十六歳で亡くなったが、生前、ラピュタ阿佐ヶ谷で同監督の「熱愛者」（61年、岡田茉莉子、芥川比呂志主演）が上映された時、ご一緒したことがある。

ちょうど井上監督が新書館で『小津安二郎全集』（二〇〇三年）を編集されていた頃。当然、話は小津のことになった。いまにして思えば、もっと桑野みゆきのことを聞いておけばよかったと悔やまれる。

「明日をつくる少女」も井上作品。井上和男は桑野みゆきの育ての親だ。

原作は、東京、下町育ちの早乙女勝元の『ハモニカ工場』。

荒川放水路（現在の名称は、荒川）沿いの鐘ヶ淵あたりにある小さなハモニカ工場で働く桑野みゆきと山本豊三のういういしい恋を描いている。

荒川放水路沿いで撮影されていて、広々とした放水路、水門、堀切橋（まだ木橋）、お化け煙突がとらえられている。まだまわりに高い建物がなく放水路は大河のよう。桑野みゆきと山本豊三が水門の上から放水路を見渡す場面は素晴らしい。

さらにうれしい場面がある。

ハモニカ工場で働く工員の一人、渡辺文雄には恋人がいる。大衆食堂で働く女の子、瞳麗子。しかし、彼女は貧しい家の事情で親が決めた相手と結婚することになる。

彼女が、そのことを隠して最後に渡辺文雄と会う場所は、荒川放水路べり。早朝、東武電車の堀切駅で待ち合わせて、放水路へと降りる。

堀切駅は、いうまでもなく小津安二郎監督の「東京物語」（53年）、森田芳光監督の「の・ようなもの」（81年）に登場した。急行の停車しない小さな駅だが、二つの映画に登場したことで映画ファンにはよく知られている。

この映画、最後が可愛い。桑野みゆきが自分の誕生日の記念に山本豊三にプレゼントをする。小さな紙包み。「まだ開けちゃだめよ」といって桑野みゆきは恥ずかしそうに走り去ってゆく。

山本豊三が包みを開いてゆくと、箱が入っていて、箱を開けるとそこにも紙包みが。そこには字が書いてある。「好き」。

昔の恋人たちはなんと純情で、ういういしかったことだろう。

脚本は、馬場当と若き日の山田洋次の共同。

実は、この映画は「男はつらいよ」と深い関係がある。これについては原作者の早乙女勝元が思い出を書いている。

原作者と脚本家として、二人は「明日をつくる少女」で知り合った。当時、早乙女勝元は葛飾区の新宿《にいじゅく》に住んでいた。ある時、山田洋次を近くの柴又に案内した。

「畑や雑草地だらけの道を柴又駅に出て、すぐ鼻先の参道のアーチ近くをくぐると、両側に草だんご屋やみやげ物屋が何軒か、ひくい軒をつらねていた。客足が少ないせいか、どの店も閑散たるもの。いつ来るかわからぬ客のために、店番は置いておけず、声をかければ奥から出てくるような具合だった」（『東京新聞』二〇一〇年、十二月十一日）

昭和三十年代なかばの柴又は、こんなふうに寂《さび》れたところだった。山田洋次はその寂しい町並みにこそ詩情を感じた。そして「男はつらいよ」を作る時に、寅の故郷にした。「明日をつくる少女」の縁である。

中村登監督の「恋人」でもうれしい発見があった。この映画の桑野みゆきは前二作と違って金持のお嬢さん。信州から東京の大学に入った山本豊三と愛し合うようになる。作品としては正直なところ前二作に比べるとやや落ちるが、鉄道好きには見逃せない場面がある。

主役の二人とは別に、岡田茉莉子が特別出演のように出ている。バーのマダムだが、私生活で向島あたりで保育園を開いている。いまや死語になったが、当時の「セツルメント」の一種だろう。

岡田茉莉子の恋人の医師、南原宏治が、ある時、後輩の山本豊三を連れて、彼女の保育園に出かけてゆく。

この場面で、途中、二人は線路脇を歩く。蒸気機関車が貨車を引いている。おそらくここは、墨田区の請地《うけち》にあった東武電車の貨物駅だろう。現在のスカイツリーのあるところ。

山田洋次監督の「下町の太陽」（63年）では、向島の石鹼工場で働く倍賞千恵子の小学生の弟がこの機関車で遊んだ。

「恋人」に出ていることを考えると当時、松竹の撮影スタッフには、すでにここが知られていて、その流れで山田洋次は「下町の太陽」で撮影場所にしたのかもしれない。

（2020年4月上旬号）

ドイツ映画のミューズ、パウラ・ベーアと「水を抱く女」のこと

このところ、ひとりの女優に魅了されている。ドイツのパウラ・ベーア。ドイツの女優に惹かれるのは以前、このコラムで紹介したカーチャ・リーマン以来（『映画の中にある如く』収録）。

パウラ・ベーアを知ったのは、フランソワ・オゾン監督の「婚約者の友人」（16年）によって。婚約者を戦争（第一次世界大戦）で失ったドイツ人の若い女性。いわば夫を亡くした未亡人のようなもの。冒頭、彼女が喪服のような黒い服を着て婚約者の墓参りに行く。全身、悲しみに包まれている毅然とした姿に見ていてすぐ惹き込まれた。まさに「不幸が女優を美しくする」。

婚約者がパリに留学していたときの友人だという男（ピエール・ニネ）がフランスからドイツまで墓参りに訪ねてくる。彼女は婚約者の身替わりになるかのようなこのフランス人に心惹かれてゆく。

そして男がフランスに帰ると、そのあとを追ってフランスに行く。

しかし、そこで男には婚約者がいて近く結婚することになっていることを知らされる。傷心の彼女は列車でドイツへと帰る。男と駅で別れる。男は申訳なさそうに彼女を抱く。彼女の目から大粒の涙が静かに流れる。悲しみに耐えた寡黙な表情の美しかったこと！　この場面で、彼女はわが美神《ミューズ》となった。彼女の悲しみは、戦争で敗れた国の深い傷から生まれたものでもあっただろう。

パウラ・ベーア。一九九五年マインツ生まれ。オーディションでオゾン監督に見出され、大抜擢されたという。男に媚びない、強い意志を持った目は、私などの世代には懐かしい往年のドイツの女優ヒルデガード・ネフを思わせる。

「婚約者の友人」の次にパウラ・ベーアに出会うのは、「東ベルリンから来た女」（12年）のクリスティアン・ペッツォルト監督の「未来を乗り換えた男」（18年）。原作者はナチス時代の追われる抵抗者を描いた『第七の十字架』で知られるアンナ・ゼーガース。ちなみに「第七の十字架」はフレッド・ジンネマン監督、スペンサー・トレイシー主演で映画化（44年）されているが、残念ながら日本未公開。私も未見。

「未来を乗り換えた男」は、現代とナチス時代が重ね合わされた不思議な映画。ドイツの占領下に置かれている現代のパリからドイツ人の青年（フランツ・ロゴフスキ）がマルセイユへと逃げ、そこで会うドイツ人の女性がパウラ・ベーア。「婚約者の友人」の時のように黒い服を着ている。彼女もまた故国をファシストに追われ、港からアメリカへ脱出しようとしている。パリから逃れて来た青年は、彼女に惹かれるが、謎めいた彼女の心をとらえることは出来ない。この映画の彼女も故郷を失った悲しみに耐えていた。

黒い服を着た彼女がマルセイユに来ることになっている夫（実はもう死んでいる。彼女はそのことを知らない）を探して街の通りを歩く姿はまるでさまよえる黒い蝶のようで、不幸な美しさがあった。

三作目になるフローリアン・ヘンケル・フォン・ドナースマルク監督の「ある画家の数奇な運命」（18年）では、画家を志す夫と共に東ベルリンから西へと逃げる妻。この映画では、夫のモデルになる彼女はオール・ヌードを見せ、これまでの悲しいヒロインを見てきた者を驚かせた。

そして四作目になるのが二〇二一年三月に公開された「水を抱く女」（20年）。「未来を乗り換えた男」のペッツォルト監督。この彼女がまたミステリアスなヒロインで素晴らしい。

日本題名も良いが、原題は「ウンディーネ」。もともとはギリシャ神話に始まるというが、十九世紀初頭ドイツのフリードリヒ・フーケの小説『ウンディーネ』やジャン・ジロドゥの戯曲『オンディーヌ』で知られる、水の精の悲しい物語。

人間を愛してしまった水の精ウンディーネは愛する男が裏切った時、その男を殺し、海へと帰ってゆかなければならない宿命にある。

この物語は多くの作家によって語り継がれている。二〇二〇年秋に出版された逢坂剛の『鏡影劇場』（新潮社）は、現代の日本のドイツ文学者が、十九世紀はじめのドイツ浪漫派の作家E《エ》・Th《テ》・A《ア》・ホフマンの生涯を追ってゆくミステリだが、この本によれば、ホフマンは本当は作家より音楽家になりたかったという。事実、生前、オペラ作品を残していて、それが『ウンディーネ』だった。

ジロドゥの『オンディーヌ』は私などの世代には、一九六五年に劇団四季で若き日の加賀まりこが演じているのが印象に強い。

『ウンディーネ』の物語はアンデルセンの『人魚姫』にも影響を与えている。人間の王子を好きになった人魚姫は、王子が他の女性と結婚すると知って王子を殺そうとするが、それが出来ず、自ら命を絶ってしまう。

私の好きな作家、香月夕花《かつきゆか》の作品集『水に立つ人』（文藝春秋、二〇一六年）の一篇「やわらかな足で人魚は」は「人魚姫」をモチーフにしている。

さまざまな形で語り継がれているウンディーネの物語を「水を抱く女」は、現代のベルリンを舞台にして描いてゆく。ヒロインはもちろんパウラ・ベーア。

冒頭、彼女の顔のアップから始まる。愛していた男に突然別れを告げられ、衝撃を受ける。怒り、悲しみ、戸惑いが入りまじった複雑な表情を見せる。表情の繊細な演技はパウラ・ベーアならでは。単に男に捨てられたのが悲しいのではない。相手を殺さなければならない宿命に慄然としている。

そのあと彼女は、潜水技師でいつも水に潜って仕事をしている男（「未来を乗り換えた男」のフランツ・ロゴフスキ）と知り合い、愛するようになる。しかし、前の男を殺し、水に帰ってゆかなければならない彼女は、新しい恋にひたってゆくほど、我が身の不幸を感じざるを得ない。その揺れがパウラ・ベーアを美しくしてゆく。
水の精の映画だけに水のイメージがこの映画を詩的なものにしている。とりわけ、時間によって色調を変えてゆく湖が神秘的。
この映画のパウラ・ベーアはベルリンの博物館で働いていて、黒いスーツの制服を着ている。この制服姿がきりっとして彼女の強い目に合っている。制服姿で通りを歩く姿が何度か捉えられるが、「婚約者の友人」の黒いロングスカートをはいて墓地へと歩いた姿と重なり合う。歩く姿だけで人を魅了するとは。

音楽にはバッハの協奏曲ニ短調が使われている。バッハがイタリアの作曲家アレサンドロ・マルチェロのオーボエ協奏曲をグラヴィア用に編曲したもの。現代ではピアノで演奏される。二〇〇九年の東京国際映画祭でグランプリを受賞したブルガリア映画「ソフィアの夜明け」（カメン・カレフ監督）にグレン・グールドの演奏するこの曲が流れたのが記憶に残るが、これからはこの曲を聴くとパウラ・ベーアを思い浮かべることになるだろう。

（2021年3月下旬号）

不幸なヒロインが似合ったアルヌール

フランソワーズ・アルヌール逝く。二〇二一年七月二十日。九十歳。

十代の頃、いちばん心ときめいたフランスの女優。当時はブリジット・バルドーが評判だったが、日本ではアルヌールのほうが人気があったのではないか。

バルドーが太陽の下の陽気なグラマーとすれば、アルヌールは月の光の下が似合う病葉《わくらば》の女。バルドーが元気な女の子とすれば、アルヌールは、しっとりとした大人の女性。

手元にある代表作「女猫《めねこ》」（58年、アンリ・ドコワン監督）の劇場プログラム（ニュー東宝）では、荻昌弘さんがアルヌールの「官能的な匂い」はつねに観客にある「うしろめたさ」を感じさせると、危険の匂いのする、その暗いエロティシズムの魅力について語り、双葉十三郎さんは、アルヌールにはジャン・ルノワールの「フレンチ・カンカン」（55年）やジルベール・ベコー（二役）と共演したマルセル・カルネ監督の「遙かなる国から来た男」（56年）、アンリ・ヴェルヌイユ監督の「幸福への招待」（56年）のような明るい映画、コメディもあるが、アルヌールに明るい笑顔は似合わないと書いている。

「彼女にはカラッと晴々した笑いを求めることができない。彼女は微笑するだけである。その微笑は私たちをひきつけずにはおかない。が、秋の落葉のような微笑である。その落葉はしとしとと降る雨にやわらかくぬれている」

アルヌールにカラー映画は似合わない。双葉十三郎さんと同時代の清水千代太さんは『スクリーン』誌（一九五九年八月号）の「女猫」評でアルヌールにふさわしいのはカラーではなくモノクロだと言っている。まったく同感。

月の光の下の病葉のアルヌールはやはりモノクロームのなかでこそ美しい。私見ではアルヌールのベスト3は、ダニエル・ジェランと共演した「過去をもつ愛情」（54年）、ジャン・ギャバンと共演した「ヘッドライト」（56年）、そしてアンリ・ドコワン監督の「女猫」。いずれも無論、モノクロ。「過去をもつ愛情」と「ヘッドライト」の監督はどちらもアンリ・ヴェルヌイユ。中年医師フェルナンデルを翻弄する小悪魔のような女性を演じた、アルヌールの出世作といっていい、ジョルジュ・シムノン原作の「禁断の木の実」（52年）もヴェルヌイユ。

フェルナンデルは当時の大スター（コメディアン）。カミュの『異邦人』ではアルジェリアでムルソーが女友達とフェルナンデルの映画を見に行く。その大スターを手玉に取ったとしてアルヌールは名をあげた。

アルヌールは胸は大きいが、小柄で華奢な印象を与える。身長は一六〇センチあるかどうか。「フレンチ・カンカン」で取っ組み合いの喧嘩をするマリア・フェリックスに比べると頭ひとつ小さい。双葉十三郎さんは、アルヌールはイタリアの大柄なグラマーに対し、フランス女性の「小柄な女性の性的魅力」を見せてくれたと前出の「女猫」の劇場プログラムで書いている。

確かにイタリアのシルヴァーナ・マンガーノやソフィア・ローレンなどのアマゾネス系のグラマーに比べれば、アルヌールは小柄で谷間の百合のようなひそやかな官能美があった。ちなみにアルヌールよりひとつ上の世代のフランスのグラマー、マルティーヌ・キャロルも意外や小さく一六〇センチほどだったという。

世代的に、はじめてアルヌールの魅力にとらえられたのは中学三年生の時に数寄屋橋のニュー東宝で見た「女猫」。当時、この映画を中学生が見るのはかなり勇気がいったが、ニュー東宝は芸術映画の上映館の評判があったため（次週上映は、クロード・シャブロルの「いとこ同志」59年）、それが免罪符となった。

「女猫」は本当に面白かった。レジスタンスの闘士だった夫がゲシュタポに追われて死に、妻のアルヌールが夫を受け継いで闘士となる。

ところがドイツ将校（のちに「橋」〈59年〉を監督したベルンハルト・ヴィッキが演じた）と愛し合うようになり、結果的に仲間を裏切る形になって、リーダー（ベルナール・ブリエ）に殺されてしまう。

悲劇のヒロインである。これが素晴らしかった。アルヌールが靴下の太股のところに無線機を忍ばせる妖艶な姿、さらにドイツ軍に捕らえられ、靴下を脱がされ素足で歩かされるところは妙にエロティックでどきどきした。

「不幸が女優を美しくする」とは私が言い続けている持論だが、アルヌールの場合、これがみごとに当てはまる。

ベスト3に挙げた「過去をもつ愛情」「ヘッドライト」「女猫」の三本はすべてアルヌールが不幸で終わる。

「過去をもつ愛情」のアルヌールは、パリの香水売り子が見初められ、イギリスの大金持ちの貴族と結婚する、その夫が死に、彼女が殺人の容疑をかけられる。

「ヘッドライト」では、街道筋のガソリンスタンド兼安宿で働く女性。トラック運転手で家庭のあるジャン・ギャバンと愛し合い、最後は子どもをおろして、はかなく死んでゆく。そして、最後に殺される「女猫」。

まさにアルヌールは「不幸が女優を美しくする」典型だった。

アルヌールといえば、エナメルのコート姿がすぐに思い浮かぶ。「ヘッドライト」「女猫」ともにこの姿で登場し、アルヌールのトレードマークになった。二〇〇〇年に翻訳出版された『フランソワーズ・アルヌール自伝』(石木まゆみ訳、カタログハウス)によれば、マルセル・カルネ監督「霧の波止場」(38年)のミシェル・モルガンを真似たという。

私事になるが、私のはじめてのヨーロッパ映画評の本のタイトルは『ギャバンの帽子、アルヌールのコート 懐かしのヨーロッパ映画』(春秋社、二〇一三年)とした。

『自伝』には恋の遍歴がほとんど書かれていないのが残念なところだが、誰もが思い浮かべるお相手は「禁断の木の実」「過去をもつ愛情」「ヘッドライト」の監督アンリ・ヴェルヌイユだろう。

トルコ生まれのアルメニア人。トルコによるアルメニア人虐殺を逃れてフランスに渡ったという。何しろアルヌールの育ての親といっていい存在。当然、恋人と思われた。「フレンチ・カンカン」の劇場プログラムのコラムには事実かどうかは分からないが、「最近監督のアンリ・ヴェルヌイユとロマンスが伝えられ、そのゴール・インも時間の問題とされているという」とあるが、結局、ヴェルヌイユとは結ばれなかった。

それでも『自伝』には監督としてのヴェルヌイユに感謝を捧げている。「禁断の木の実」「過去をもつ愛情」「ヘッドライト」の三本のヴェルヌイユ作品に出たことで「私はドラマチックな大役への道をさらに一歩、進んだのである」。

ヴェルヌイユ作品はヒットすることが多くフランスでは商業主義の監督としてトリュフォーらに批判された。それでも『自伝』によれば「数年前、シネマテーク・フランセーズが、ようやくヴェルヌイユにオマージュを捧げた」。

一九九六年にアルヌールが来日し、京橋のフィルムセンター（当時）で「フレンチ・カンカン」の上映のあとアルヌールが登場するというので駆けつけたのはいうまでもない。先輩の河原畑寧さんもいらしていて「やはり、会いたいよね」と話し合ったものだった。

（2022年2月上旬号）

京マチ子　肉体の輝き

「見てはならないものを見た」という表現があるが、京マチ子には子どもの頃、まさに「見てはならないもの」として強烈な印象を受けた。小学生の時に見た「楊貴妃」（55年、溝口健二監督）。入浴シーンがあったのだ。現在では珍しくもないが、当時としては大胆だった。京マチ子の楊貴妃が風呂に入る。もちろん裸体。といっても、せいぜいうしろから背中や脚を見せるだけなのだが、子どもには充分に刺激的で京マチ子の名前は、入浴シーンによって覚えることになった。

当時の大映の女優では、山本富士子はお姫様、お嬢様、若尾文子は、隣りのきれいなお姉さん、それに対して京マチ子はあくまでも「見てはならないもの」だった。

その第一印象は大人になって京マチ子の映画を後追いで見るようになってから、いっそう強まった。日本の女優がまだ「しとやかさ」を大事にしていた時代にあって、京マチ子は早くからこれまでの女優のイメージからはずれていた。出世作となった谷崎潤一郎原作、木村恵吾監督の「痴人の愛」(49年)で、自由奔放なナオミを演じたが、彼女がかしづく男、宇野重吉は、ブラジャーとパンティ姿の彼女を見て思わず「(日本人には)珍しいくらい均整のとれた身体をしている」と感嘆したが、実際、京マチ子はその豊満な身体で男たちを圧倒した。戦争に敗れ、意気消沈している日本の男たちにとって、京マチ子の存在はあまりにまぶしかった。

『痴人の愛』の宣伝惹句には「谷崎潤一郎原作肉体文学の絶品」と「肉体」が強調された。「肉体」という言葉は、田村泰次郎の『肉体の門』によって広く使われるようになった戦後社会のキー・ワードのひとつだが、京マチ子は、まさに戦後になって解放された「肉体」の化身だった。

京マチ子は堂々たる「肉体派女優」だった。それまでの女優のように肉体を隠したりしない。陽性のヒマワリのように豊かな肉体を誇示する。

浅草のレヴューのダンサーを演じた「浅草の肌」(50年、木村恵吾監督)では、京マチ子は演出家の二本柳寛の部屋にルノワールの裸体美人の絵が飾ってあるのを見て「あたしにそっくり」と言う。胸が大きく盛り上がったセーターを着た京マチ子は、実際、ルノワールの絵のなかにいても不思議ではない。

京マチ子は、それまで恥しいもの、隠すべきもの、見てはならないものとされていた女性の肉体の美しさをおおらかに見せつけた。

溝口健二監督の遺作となった「赤線地帯」(56年)では、自らの意志で吉原にやってきて、マンボズボン姿で店の女主人の沢村貞子の前に立ち「どや、八頭身や」と誇らし気に言う。それまでの可哀そうな娼婦とはまったく違った。

永井荷風原作の「踊子」(57年、清水宏監督)では、東北の田舎から東京に出て来て、姉と同じように浅草のダンサーになる妹の役。その豊満な肉体に、放っておいても男たちのほうが寄ってくる。姉を演じたのは淡島千景だが、獅子文六原作、渋谷実監督の「てんやわんや」(50年)では水着姿のアプレ姿を演じた淡島千景も、京マチ子の前では、昔ながらの大人しい、おしとやかな姉に回るしかなかった。

京マチ子が演じる女性は、従来の日本映画に多かった「耐える女」、家や男に「尽す女」とはまるで違う。忍従と自己犠牲など真平だと、男たちと戦う。男社会に黙って抑えつけられなどはしない。「強い女」である。豊満な肉体に対応するように、芯が強い。

吉村公三郎監督の「偽れる盛装」(51年)では、男たちを手玉に取る祇園の芸者。ついには、彼女のために落ちぶれた男、菅井一郎に刃物を持って追われ、傷を負う。

それでも彼女は自分の生き方に恬として恥じない。男に騙されるくらいなら騙したほうがいい。自分の肉体を武器にする。母親(瀧花久子)のように義理や人情を大事にしていたら人に利用されるだけだ。徹底して「強い女」になる。そして現実に母親の暮らしを支えているのは彼女に他ならない。

まだ「女性の自立」など言われるはるか前の時代だから「悪女」「えげつない女」とそしられたが、身体を張って生きている姿は、当時の女性像のなかではきわだって新しい。

室生犀星原作、成瀬巳喜男監督の「あにいもうと」（53年）の京マチ子も、一見「悪女」に見えながら、実際は「強い女」である。

家を出て水商売をしているらしい。未婚の身で妊娠した。それを知った兄の森雅之が怒る。「淫売」「あばずれ」となじる。

妹の京マチ子は黙ってはいない。兄に食ってかかってゆく。殴られても投げられても、また身体ごとぶつかってゆく。

「畜生、やりやがったな」と汚ない言葉を平気でぶつける。ついには畳の上に大の字になって「さあ、殺せ」と叫ぶ。

こんな激しい役を演じられる女優は京マチ子くらいしかいない。豊満な肉体は兄の暴力などはね返してしまう。

あまりの凄まじさに母親の浦辺粂子は「お前は、まあ、大変な女におなりだねえ」と嘆くが、この京マチ子演じる娘は、母親のことを大事にしていて時々、家に帰ってきては、母親に手みやげを持ってくる。久我美子演じる妹は清純派で、看護婦になるために学校に通っているが、姉の京マチ子がその学費を出している。「偽れる盛装」の京マチ子が、男たちを手玉に取る一方、一家の家計を支えているのと同じである。

「あにいもうと」では、男たちがだらしない。父親の山本礼三郎は落ちぶれてしまっているし、兄の森雅之は仕事もせずに毎日ぶらぶらしている。京マチ子を妊娠させた学生の船越英二は真面目だが頼りない。

それに比べれば、この京マチ子は汚れているかも知れないが、自分の力で生きようとしている。男どもに頼らず自立しようとしている。汚れ役でいながら、芯は輝いている。

マーガレット・ミッチェルの『風と共に去りぬ』が映画化されるに当って、スカーレット・オハラを誰が演じるかで、ハリウッドの女優たちが次々に名乗りを挙げた。当時のMGMのスター、ノーマ・シアラーも候補になった。これにファン・クラブが反対した。なぜなら、当時、スカーレットは、おしとやかな女性の対極にいる「悪女（ビッチ）」と思われていたから。レディのイメージが強いノーマ・シアラーが「ビッチ」を演じてはいけない。ファンの反対にあってノーマ・シアラーは候補から降りた。

京マチ子が演じた数々の女性は、いわば「ビッチ」が多い。男のうしろに大人しく控えている女ではない。自分の意見をはっきりという。主張する。戦う時には男と、社会と戦う。登場した時代が早かったから「悪女」とされたが、裏を返せば、それだけ自立する女だったことになる。

黒澤明「羅生門」（50年）の京マチ子も男の言いなりにならない「強い女」である。夫の森雅之を助けようと山賊の三船敏郎に小刀で斬りかかる。それも一度や二度ではない。三船敏郎が「なんと気の強い女だ」と呆れるほど。それでいて、「夫を殺して」と山賊をたきつけたりもする。夫と山賊を挑発して戦わせる。まさに「ファム・ファタル」。「羅生門」は、男たちが京マチ子に振り回される映画だと言っていい。

そして驚くのはキスシーン。黒澤明の映画でキスシーンが登場するのは「羅生門」がはじめてだが、三船敏郎とキスをする時、なんと京マチ子は目を開けている！ 自分は決して男に抱かれなどしないと思い定めているように。目を開けたままのキスシーンとは前代未聞だが、これも「強い女」京マチ子だからこそ出来ることだろう。

「あにいもうと」だけではない。京マチ子はよく喧嘩をする。「偽れる盛装」では、男を取られた村田知栄子と口汚なくののしり合う。水木洋子脚本、豊田四郎監督の「甘い汗」（64年）では、場末のバーの女になった京マチ子は、冒頭、男をめぐって同じバーの女（木村俊恵）ととっくみ合いの喧嘩をする。髪を引っぱる。叩く。凄まじい。京マチ子の豊満な肉体は暴力などにはたじろがない。

そして、何より怒った時の京マチ子の顔は素晴らしく美しい。笑顔より怒った顔がいい。喧嘩で有名なのは小津安二郎監督「浮草」（59年）の、あの雨のなかの中村鴈治郎との言い合いだが、鴈治郎が「アホ」「ドアホ」と悪口雑言を浴びせるたびに、京マチ子は美しくなってゆく。

『甘い汗』出演の頃は、京マチ子は四〇歳になろうとしている。役の上でも年増のバーの女。若い女から「乳が垂れてる」と馬鹿にされる。それでも「脱いだらこっちのほうがグラマーや」と威張る。

実際、シュミーズ姿の京マチ子は依然として「見てはならないもの」であり続けた。

そして子どもの頃に「楊貴妃」の入浴シーンに驚愕した人間としては、後年、驚くべき作品に出会う。安部公房原作、勅使河原宏監督の「他人の顔」（66年）。四〇歳を過ぎた京マチ子が、この映画でなんと、はじめて乳首を見せたのである。谷崎潤一郎原作、市川崑監督の「鍵」（59年）の入浴シーンでも見せなかった乳首を。これには感動した。

映画のなかでは、「悪女」を演じることの多い京マチ子だが、私生活は真面目な女優だったと多くの人が語っている。ひとつだけ例をあげる。

京マチ子のテレビ初出演は「あぶら照り」（64年）。水木洋子が依頼されて脚本を書いた（これがのちの映画「甘い汗」になる）。その水木洋子が思い出を書いている（『京マチ子新秋特別公演』パンフレット、大阪新歌舞伎座、一九七七年）。

京マチ子はテレビ出演に際してひとつだけ条件をつけた。「稽古日数を十分にとること」。安易な番組づくりが多いテレビに対する「抵抗」だったと水木洋子は書いている。女優としての京マチ子の誠実さがうかがえる。


（『ユリイカ』2019年8月号より）

第十一章

シアーシャ・ローナンとシンクロニシティ

愛すべき「レディ・バード」のこと

現代のアメリカ映画にこんなにも愛らしい作品があったか。

暴力も殺人も破壊もない。どぎついセックス描写もない。カリフォルニア州のサクラメントで育った高校生の女の子の成長を優しく、ユーモラスに、描いている。

監督と脚本は、やはりサクラメント出身の若い女性がニューヨークで暮らしてゆく青春物語「フランシス・ハ」（12年）でヒロインを演じたグレタ・ガーウィグ。自身、サクラメント出身だという。

主人公のクリスティンは私立のカトリックの高校に通う女の子。時に先生や母親（ローリー・メトカーフ）に反抗するが、それは十代の女の子にはよくあること。基本的には真面目だし、いい大学に進みたいと夢みている。

演じるのは「ブルックリン」（15年）のアイルランド出身の女の子が可愛かったシアーシャ・ローナン。

クリスティンは映画が始まった時点ではまだ性体験がない。母親に率直に「いつしたらいいの」と聞くと、母親は「大学生になってからね」と答える。健全な中産階級の子どもだと分かる。あまりに健全なので時代設定は「アメリカン・グラフィティ」（73年）と同じ一九六〇年代のはじめかと思ってしまうほど。それでも、学校のなかに「9・11を忘れるな」というポスターが貼ってあるし、テレビではイラク問題が報じられているので二〇〇二年頃と分かる。

二十一世紀なのにアメリカの高校生はこんなに健全なのかと驚くが、それはひとつにはまず舞台となっている町が、古き良きスモールタウンの雰囲気を残していることにある。

サクラメントはカリフォルニア州の州都であり、決してスモールタウンではない。「フランシス・ハ」では、ヒロインがクリスマスに故郷のサクラメントに帰る場面があるが、大きな国際空港があり、町には高い建物があり、議事堂がある。大通りには路面電車が走っている。

ロサンゼルスやサンフランシスコのような大都市ではないが、少なくとも都市ではある。それを自身この町出身のガーウィグ監督は、スモールタウンのように撮っている。

大きな、高い建物は見えない。〝緑の町《シティ・オブ・トゥリーズ》〟と呼ばれるように緑が多い。特徴ある箱型トラスを持つクラシックな橋がある。芝生のある家が並ぶ美しい住宅街がある。

母娘の会話で農業を学ぶ大学があると分かるように伝統的に農業を大事にしてきた町である。町の様子に荒んだところはまったく見られない。きれいな町並みが続いている。

冒頭に、この町出身の作家ジョーン・ディディオンの言葉、「カリフォルニアの快楽主義を語る人は、サクラメントのクリスマスを知らない」が引用される。

同じカリフォルニアといってもこの町にはロスやシスコのような大都市のデカダンスはない。昔ながらの健康的な町だと言っている。実際、「フランシス・ハ」では、故郷に帰ったヒロインが、家族と共に昔ながらの穏やかなクリスマスを過ごす。

ちなみにジョーン・ディディオンは「哀しみの街かど」(71年)「スター誕生」(76年)の脚本を書いたことで知られる。

六〇年後半から七〇年代初頭の荒廃したニューヨークで麻薬に溺れてゆく恋人たち(アル・パチーノ、キティ・ウィン)を描いた「哀しみの街かど」を思い浮かべれば、それから四十年以上もあとに作られたこの映画がいかに健全であるかが分かる。

ガーウィグ監督は、自分の故郷のスモール・タウンとしての良さを描きたかったのだろう。古き良きといったからといって決して保守的というのとは違う。地に足を付けて生きている普通の人々の堅実さを大事にとらえている。

この映画のもうひとつの良さ、健全さはクリスティンの家族にある。

二十一世紀のアメリカの大きな社会問題は中産階級の没落にある。上の階級に富が集中してゆき、普通の人々の暮らしが苦しくなっている。

クリスティンの家では父親が職を失なっている。兄は名門バークリー校を出ながら職に恵まれない。看護師の母親が、夜勤を増やして家計を支えている。娘のクリスティンを無理して私立の高校にやっている。

クリスティンが、時に母親に反発しながらも基本的に母親を愛しているのは、そういう家族の状況を分かっているから。

サクラメントはいい町で、自分も町を愛していながら、もっと広い世界を知りたいと、最後にニューヨークの大学へ旅立つクリスティンは、自分の夢を叶えてくれるために両親がどれだけ金銭的に苦労したかをよく分かっている。

こういう家庭の経済生活をきちんと描くアメリカの青春映画は少ないのではないか。両親の描き方もいい。通常、娘の目から一方的に悪くされてしまう両親を、ガーウィグ監督はきちんと実直な生活者ととらえている。

父親は娘をニューヨークの大学にやるために銀行に相談に行く。母親も無論、家庭の経済が許すなら娘の希望を叶えてやりたいと思っている。中産階級の没落が言われる時代に、この両親はなんとか娘を応援しようとしている。そこが胸を打つ。

父親はローリング・ストーンズが好きらしい。母親はスタインベックの『怒りの葡萄』の朗読テープを聴いて涙を流す。二人とも、六〇年代のカウンター・カルチャーの波を受けて育った世代なのだろう。

学校の先生たちも図式的に悪者にしていない。演劇を指導する先生は、「泣く演技」のレッスンで生徒より先に泣き出してしまう。愉快。この先生が病気になり、代役を務めることになった体育の先生が、シェイクスピアの『テンペスト』の演じ方をアメリカン・フットボール流にアグレッシブに教えるのも笑わせる。

ガーウィグ監督の演出はテンポが早い。エピソードの積み重ねで物語は進むが、切り換えが「はい、次」と早い。感情をいつまでも引きずらない。その点では知的でクール。

ユーモラスといえば、堅物に見えた老シスターの先生が、クリスティンにいたずらされても(車に〝JUST MARRIED TO JESUS〟といたずら書きされる)、「あなたのいたずらはユーモアがあるわ」と寛大に許すのも後味がいい。

このシスターを演じているのが、「エデンの東」(55年)で、ジェームズ・ディーンが訪ねる母親ジョー・ヴァン・フリートの経営するあいまい宿のメイドを演じたロイス・スミスであるのは、オールドファンにはうれしい。

クリスティンは自分の名前が気に入らないらしく、両親をはじめ、友人たちにも自分を〝レディ・バード〟と呼んでくれと言う。

レディ・バードは英語で「てんとう虫」の意がある。イギリスの伝承童謡『マザー・グース』には「てんとう虫《レディ・バード》」が入っている。

日本で最初に『マザー・グース』を訳したのは北原白秋だが、こう訳している（大正十年、『まざあ・ぐうす』、アルス）。

「てんとう虫、てんとう虫、
早《はよ》う家《うち》へ帰れ、
お前の家《うち》ゃ火事だ。
みんな子供は焼け死んだ。
娘のアンヌがたったひとり、
プッヂングの鍋の下に、
つんぐりむんぐり潜《もう》ぐった」

ちなみに、〝Lady〟の正しい発音は［léidi］（レイディ）。

（2018年6月下旬号）

シアーシャ・ローナンの「追想」のことなど

いま、いちばん魅了されているアメリカの女優はシアーシャ・ローナン。アイルランド系。真青な目が神秘的で、全体に妖精のような儚なさがある。

デビュー作、イアン・マキューアン原作、ジョー・ライト監督の「つぐない」(07年)での少女の素晴らしかったこと。

十三歳くらいの子どもなのにもう孤独を知っている。みんなと離れて一人で本を読み、戯曲を書く。彼女がウソをついたために姉(キーラ・ナイトレイ)の恋人(ジェームズ・マカヴォイ)が不名誉な罪を着せられ、刑務所に入れられる。

といっても、この少女はよくいる意地の悪い小悪魔ではない。大人の世界の現実、とりわけセックスに戸惑っている。その不安からウソをついた。繊細な少女だからこそのウソ。

シアーシャ・ローナンの可憐さが、ウソから、悪意を消し去った。白いサマードレスを着て屋敷のなかや、庭の緑のなかを走る少女は、十九世紀イギリスで活躍したアメリカの画家、ジョン・シンガー・サージェントの有名な絵「カーネーション、ユリ、ユリ、バラ」の、ユリの花に囲まれた、白いサマードレスのショート・ヘアの少女を思わせる。「つぐない」でアカデミー賞にノミネートされたのも当然だろう。


その後、「ブルックリン」（15年）ではアイルランドからニューヨークにやってきた娘、「レディ・バード」（17年）ではサクラメントの女学生、と一作ごとに成長。新作、イアン・マキューアン原作、ドミニク・クック監督の「追想」では、結婚式を無事に終えながら、新婚旅行でのつまずきから夫と別れてしまう女。難しい役に挑んでいる。

シアーシャ・ローナンは、芯は強いが、内気、とりわけセックスに臆病な女性を演じることが多い。だから現代より過去、ひと昔前の時代のほうが似合う。

「つぐない」は一九三〇年代、「ブルックリン」は一九五〇年代、「レディ・バード」は二十一世紀に入っての話なのにまるで六〇年代はじめのような高校生活が描かれた。

そして「追想」の舞台は、一九六二年のロンドン。ビートルズ革命が始まる直前で、若い世代もまだ保守的なモラルにとらわれている。

シアーシャ・ローナン演じるフローレンスはヴァイオリニスト。ロックの時代が始まろうとしている時に、バッハやベートーヴェン、ハイドンやシューベルトを愛する。ジャズやロックの好きな恋人のエドワード（ビリー・ハウル）から見ると「あまりにスクエア《お堅い》」。

弦楽四重奏団のリーダーのようだからしっかりしているはずだが、金持ちのお嬢さんで、現実の垢に染まっていない。

男性体験もない。結婚の前に「セックスの指南書」を読んで勉強するほど。当然、緊張して初夜がうまくゆくはずがない。

失敗したあと、彼女は夫に詫びるように言う。「私にはセックスの才能がない」。いまどきのたいていの女優がこんなことを言ったら笑ってしまうが、妖精のようなシアーシャ・ローナンが言うといじらしくなる。

「ブルックリン」では、ニューヨークに出てきたもののホームシックにかられ仕事がうまくゆかない女の子だったし、「レディ・バード」では現代の高校生でいながらはじめ男性経験がなく、母親に「お母さん、初めてはいくつの時？」と聞いていた。

シアーシャ・ローナンは現代よりむしろ、性の解放などなかった時代に戻りたいと思っているかのようだ。

新婚夫婦が初夜に失敗する。

一九六六年のイギリス映画、ジョンとロイのボウルティング兄弟監督の「ふたりだけの窓」がまさにそれをユーモラスに描いていた。

映画館で映写技師をしている若者（ハイウェル・ベネット）と、レコード店で働く女の子（ヘイリー・ミルズ）が結婚する。

しかし、初夜がうまくゆかない。ロンドンの下町のこと。翌日、家族や近所の人たちはみんな二人を祝福する。それで二人は、さも仲の良い、満ち足りた夫婦を演じなければならなくなる。

音楽をポール・マッカートニーが担当。ビートルズ登場後の映画なのに、まだこういう映画が作られている。ビートルズ革命があったとはいえ、イギリス社会は基本的に保守的なのかもしれない。

新妻を演じたヘイリー・ミルズはよく知られているようにJ・リー・トンプソン監督の快作「追いつめられて…」（59年）で殺人犯ホルスト・ブッフホルツになついてしまう孤独な少女を好演して注目された。その後、成長して「ふたりだけの窓」で新妻を演じた。

子役出身のシアーシャ・ローナンが「追想」で新婚の女性を演じる経緯に似ている。

「追想」には、思いもかけない当時のイギリス映画が出てくる。

ある時、フローレンスとエドワードは映画を見に行く。映画館の暗闇のなかではあちこちで恋人たちが抱き合い、キスをしている。当時の恋人たちは、映画館でキスをするくらいが限界だったろう。

この映画館で上映している映画は、当時、「怒れる若者たち」の旗手と言われたトニー・リチャードソン監督の「蜜の味」(61年)。原作はシーラ・ディレイニイ。十八歳の時に書いた戯曲。日本では六三年に公開され評判になった。

身持ちの悪い母親と二人で貧しい暮らしをしている十代の少女の物語。母親は家賃が払えないと夜逃げしているので、少女は転校ばかりしている。友達はいない。

マンチェスター近郊の労働者の町が舞台。ある時、貨物船で船員をしている黒人の青年と知り合う。セックスをする。しかし、青年は船と共に去ってしまう。そのあと、彼女は妊娠したことを知る。

少女を演じたのはファニー・フェイスのリタ・トゥシンハム。美人とは言えないが、不貞腐れた感じが思春期の少女らしく、出世作となった。

「追想」では、彼女が母親(ドラ・ブライアン)とその新しい男たちと遊園地に遊びに行き、見世物小屋に入り、ドラキュラを見る場面がスクリーンに映し出される。

金持ちのお嬢さん、フローレンスから見れば、この少女は最底辺の貧しい女の子だが、しかし、それなりに自由で、保守的なモラルにもとらわれていない。フローレンスは羨しくなったのではないか。

手元に「蜜の味」の日本公開時の劇場プログラムがある。若き日の大江健三郎が『婦人公論』でこの映画を激賞した評が再録されている。

「アフリカ人の水夫と恋しあって妊娠する少女が、まず素敵だ。彼女は優しいところもあるけれど、独立的で、先入観にとらわれず、自由に生きている勇敢な少女」と評している。フローレンスも彼女のことが好きになったに違いない。

(2018年8月上旬号)

オールコット『若草物語』のこと

グレタ・ガーウィグが、「レディ・バード」(17年)のあとにオールコットの『若草物語』を映画化するとは意外だった。

サイレントも含めるとこれまで四回以上も映画化されているし、現代の最先端を生きるガーウィグにとって、十九世紀のいまや古典と言うべきオールコットの原作は古すぎるのではないかと危惧したから。

しかし、ガーウィグの「ストーリー・オブ・マイライフ／わたしの若草物語」(19年)は、二十一世紀を生きるわれわれが見ても充分に面白い。

ひとつには物語の核に女性たちを中心にした「家庭」があり、それは昔も今も変わらぬ重みを持っているからだろう。アメリカの男の子たちの愛読書『ハックルベリイ・フィンの冒険』が家庭の外に飛び出した男の子の物語なのに対し、『若草物語』はあくまでも家庭のなかの物語。家庭のなかでの主役は女性であることは言うまでもない。

その点で『若草物語』はジェーン・オースティンの『高慢と偏見』（こちらは五人姉妹の物語）、谷崎潤一郎の『細雪』（こちらは四人姉妹）と共通する。

原題〝Little Women〟の訳は『四人の少女』もあるが（岩波文庫）、やはり『若草物語』が定着している。これは戦前、ジョージ・キューカー監督、キャサリン・ヘプバーンが次女のジョーを演じたRKO作品（33年）が、日本公開されるに当たって、映画会社が付けたもの。昔の映画会社の人はセンスがあった。

以来、『若草物語』で定着した。

現在も読まれている新潮文庫版の『若草物語』の翻訳者、松本恵子（一八九一―一九七六）は、戦前に早くからアガサ・クリスティを翻訳した人として出版史に残る。私などの世代は松本恵子訳でクリスティの「青列車殺人事件」や「情婦」を読んだ。ミルンの『クマのプーさん』も訳している（戦前の新潮文庫『プー公横町の家』一九四二年）。

また戦前、女性がミステリを書くのが珍しかった時代にミステリを手がけている。女性のミステリ作家の先駆けの一人。

この人自身が『若草物語』のジョーのようだったと言えばいいか。夫の松本泰《たい》も作家で、翻訳家。

若くして亡くなったが、慶応の学生の時、当時、三田で教えていた永井荷風の授業を受けている。そのためもあり夫婦ともに荷風を敬愛していた。

ちなみに現在、タレントとして活躍している中川翔子は松本恵子の遠縁になる。

私などの世代にとっての映画「若草物語」は、戦後公開されたマーヴィン・ルロイ版(49年)がもっとも印象に深い。

四姉妹を演じたのはジャネット・リー、ジューン・アリソン、エリザベス・テイラー、マーガレット・オブライエン。

若くして亡くなるベスは本来、三女だが、この映画では子役のマーガレット・オブライエンが演じたので末娘になった。

内気で、隣家のローレンス老人(サー・オブリー・スミス)にピアノを贈られた時、おずおずと御礼に行き、老人に抱きつくところの可愛かったこと! だから彼女が猩紅熱《しょうこうねつ》で亡くなる場面では、日本の男の子たちもみんな泣いたものだった。

作品の評価としては、マーヴィン・ルロイ版は、戦前のジョージ・キューカー版に比べるといまひとつだが、私などの世代では「若草物語」といえばやはりこの作品。いちばん新しいギリアム・アームストロング監督、ウィノナ・ライダーがジョーを演じたもの(94年)は、いまひとつ印象に薄い。

マーヴィン・ルロイ版の「若草物語」に当時、いちばん驚いたのは、四姉妹が「自分の家は貧乏」と言って悲しんでいること（原作では「プレゼントのないクリスマスなんて実際、意味がないわ」「貧乏ってほんとうにつらいものね」と言っている）。昭和三十年前後の戦後の貧しい時代の日本人から見ると、少しも貧乏に見えなかった。

家もいいし、家具もきちんとしている。四姉妹の衣裳だってまるで西洋人形のよう。どこが「貧乏」なんだろうと不思議だった。

あとで知ることになるが、『若草物語』は南北戦争の戦時中の物語。父親は北軍の従軍牧師として戦地に行っている。

『風と共に去りぬ』と同じ時代の話になる。にもかかわらず一家の住む地が東部ニューイングランドということもあって、ほとんど戦争を感じさせない。その点で『風と共に去りぬ』とはまったく違う。一見、同じ時代の物語とは思えない。

マーヴィン・ルロイ版で当時、日本の女の子のあいだでも話題になったのは、エリザベス・テイラー演じるエミイが寝る前に、鼻を高くしようと、鼻に洗濯ばさみをつけること。わが愚姉たちも真似をしていたが、同時に、「あんなきれいな女の子が、どうしてあんなことをするんだろう」と不思議がっていた。当時、リズは十六歳。ほんとうにきれいな少女だった。この映画と「黒騎士」（52年）のレベッカでわがミューズになった。

マーヴィン・ルロイ版でいま見ていて面白いのは、次女のジョーがびっくりした時に〝Christopher Columbus!〟を連発すること。いまふうにいえば「わあ、ぶったまげた！」。ジーザス・クライストが転じてクリストファー・コロンブスになったと思われる。

オールコットの原作にもこの言葉は出てはくるが、ジョージ・キューカー版の「若草物語」で、ジョーを演じるキャサリン・ヘプバーンが何度も言うので有名になった。

決してお行儀のいい言葉ではないが、トムボーイ（お転婆）のジョーには合っている。

マーヴィン・ルロイ版ではジューン・アリソンがこれを受け継いで何度も言っている。

その後のアメリカ映画でこの言葉は、ほとんど耳にしないから、いわば、キャサリン・ヘプバーン＝ジョーの専売特許なのだろう。

グレタ・ガーウィグの、新作について書く余裕がなくなった。二月に試写で見たきりなので、コロナ騒ぎが落ち着いたら、もう一度、映画館で見てから次号でゆっくり書きたい。シアーシャ・ローナンをまた見るのを楽しみにしている。

（2020年7月上旬号）

#「ストーリー・オブ・マイライフ／わたしの若草物語」のこと

「女が社会に出て働けるとしたら売春宿の女主人か女優よ」

グレタ・ガーウィグ監督の感動作「ストーリー・オブ・マイライフ／わたしの若草物語」（19年）で、作家になりたい次女のジョー、シアーシャ・ローナンに、金持ちの伯母、メリル・ストリープはこんなことを言う。

南北戦争が戦われていた十九世紀のアメリカでは女性が社会に出て働ける場所はごく限られている。だからこの伯母は四人の姪たちになんとか金持ちの男を見つけて結婚して欲しいと願っている。

そんな時代にあってジョーは作家になることを夢見る。手本はブロンテ姉妹やジェイン・オースティンだろうか。ちなみに原作者のオールコットの生没年は一八三二―八八年。わが樋口一葉は一八七二一九六年だから若干、時代が重なっている。

冒頭、ジョーはニューヨークの出版社に原稿を売り込みに行ってなんとか採用され、その場で原稿料を払ってもらうと大喜びで通りを走る。この時代、小さなレディが町なかを走るとは珍しい。トムボーイ（お転婆）と評されるジョーならでは。元気がいい。

町を走るだけではない。ニューヨークの酒場では男たちとアイリッシュ・ダンスのような激しいダンスを踊る。好意を持っているベア先生（ルイ・ガレル）に作品を批判されると、カッとなって絶交する。末の娘エイミー（フローレンス・ピュー）と取っ組み合いの喧嘩をする。

作家志望だから内向的で、いつも机に向かっているのかと思うとまったくそうではなく、気性が激しく、活発。まさにいつも走っている。女性の社会的地位が低かった時代に、結婚というお決まりの人生ではなく、自分で選んだ道を生きたいと闘っているから、どうしても周囲と摩擦が生じてしまう。どちらかといえば植物属乙女科に属するシアーシャ・ローナンが、この気性の激しい、闘う女性を好演している。

作家になりたい若い女性。その点でこの映画は、『ピーターラビット』の作家ビアトリクス・ポターを描いたレニー・ゼルウィガー主演の「ミス・ポター」（06年、クリス・ヌーナン監督）や、スウェーデンの児童文学者アストリッド・リンドグレーンの若き日を描いた「リンドグレーン」（18年、ペアニル・フィシャー・クリステンセン監督）と重なり合う。

ジョーは夢が大きいから、現実の厳しさにしばしば挫折する。伯母がヨーロッパ旅行する時、お伴《とも》できると思っていたのに、妹のエイミーにその役を取られてしまう。ふだんから「結婚」より「仕事」が大事と言っているジョーは、結婚こそが女性の幸福と考えている伯母には気に入られなかったのだろう。

さらにジョーは隣家の金持ちの青年ローリー（ティモシー・シャラメ）に求婚されるが、作家の夢があるのでそれを断ってしまう。しかし、そのあと後悔し、「もう一度プロポーズされたら受ける」と期待する。その直後、ローリーがなんと妹のエイミーと結婚したことを知らされる。二度もエイミーに敗けている。

その落ち込んだジョーに最後、うれしい幸福が訪れる。「仕事」と「結婚」の両方が。

感心した場面がある。ジョーの作品『若草物語』が晴れて出版の運びになる。ジョーは編集長からその決定を聞かされた時、ただ喜ぶだけではない。すぐさま印税と著作権の交渉をする。しっかりしている。そして一歩もひるまず自分に有利に交渉を進める。みごと。

ちなみに『若草物語』の出版は一八六八〜六九年（明治元〜二年）のこと。明治時代、日本の出版界ではまだ印税という考え方、制度は確立されていない。

島崎藤村は、かの『破戒』を出版した時（明治三十九年）、自費出版した。なぜか。第一詩集『若菜集』（春陽堂、明治三十年）を出版した時、出版社が印税をきちんと払わなかったことで出版社に不信感を持ったため。

日本では作家の権利が不安定だった時代に、ジョーはきちんと印税、著作権の交渉をしている。彼《ひ》我《が》の違いといえばそれまでだが、このジョーの自立精神には感服した。

グレタ・ガーウィグの演出は、時間をシャッフルさせ、それを不自然と感じさせないみごとな編集ぶり。スピーディで心地よい。

とくにこのラストの、ジョーの交渉の場面と、ジョーとベア先生のラブシーン、そして小説の結末を描く三つをパラレルに進行する編集の妙は感嘆した。

もうひとつ小さなことだが、感服した手法がある。

向田邦子は、映画のなかで、主人公がお金を払う時、財布から出すか、ポケットからそのまま出すか、気になって映画を見るたびにチェックしたというが、私の場合、いつも気になるのは、主人公が手紙を読む場面。

大別して三つしかない。その手紙を主人公が声に出して読む（現実にはほとんどないのに）。手紙の文章を画面で見せる。ナレーションで語る。この三つのうちのどれか。

グレタ・ガーウィグは第四の方法を発見した。手紙を書いた本人が、カメラに向かって（つまり観客に向かって）手紙の内容を語る。ベア先生がジョーに出す手紙。ジョーが編集長に出す手紙。いずれもこの手法を使っている。新鮮。

前回のコラムでも書いたが、ジョージ・キューカー版の「若草物語」（33年）でのキャサリン・ヘプバーン、マーヴィン・ルロイ版（49年）でのジューン・アリソンの、例の、驚いた時に言う言葉、〝Christopher Columbus!〟（わあ、ぶったまげた！）。

グレタ・ガーウィグ版でもシアーシャ・ローナンが、隣の金持ちのローレンス家に行って、部屋に架けられた祖父の立派な絵を見て、「クリストファー・コロンブス！」と。字幕には残念ながらなかった。

字幕でひとつ苦言。最後、ジョーがベア先生への愛情を妹たちに見透かされるところで字幕に「バレバレ」。せっかく十九世紀の小さなレディたちのたおやかな物語なのに、あまり美しくない現代の俗語とは。旧世代としてはこれにがっかり。

（2020年7月下旬号）

「シンクロニシティ」のこと

シンクロニシティ（Synchronicity）という言葉がある。「同時発生」、あるいは「偶然の一致」と訳される。精神病理学者カール・ユングの言葉という。

ミステリ作家、新津きよみは短篇「シンクロニシティ」（手元にあるのは、『彼女たちの事情』光文社文庫、二〇〇三年）のなかで、歴史上のシンクロニシティとして、暗殺された二人の大統領、リンカーンとケネディをめぐる偶然の一致について書いている。

それによれば二人が暗殺されたのはともに金曜日。二人とも妻と一緒のところを撃たれた。二人の死を受け副大統領が後を継いだが、どちらもジョンソン。まさにシンクロニシティである。

エドガー・ポーに「ナンタケット島出身のアーサー・ゴードン・ピムの物語」という中篇がある。

四人の男たちが漂流する。飢えたので一人を殺して食べた。その名前はリチャード・パーカー。作品が発表されたあと、実際に、小説と同じ事件が起きた。犠牲になった男の名は、偶然にもリチャード・パーカーだった。

さらに新津きよみはこんな例も挙げる。ジェームズ・ディーンは、よく知られているように、若くして自動車事故で亡くなるのだが、当時、彼は安全運転を呼びかけるCMを収録していた。これも何かの偶然か。

無論、これほど劇的ではないが、私も最近、ささやかなシンクロニシティをいくつか経験した。六月のなかば、日比谷の映画館で、グレタ・ガーウィグ監督の「ストーリー・オブ・マイライフ／わたしの若草物語」を見た。その二日後の土曜日、テレビで大林宣彦監督の「さびしんぼう」(85年)が放映された。

何年かぶりでそれを見ていたら、主人公の高校生の男の子(尾美としのり)の先生(秋川リサ)が、なんと『若草物語』を愛読しているではないか!

しかも、マーヴィン・ルロイ版「若草物語」(49年)のエリザベス・テイラーの真似をして鼻を洗濯ばさみで挟んだりする。

「ストーリー・オブ・マイライフ」を見た直後だったので、この偶然、シンクロニシティにはいささか驚いた。

さらに「偶然の一致」があった。

「さびしんぼう」では、ショパンの「別れの曲」が何度も繰り返し流れる。尾美としのりは、下手ながらもピアノで「別れの曲」を弾く。彼は、同じ学校の女学生、富田靖子が学校のピアノでこの曲を弾くのを見て恋をする。そして、「別れの曲」のオルゴールをプレゼントする。

「さびしんぼう」が放映されていたこの日、別の局では、山田洋次監督の「男はつらいよ　私の寅さん」（73年）が放映されていた。

渥美清演じる寅が、画家の岸惠子に憧れる。例によって、しょせん叶わぬ恋。その夜、寅は、彼女の家に別れを告げにゆく。

部屋にラジオからか、レコードからか、ピアノ曲が流れている。寅が「なんという曲ですか」と聞くと、岸惠子が答える。「『別れの曲』」。

同じ日のほぼ同時刻に放映されていた二つの映画が、ともにショパンの「別れの曲」を使っていたとは。私にとっては小さなシンクロニシティだった。


さらに不思議な「偶然の一致」は続く。

前号で、「ストーリー・オブ・マイライフ」の手紙の場面の手法が新鮮だと書いた。

ベア先生（ルイ・ガレル）がジョー（シアーシャ・ローナン）に手紙を出す。ベア先生はその手紙をカメラに向かって（つまり観客に向かって）読みあげる。また、ジョーが出版社の編集長に手紙を出す時も、この手法を使っている。

これまでこの手法は他の映画では気づかなかった。グレタ・ガーウィグの発見だろうと思っていた。そうしたら、他の映画でも使われているではないか。


コロナ禍の緊急事態宣言によって、しばらく試写がなくなっていた。ようやく解除されて試写が始まった。

最初に見たのは、ジャック・ロンドンの自伝的小説の映画化「マーティン・エデン」（19年、ピエトロ・マルチェッロ監督）。アメリカの物語をイタリアに置き換えている。

この映画のなかで、ジャック・ロンドンの分身であるマーティン・エデン（ルカ・マリネッリ）に恋人（ジェシカ・クレッシー）が手紙を出す。そこで、恋人はカメラ（観客）に向かって手紙を読む。「ストーリー・オブ・マイライフ」と同じ手法。グレタ・ガーウィグの手法の新鮮さに驚いた直後だったので、このシンクロニシティにもクリストファー・コロンブス！


ささやかな「偶然の一致」はまだある。

88ページのコラムで野村芳太郎監督の「砂の器」（74年）がいかに素晴らしい作品だったかを、松本清張の原作との比較で書いた。

そうしたら、その直後に、ワイズ出版から『映画の匠　野村芳太郎』（野村芳太郎著、小林淳／ワイズ出版編集部編、野村芳樹監修）が出版されたではないか。

このシンクロニシティにも驚いた。

この本は、丸ごと野村芳太郎の労作で「張込み」（58年）や「東京湾」（62年）が好きな人間にとっては実にうれしい本。

「砂の器」について興味深い小さな話がある。

刑事の丹波哲郎は伊勢の映画館に架かっていた写真を見て犯人の手がかりを得る。この場面に関して見た人から疑問があったと、野村芳太郎は思い出を語っている。

宣伝部にある投書が送られてきた。被害者の三木謙一（緒形拳）が、伊勢の映画館で、和賀英良（加藤剛）の写真を見て、それが、三十年前に別れた子どもの成長した姿だと分かることに疑問を呈している投書だという。なるほど、そういう疑問も分かる。


最後に、個人的なシンクロニシティを。

「マーティン・エデン」の原作はジャック・ロンドンだが、私は、以前、ジャック・ロンドンのもうひとつの自伝的作品『ジャック・ロンドン放浪記』（The Road）を訳したことがある（小学館、一九九五年）。若き日、ジャック少年がホーボーになり、列車のただ乗りでアメリカ各地を放浪する。

映画「マーティン・エデン」の配給会社は、ミモザフィルムズ。私の好きな会社のひとつ（「大い

なる沈黙へ　グランド・シャルトルーズ修道院」「ニューヨーク公共図書館　エクス・リブリス」「リンドグレーン」など)。この会社の次回の作品を聞いて驚いた。

カポーティのドキュメンタリー(〝The Capote Tapes〟)だという。カポーティの作品、『夜の樹』『叶えられた祈り』を訳したことがある人間としては、ジャック・ロンドンに続いてカポーティかと、まさにシンクロニシティを感ぜざるを得ない。

(2020年8月上旬号)

「燃ゆる女の肖像」と「アンモナイトの目覚め」の女性たちのこと

電燈と違ってろうそくの光には淡い儚さがある。人を現実の向こうへと誘う幻想の力がある。ろうそくの光に照らされた女性たちの美しい姿をとらえた素晴らしい映画を続けて二本見た。

フランス映画、セリーヌ・シアマ脚本、監督の「燃ゆる女の肖像」（19年）と、イギリス映画、フランシス・リー脚本、監督の「アンモナイトの目覚め」（20年）。どちらも女性どうしの同性愛を、愛しいものを見つめるように優しくとらえていて、秘密の花園を見るようなひそかな感動がある。「燃ゆる女——」の時代設定は、一七七〇年、「アンモナイト——」は一八四〇年ごろ。どちらもまだ日常的にろうそくが使われていた時代。電気があふれた現代から見ると、遠い夢の世界のように見える。

「燃ゆる女——」は、一七七〇年、ブルターニュの孤島にある貴族の館に、ひとりの女性がたどり着くところから始まる。この女性、マリアンヌ（ノエミ・メルラン）は父の仕事のあとを継いだ画家で、島に住む伯爵家の娘エロイーズ（アデル・エネル）の肖像画を描きに来た。絵を描くためにエロイーズを見つめるマリアンヌ。その視線を繊細に感じ取るエロイーズ。二人のまなざしのドラマが始まる。

この時代に女性の画家は珍しい。日本の江戸時代には、平田玉蘊《ぎょくうん》という女性の画家がいたが、マリアンヌよりは約五十年あとになる。

ただ画家といってもマリアンヌは現代のような芸術家ではなく、むしろ肖像画を描く職人のようなもの。写真のない時代、貴族たちは彼ら絵の職人に肖像画を依頼した。だからエロイーズの母親、伯爵夫人はマリアンヌを雇い人扱いする。


先だって丸の内の三菱一号館美術館で、ターナーと並ぶイギリスの風景画家、ジョン・コンスタブル（一七七六—一八三七）の展覧会を見た。初期には人物画、肖像画を描いていて、やがて風景画へと移行した。これについて興味深い解説があった。

当時、風景画というジャンルはまだ未成熟で需要が少なかった。だからコンスタブルははじめ生活の資のために肖像画を描くしかなかった。


この美術史の流れを見ると、伯爵夫人が雇い人に対するようにマリアンヌに接するのが分かる。まだ芸術家ではなく、あくまで職人。彼女は召使いと一緒に食事をとる。決して家族の一員には扱われていない。伯爵夫人はつねにマリアンヌに命令口調。はじめの絵が気に入らないと短期間で描き直しを命じる。マリアンヌにとっては伯爵夫人は男性社会の権力者と変わらない。

エロイーズにはミラノの貴族と結婚の話がある。彼女の肖像画は、いまふうに言えば見合写真になる。だからマリアンヌは無意識のうちに男性の視線でエロイーズを描こうとした。

エロイーズはその絵が気に入らない。今度は、はじめ断っていたのに自分から進んでモデルになるという。二人の愛情は、この時から始まったといっていいだろう。

ろうそくの光、二人がチェンバロで弾くヴィヴァルディの「四季」、二人で読むギリシャ神話のオルフェの物語。たおやかな世界が二人の女性を包んでゆく。

女性の同性愛とは、言ってみれば男のいない世界である。男を拒絶している。男の猛々しさ、無神経、支配欲を遠くへと押しやって、女性だけが美しく息づいている、いわば小さなユートピアである。

マリアンヌとエロイーズは男性を消し去った二人だけの世界で、まるで少女のように相手を求め合う。刺激や欲望とは違う。ここには自分と同じような人間がいたという発見の喜びがある。男のいない世界は、二人にとってなんと心地よいのだろう。

それはいわば少女たちだけの儚い世界である。いずれは男によって壊されてしまう小さな隠れ家である。召使いの女の子がすでに男性を知ったために、出産という苦しみに直面するのに対し、二人はまだ少女の花園にいる。産む性から離れている。

ろうそくの光がまたたくまに消えてしまうように、二人のたおやかな世界は長くは続かない。肖像画を完成すると、マリアンヌは島を去ってゆく。エロイーズはミラノで結婚することになるだろう。二人の別れの場面は、オルフェと妻ユリディスの別れのように哀切きわまりない。

「アンモナイトの目覚め」の時代設定は、前述のように一八四〇年代、やがてコンスタブルやターナーが次々に風景画を発表してゆく前夜にあたる。

イギリスの海に面した町に住むケイト・ウィンスレット演じるメアリー・アニングは海辺で化石の発掘、採集をしている。といっても労働者階級の出身で、正式な教育を受けていない。そのため学界に認められていない。松本清張が好んで描いた在野の孤独な研究者に似ている。実在の人物だという。

ケイト・ウィンスレットが、あえて汚れたメイク、粗末な衣裳でこの女性になりきっている。海辺で石を見つけては、そのなかに埋まっている化石を削り出す。その作業は、後半明らかになる彼女の同性愛という隠された性向を探し出す作業にも見えてくる。

母親と二人で暮らしている。父親はすでに亡くなっている。観光客に化石をみやげものにして売って質素な暮らしの足しにしている。

ある日、ロンドンから裕福な化石収集家が妻を連れてやってくる。金を払うからとメアリーに化石収集の現場を見せてくれと頼む。貧しい彼女に対して金の力を見せつける男である。

しかも、この男は病弱な妻シャーロットを、海辺で保養させたいと置き去りにし、それなりの金を支払うからとメアリーに妻の世話を頼む。

この妻がシアーシャ・ローナン。植物属乙女科を代表する女優にふさわしい、弱々しい女性。はじめは他人の面倒などみたくないと思っていたメアリーが、このシャーロットの病弱な様子を見て、保護者のような気持ちになって看病してゆく。ろうそくの光にかすかに照らされてベッドに横たわるシアーシャ・ローナンは、この時代に活躍した画家ジョン・エヴァリット・ミレーのオフィーリアを思い出させる。

メアリーが親身になって看病した結果、シャーロットは健康を回復する。二人で海に出る。母なる海が二人を優しく包みこむうちに二人は次第に互いに惹かれ合い、抱き合う。

ここでも「燃ゆる女―」の場合と同じように、女どうしの同性愛は、男性という支配する者のいない、二人だけの小さな隠れ家として描かれてゆく。

この時代の女性たちの身体がコルセットという拘束具によって窮屈に締めつけられていることから解放されたように、二人は自然のままの身体になって抱き合う。それをろうそくのかすかな光が祝福している。男たちによって〝自分のなかの埋もれた化石〟を隠すことを強いられていた二人にとって、男性のいない女性だけの世界はどんなに心地よかったか。

英語のLOVEは、自分とは異質なものを愛すること、LIKEは、自分と同質なものを愛する意味だという。二人の愛情は、〝ここに自分と同じように孤独だった人間がいた〟という発見の喜びにあふれたLIKEといえるだろう。

（2021年4月上旬号）

第十二章

アジア映画が教える

心に迫る二本の台湾映画
「スーパーシチズン　超級大国民」と「軍中楽園」のこと

台湾の現代史の暗部を描いた二本の映画に感銘を受けた。

ひとつは、国民党の弾圧によって三十年も獄中にあった大学教授を主人公にした「スーパーシチズン　超級大国民」。一九九五年の作品で、監督はオムニバス映画「坊やの人形」（83年）の第三話「りんごの味」を撮ったワン・レン（萬仁。一九五〇年生まれ）。

中国大陸を追われて台湾に来た蔣介石率いる国民党政権は、権力に異を唱える者を徹底的に弾圧した。その事実は、侯孝賢監督の「悲情城市」（89年）で描かれ、よく知られるようになった。

「スーパーシチズン」の主人公、許《コー》（リン・ヤン）は五〇年代、進歩的な大学教授だった。仲間と読書会を開いたところ、官憲に踏み込まれ、妻子の前で逮捕され、無期懲役の判決を受けた。この時は、お茶を出しただけの女学生も逮捕され、懲役三年の刑を受けた。

三十数年後、一九八七年に戒厳令が解除され、許は釈放される。しかし、その顔に喜びはない。いまや老人となったかつての進歩的青年は、繁栄してゆく新しい時代についてゆけなくなっている。台北の町を歩くと、残酷な拷問を受けた建物はデパートに、裁判を受けた建物は豪華なホテルになっている。仲間が無惨にも殺された処刑場（現在、馬場町紀念公園に刑場の塚がある）は公園になり、過去を知らない若者たちが遊んでいる。世の中はすっかり変わった。自分たちが夢見たものはなんだったのか。このあたり、日本の戦中派が、高度経済成長に直面した時の戸惑いに似たものがあり、小林正樹監督が戦中派の悲しみを描いた、藤田まこと主演の「日本の青春」（68年）を思い出させる。

許には深い悔恨がある。過酷な拷問に耐え切れず、友人の陳《タン》の名前を明かしてしまった。そのために友人は逮捕され、処刑された。

回想で、友人の陳が刑場に連れ去られてゆく場面は胸に迫る。陳は許に背中を見せながら、両手を高く揚げ、右手の指を一本、左手の指を二本立てる。一見、Vサインのように見えるが、そうではなかった。一本と二本、戒厳法二条一項の「死刑」をあらわすものだった。死を覚悟した友人の最後のメッセージだった。このサインのことは初めて知った。多くの若者がこうして刑場に去ったのだろう。

出所後、許は友人の墓を探す決意をする。墓の前で友人に詫びたい。かつての仲間たちを一人一人訪ねてゆく。ジュリアン・デュヴィヴィエ監督「舞踏会の手帖」（37年）の形式。

このくだりで許は、戦中派だったことが分かる。戦時中、日本軍に召集され、一日本兵として戦った。ニュース映画で、出兵式、出陣風景、特攻隊の攻撃がとらえられる。

日本兵になった許が、戦死した戦友の家に行き、遺骨を届ける場面も悲痛。風呂敷を開くと、数本の長い骨が入っている。骨には戦友たちの名前が書かれている。

日本統治下では日本兵として戦い、戦後の国民党政権下では苛酷な弾圧を受ける。許の世代の悲劇である。おそらくワン・レン監督の父親の世代だろう。戒厳令解除後の新しい時代を生きる世代が、父親の世代の労苦を偲んでいる。

最後、許はようやく友人、陳の墓を見つける。山のなかに無縁仏のように、粗末な石が置かれている。ひとつだけではない。弾圧された犠牲者の墓があちこちにある。許はひとつひとつの墓にろうそくを灯す。死者を慰藉する。生き残った者に出来ることはそれしかない。

許が陳の墓の前で平伏し、日本語で「すみません」と謝る姿は胸を衝かれる。二人とも時代の犠牲者だった。

この粛然とする場面で思い浮かぶのは、最近ようやく見ることが出来た、話題のドキュメンタリー、伏原健之監督の「人生フルーツ」(17年)。

愛知県春日井市の緑に囲まれた小さな家に住む津端修一さんは建築家。戦時中、軍需工場で働いていた。そこで台湾から来ていた青年と知り合い、親しくなった。老いてから夫婦は台湾を旅行する。あの時の若者を訪ねたくなる。ようやく消息が分かる。若者はすでに死んでいた。

老夫婦は墓参りをする。その墓が「スーパーシチズン」の最後の墓とそっくりなのだ。おそらく老人が気にかけていた台湾の若者も国民党時代に殺されたのだろう。

感銘を受けたもう一本の台湾映画は、「モンガに散る」（10年）のニウ・チェンザー監督の「軍中楽園」（14年）。これも私などまったく知らなかった台湾現代史の知られざる過去を描いている。中国大陸と目と鼻の先にある台湾の金門島には一九五〇年代、台湾国民党の軍隊が十万人も駐屯していた。若者が中心。そのために国民党政府は公認の娼館を置いた。「軍中楽園」と呼ばれた。

その娼館で働く娼婦たちと、彼女たちを管理する若い兵隊たちを描いている。無論、戒厳令下の時代には絶対に作られなかった映画である。娼婦と兵隊。日本映画、田村泰次郎原作、谷口千吉監督の「暁の脱走」（50年）を思い出させる。

この映画、細部がしっかりと描かれている。娼婦たちはどんな事情があってここに来たのか。日々どんな暮らしをしていたのか。どんな夢を持っていたのか。あるいは、兵隊たちは娼婦たちにどんな気持を抱いていたのか。

字が読めない老兵（チェン・ジェンビン）が若く美しい娼婦（アイビー・チェン）を好きになり（いや、好きになりすぎ）、そのために悲劇が起るのは切なくなる。若い兵士（イーサン・ルアン）が愛するようになる娼婦（レジーナ・ワン）が、ギターでマリリン・モンローの「帰らざる河」を弾き、歌うのは驚かされる。

この映画はラストが心震える。登場人物のその後が「アメリカン・グラフィティ」（73年）風に紹介されるのだが、それがすべて現実ではなく、夢だと分かってくる。島を脱出し、中国本土に渡った娼婦と兵士は中国で幸せに暮らしている。殺された娼婦は、自分に惚れ込んだ老兵と結婚し、餃子屋を開いている。子どももいる。主人公の若い兵士は、愛した娼婦と結婚している。写真で紹介されてゆく、彼らの夢がひとつひとつ、胸に迫ってきて、涙を誘われる。

娼館という国家による管理売春。「軍中楽園」はそれを大上段に批判するのではなく、そこに生きた娼婦たち、そして兵士たちの悲しみを描こうとしている。弱い市井の人間に大きな状況を変える力はない。ただ与えられた状況のなかで懸命に生きるしかない。映画に出来ることは、彼らが生きたことを忘れずにいることだ。一九六六年生まれのニウ・チェンザー監督は、困難な時代を生きた親の世代にこの映画を捧げている。

（2018年6月上旬号）

中国現代史のなかの青春
――フォン・シャオガン監督「芳華 -Youth-」

国家が強大な力を持つ中国では個人は国家の運命に左右される。国家の運命を変える力は個人にはない。ただ激流のなかで懸命に生きるしかない。

「戦場のレクイエム」(07年)「唐山大地震」(10年)のフォン・シャオガン監督の新作「芳華 -Youth-」(17年)は国家が大きく揺れる時代に青春を送った若者たちを描いた感動作。

文化大革命から毛沢東の死、四人組の失脚、中越戦争、そして改革・開放の時代へ。いわば中国社会が〝毛沢東からコカ・コーラへ〟と激変してゆく時代を背景にしている。

軍の歌劇団である文芸工作団(文工団)の若者たちが主人公になる。文工団はジャ・ジャンクー監督の「プラットホーム」(00年)でも描かれていたが、歌と踊りで兵士たちを慰め、また鼓舞するのが仕事になる。

美しい若い女性たちが、赤旗や銃を持ち、踊り歌う。毛沢東思想を称える。レーニンやマルクスの写真の下で、女性たちが西洋のバレエのようにしなやかに踊る。

無論、彼らは無理をしているわけではない。心から国家を信じ、国家のために歌い踊ることを誇りに思っている。

監督のフォン・シャオガン（一九五八年生まれ）自身、若い頃、文工団に入ることが出来た時、周囲から羨ましがられたという。選ばれた若者たちの集団だった。

軍事教練に明け暮れ、戦争があれば戦場に送られる通常の兵士から見れば、文工団（女性と男性の集団）の若者たちは、華やかで羨ましく思えただろう。なかに党幹部の娘がいるが、優先的に入団出来たようだ。

文工団にはオーケストラもある。ヴァイオリン、チェロ、トランペット、アコーディオン。〝赤いオーケストラ〟である。小さな場面だが、チェロの女性が宿舎で一人、バッハの「無伴奏チェロ組曲」を弾くのは驚く。そういう自由はあったらしい。

基本は群像劇だが、物語の中心になるのは新しく入団してきた少女シャオピン（ミャオ・ミャオ。可愛い！）と、模範兵で汚れた仕事を率先して引受ける若者リウ・フォン（ホアン・シュアン）。この二人の二十年を超える苦難にみちた生が語られてゆく。

シャオピンという少女の父親は、文革の時代、反動分子とみなされ、労働改造所に入れられた。母親は離婚、再婚し、娘に別姓を名乗らせた。それでもシャオピンは子どもの頃に別れたきりの実父をいまでもひそかに慕っている。また団のプリマドンナというべきシャオ・スイツ（チョン・チューシー。きれい！）の父親も反動分子とされ、捕えられている。

一見、華やかに見える文工団にも文革の暗い影が落ちている。国家権力が強大な中国では個人の力は弱い。シャオ・スイツの父親は四人組の逮捕のあと、なんとか名誉が回復され、釈放されるが、シャオピンの父親は釈放されないまま病死してしまう。文化大革命の熱狂が残した傷がいかに大きかったかがうかがえる。

軍によって選ばれた若者たちだから国家への忠誠心は強い。しかし、思春期にある彼らは次第に自我が強くなってゆく。「私」が「公」と衝突するようになる。

とくに恋愛の目ざめがある。それまで、いわば自分を殺して生きてきた若者たちが、恋を知ることによって「公」とぶつかる。そのきっかけになるのが、テレサ・テンの歌というのが興味深い。若者のひとりがひそかに香港あたりでこの台湾出身の歌姫のカセットテープを手に入れてきて、仲間たちとこっそりと聴く。ジャ・ジャンクーの「プラットホーム」にも文工団の若者たちがテレサ・テンを聴く場面があったが、それまで自分を殺して生きてきた若者たちは、テレサ・テンの歌う恋の歌を聴いて「恋をしていいんだ!」とカルチャー・ショックを受けたことだろう。いわば改革・開放の時代はテレサ・テンから始まった。

一九七九年、中越戦争が始まる。ベトナム戦争の時は共に戦った中国とベトナムが敵対してしまう。ベトナム反戦運動に参加した世代にとっては衝撃だった。文工団の若者たちはこの戦争の是非を問う余裕はない。国家が戦争を始めたら、国民はそれに従うしかない。

戦場に駆り出された模範兵のリウ・フォンは仲間を助け、自らは重傷を負い、右腕を失なう。従軍看護婦として最前線で働くことになったシャオピンは、そこであまりに悲惨な光景を見たために精神を病んでしまう。

中国のこの世代にとって中越戦争がいかに重大な体験だったかがわかる。ちょうどアメリカの六〇年代世代にとってベトナム戦争が大きな傷になったように。

一九七九年、鄧小平が実権を握ると中国は改革・開放へと大きく舵を切る。毛沢東時代に別れを告げる。町には毛沢東の写真にかわってコカ・コーラの看板が登場する。新しい時代が確実に始まっている。

一九八〇年、文工団は役目を終え、解散することになる。仲間たちは最後の夜、酒をくみかわし、別れの歌を歌い、泣きながら抱き合い、そして文工団を去ってゆく。苦労を共にした仲間たちと別れてゆく。完全に「革命」の時代が終り、「理想」より「現実」「カネ」の新しい時代が始まってゆく。

プリマドンナのシャオ・スイツはその後、作家として立つ。この映画は、作家となった彼女が、文工団での青春を回想するという形を取っている。世の中は確かに豊かで、平和になった。しかし、どこか、かつて夢見た「理想」の社会とは違う。美しかった歌手がいまでは別人のように太ってしまった。男は金儲けに走る。自分たちはこんな現在のために苦労したのか。作家になったシャオ・スイツの思いは苦い。

そんな彼女がいま思い出すのは、戦争で右腕を失なったリウ・フォンと、精神を病んだシャオピンのこと。二人はその後、再会し、一緒に暮らすようになった。彼らの暮らしは、他の仲間に比べれば貧しいかもしれない。しかし、戦争で深い傷を負った二人だけが、あの頃と変っていないのではないか。映画は二人が抱き合う姿で終ってゆく。「理想」を失うまいというように。

（2019年3月上旬号）

素晴らしい韓国映画「はちどり」のこと

この映画の中学二年生（十四歳）の女の子、ウニはいつも黄色いベネトンのリュックを背負っている。あのなかには何が入っているのだろう。大人には言えない、悩みや悲しみが詰まっているのだろうか。

韓国映画「はちどり」は、大人に判ってもらえない子どものつらい気持を静かに描いていて深い感動がある。いつも我慢しているようなきりっとした顔をしたウニ（パク・ジフ）は、「冬の小鳥」（09年、ウニー・ルコント監督）の、孤児となった九歳の女の子を思い出させる。キム・ボラ監督（一九八一年生まれ）の少女時代が反映されているという。

一九九四年のソウルを舞台にしている。八八年にオリンピックを成功させた町はその後も、経済発展を続けている。

ウニの家族は、両親と高校生の姉と兄の五人暮らし。団地で暮らす。両親は近くの商店街で小さな餅屋を開いている。中流の家庭といっていいだろう。ただ、父親は教育、しつけに厳しい。男性優位の社会にあって、家族の中心にいる。兄もその父親に倣《なら》うかのように妹に暴力を振るう。

母親は仕事と家事に追われているのだろう、なかなかウニの相手をしてやれない。冒頭、彼女が学校から団地の家に戻ってくる。ドアが閉まっていて「お母さん」と繰返し呼んでも答えがない（階を間違えていたと分かる）。この場面は、彼女が、いちばん頼りにしたい母親とうまくコミュニケーションが取れていない孤立をよくあらわしている。

「お母さん」と呼びかけて返事がない場面は、あとでもう一度、繰返される。


十四歳の女の子にとって世界は家庭と学校しかない。その家庭がまず、冷えてしまっている。学校もひどい。教師は受験のことしか頭にない。信じ難いことだが、生徒に用紙を配り、「クラスのなかにいる不良と思われる者の名前を二名書け」と迫る。いわば密告のすすめ。恋愛するのも、カラオケに行くのも「不良」だという。

こんな先生では、ウニが軽蔑するのも当たり前だろう。家にも学校にも居場所のない子どもはどこに行ったらいいのか。

この映画は、ウニが体験する日常のひとつひとつをエピソードとして積み重ねることで物語を進めてゆく。決してドラマチックな作り方はしていない。

喜怒哀楽の表現が大仰になりがちな韓国映画にあって、この映画は極力、それを避け、静かな作り方をしている。ウニという女の子は、大人に対して、もう諦めているのか、反抗したり怒ったりしない。リュックのなかに詰め込むように、怒りや悲しみを内にしまいこむ。いきおい無口な子どもになってゆく。

彼女は学校とは別に町の漢文塾に通っている。娘を塾に通わせているというのは、両親が教育熱心であるからだろう。決して威圧的なだけの悪い親ではない。

親の世代は、まだ韓国社会が豊かではなかった頃の人間だから、自分が望むような、いい教育を受けられなかった。だから、子どもたちは、なんとしても大学にやりたいと願っている。「大学に行ったら誰にも馬鹿にされない。キャンパスを本を持って歩ける」と娘に言う、自分の夢を娘に託す母親の気持には、切ないものがある。

この両親は、三人の子どもをなんとか幸福にしてやりたいと思いながら小さな餅屋を二人で切りまわしてきたのだろう。決して子どもをないがしろにしているわけではない。ただ、十四歳の女の子には両親の苦労はなかなか理解しにくい。彼女にはいま「世俗的な成功」より「心の問題」のほうが大事なのだから。

そんな彼女の前に、はじめて自分の「心の問題」にきちんと向き合ってくれる大人の女性が現われる。ある日、漢文塾に行くといつもの冴えない男性教師にかわって、若い女性の教師がいる。エリート校、ソウル大学に行っていて休学中だという。詳しくは説明されていないが、民主化後の学生運動に悩んだために休学しているのかもしれない。

ウニがこのヨンジ先生に惹かれるのは、最初の授業で、黒板に「相識満天下　知心能幾人」と書いてその意味を教えてくれたから。「たくさんの顔見知りのなかで、その心まで分かっている人が何人いるだろうか」という意味だという。

家庭でも学校でも孤立していたウニにとって、この言葉（禅語だという）はまさに彼女自身のものだった。

ヨンジ先生は、それまでの学校の先生と違って「受験」ではなく、ウニには大事な「心の問題」を語ってくれた。ウニは、はじめて尊敬出来る大人に出会った！

子どもは、尊敬出来ない大人には、決して、大事な心の問題を打明けたりはしない。むしろ大人を拒絶する。無口だったウニの表情がヨンジ先生に出会ったことで少しずつ和らいでくる。いままで見せなかった笑顔を見せるようになる。この先生になら、自分の悩みを思い切って打明けることが出来るという安心感だろう。

ヨンジ先生を演じるキム・セビョクという若い女優が素晴らしい。知的で、人の悲しみを知る憂いがあり、野草のようにほっそりとしている。「サニー　永遠の仲間たち」（11年、カン・ヒョンチョル監督）に出演していたという。

この先生は、最初の授業でウニの〝リュックの中身〟に気づく。その悲しみ、怒りを甘受し、何とか守り、育てようと思う。いわば〝ライ麦畑のキャッチャー〟になる。


とてもいい場面がある。

ウニは、ある時、ジスクという親友に裏切られる。文房具屋で一緒に万引きをして店主に見つかった時、ジスクは自分だけが助かろうとした。

ショックを受けたウニは、仲違いをする。「あの子はもう親友ではない」。漢文塾でそういって泣くウニに、ヨンジ先生はウーロン茶をいれて力づける。

さらにいい場面が続く。友達を裏切ったことで来にくかったのだろう、しばらく塾を休んでいたジスクが久しぶりに教室に来る。さすがに、ばつが悪い。

この時、ヨンジ先生は二人にどう接するのか。

説教めいたことを言うのか。ジスクを叱るのか。違う。思いがけず、「歌を歌うね」といって、ひとり、歌を歌い出す。田舎から都会に出て来た若者が工場の仕事で旋盤か何かで指を切り落としてしまった。その痛み、悲しさを歌っている。それを聞いた二人が仲直りをするのはいうまでもない。

こんな先生（大人）なら、子どもたちも自分が抱え込んだ心の重荷を打明けたくなるだろう。おそらくこの先生は、何か政治問題に関わったことで他人には言えない苦しい試練を経験してきたのだろう。ある時、ウニが先生と別れる時、いったん別れたあと戻ってきて、「先生、大好き」と小さな身体で、ほっそりとした先生を抱きしめるところは胸が熱くなる。

最後、ヨンジ先生がどうなるのかを書くのはここでは控えるが、十四歳の女の子は、先生の悲しみを確実に受継ぐことになるのだろう。

（2020年4月下旬号）

中国・香港合作映画「少年の君」のこと

〝We are in the gutter, but some of us are looking at the stars.〟（「ドブに住んでいても星空を見つめる者はいる」）。大学受験を控えた女の子は英語の勉強をしながら、そんな英文（オスカー・ワイルドの『ウィンダミア卿夫人の扇』）を書く。

中国の地方都市に住む女の子チェン（周冬雨《チョウ・ドンユイ》）と、ストリート・チルドレンとして生きる男の子シャオベイ（易烊千璽《イー・ヤンチェンシー》）のういういしく、切ないラブストーリー。

まさに「ドブ」のような社会の片隅に生きる二人がなんとか「星空」を見つめようとする。そのけなげな姿には素直に感動する。中国と香港の合作映画「少年の君」（19年）。

チェンは勉強は出来るが大人しい、地味な女の子。いつも一人でいる。外の雑音が入らないようにイヤホンで英語のヒアリングの勉強をしている。ほとんど笑顔を見せない。

ある時、同じクラスの女の子が学内で飛び降り自殺をする。いつもいじめに遭っていた。生徒たちが興味本位でその遺体にスマホのカメラを向けるのを見てチェンは彼女をかばうようにその遺体に上着をかける。いじめに遭っていたその子に何もしてやれなかった後悔もあっただろう。

しかし、チェンの行為は学内で目立ってしまったから、たちまちいじめる女の子三人組の次の標的にされてしまう。そのいじめは陰湿で執拗。いじめを楽しんでいる。どこの国でも学校内のいじめのひどさは変わらない。

チェンの家は貧しい。両親は離婚したのか、母親と二人で狭いアパートで暮らしている。母親は生活のため出稼ぎに行っている。何やらあやしげな化粧品を売っている。それがばれて客にどなりこまれたり、「詐欺師」と書かれた顔写真入りのビラを貼られたりする。

貧しい母親はなんとか娘に大学に入ってもらいたい。娘も、母のためにも北京の大学に入りたい。貧しい暮らしのなかで大学受験は必死の希望になっている。

この映画の背景には、中国社会の過熱した学歴尊重がある。日本でも毎年のようにニュースになる全国統一大学入学試験（＝高考《ガオカオ》）に合格し、いい大学に入ることが若者の将来を大きく左右する。だから本人だけではなく、親も、教師も必死になる。教師は生徒に「必勝、必勝」とまるでスポーツ競技のように煽り立てる。生徒も拳を挙げ「頑張ろう」と唱和する。競争社会の異様な光景である。

チェンは、その進学校のなかでいつもいい成績を挙げている。母親との「ドブ」のような暮らしから脱出したいという思いもさることながら、貧しい家の子どもであるチェンにとって受験は貧富の差とは関係なく、平等に与えられたチャンスだから。勉強が出来る者が勝つ。公平である。だからチェンは、休み時間も懸命に勉強する。

もっとも、日本の例を見ても分かるように、受験の競争が激しくなれば、どうしても金持の子どものほうが有利になるから、受験は公平といえるのは、ある段階までのことかもしれない。格差社会がやがてはもうひとつの格差社会を生んでゆく。

ある時、チェンは学校の帰り、偶然、一人の少年が何人かに暴行を受けているのを見てとっさに助けに入る。なるべく面倒なことには関わるまいとしていた彼女が、思わず少年を助けようとしたのは、やはり、自殺した同級生に何もしてやれなかった悔いが残っていたからだろうか。

これがきっかけになってチェンはシャオベイという少年と親しくなってゆく。

少年はストリート・チルドレン。掘立小屋のようなところで一人で暮らしている。

金持の女の子をリーダーとする三人組のいじめはエスカレートしてゆく。いじめはひどくなるのが普通で、無抵抗な子どもに対する歯止めがきかなくなってくる。

ある時は、家に帰るチェンを待ち伏せして暴力を振るう。必死に逃げるチェンが、ゴミ箱に隠れてなんとかやり過ごすところは、猛獣に追われた小兎のようで痛々しい。まさにチェンは「ドブ」のなかにいる。

少年はいじめられているチェンを「守る」ためボディガードになる。下校するチェンのあとを守るように歩いてゆく。チェンは、はじめは住む世界が違う人間だと距離を置くが、次第に少年のナイーヴさに気づいてゆく。チェンが書いた「ドブに住んでいても星空を見つめる者はいる」を読んで少年は「甘いな」とシニカルに言ったりはするが、決してそれは本音ではないことを感じ取る。

ある時、兄貴分に殴られたらしい少年が傷ついて掘立小屋に戻ってくる。心配したチェンが「痛くない？」と聞くと、少年は傷をかばいながらいう。「自分のことを心配してくれる人間ははじめてだ」。

少年は問わず語りに、ぽつりぽつりと身の上話をする。子どもの頃、父親は家族を捨てて家を出ていってしまった。しばらく母親と暮らしていたが、その母親も子どもが邪魔になってしまった。

チェンは、この少年も「ドブに住んでいても星を見つめる者」だと確信する。

二人が夜の道をバイクで走る場面もいい。少年が運転し、チェンがうしろに乗る。走っているあいだ、世界には二人しかいない。二人にとって束の間の幸せの時だろう。

一方で、いじめっ子は相変わらずいやがらせを続ける。ある夜、しつこくつきまとうリーダーの子を、石段の上で振り払うと、ころげ落ちて頭を打ったらしく死んでしまう。

大事な受験を前に大変なことになった。

その先を書くのは、ここでは控えよう。ただ、この事件で少年と少女の純愛がいっそう強まってゆくのは確かだ。

少女はその後、成長して英語塾の先生になる。そこでwasとused to beの違いについて説明する。両方とも過去をあらわしているが〝used to be〟には、「いまはもう違う」「失われた」という意味がある、と。

あの、自分を守ってくれた少年と共に過ごした失われた幸福の時を思い出しているのだろう。

チェンを演じるチョウ・ドンユイはチャン・イーモウ監督の「サンザシの樹の下で」(10年)のヒロインで知られる。中国では「十三億人のヒロイン」として人気があるという。若き日のアグネス・チャンのようで可愛い。いじめっ子に髪を切られ、そのあと、いっそと思い切って坊主頭にしてしまうのには驚く。

少年役のイー・ヤンチェンシーも中国では国民的アイドル。好漢。

監督は香港生まれのデレク・ツァン。「インファナル・アフェア」(02年)で知られるエリック・ツァンの息子という。

(2021年7月上旬号)

台湾映画「親愛なる君へ」のこと

台湾からまた見ごたえのある映画がやってきた。「シーディンの夏」（01年）「一年之初」（06年）「ヤンヤン」（09年）「太陽の子」（15年）で知られるチェン・ヨウジエ（鄭有傑）監督の「親愛なる君へ」。二〇二〇年の台湾のアカデミー賞といわれる金馬奨で三部門（主演男優賞、助演女優賞、オリジナル音楽賞）を受賞している。

台湾はジェンダー平等が進んでいて二〇一九年には同性婚も合法化されている。しかし、ことはそう簡単ではない。同性婚で問題になるのは、子どもの存在だろう。当然、養子になるが、相続などでトラブルが生じやすくなる。物語の時代設定は、同性婚が認められる前の二〇一一年ころ。

主人公のリン・ジエンイー（林健一、日本でも人気のあるモー・ズーイー〈莫子儀〉）には、パートナーがいたが、山の事故で死んでしまう。パートナーは、以前、女性と結婚していて九歳の子どもがいる。妻は彼がゲイと分かって子どもを残して家を出た。これがことを複雑にする。

パートナーが事故死したあと、ジエンイーは、彼の子どもと、彼の年老いた母親（台湾の国民的女優、チェン・シューファン〈陳淑芳〉）の世話をすることになる。血のつながらない子どもと母親との暮らしが始まる。

ここで問題になるのは三人が住む家。港町、基隆《キールン》の港の見える古い家で、実はジエンイーの家ではなく、パートナーの母親の持ち家。ジエンイーは間借人ということになる（原題は「親愛的房客」＝Dear Tenant）。

もし、彼が女性、つまり死んだパートナーの妻だったら、夫の死後、その子どもと母親と共に、母親の持ち家に住むことは決して不自然なことではない。しかし、ゲイだったためにどうしても問題が生じてしまう。世間の目が厳しくなる。パートナーの親族が、間借人《テナント》のくせに、家の主人のように振舞うのを面白く思わない。パートナーの死後、家を自分のものにしようとしている、とあらぬ疑いをかけられる。そこからドラマが始まってゆく。

パートナーの母親は腎臓が悪いようで、寝たきり。ジエンイーは献身的に家で看病する。しかし、看病の甲斐なく母親は死んでしまう。この死をパートナーの弟、つまり母親の息子（上海で事業をしているらしい）が問題にする。

ジエンイーが、母親の家を乗っ取りたくて薬物を使って殺したのではないか。母親は遺言で家を孫に譲るとしていた。その孫は、ジエンイーの養子になっている（それは法的に認められている）。とすると、子どもの父親であるジエンイーが、家を実質的に自分のものに出来る。そう疑った弟は、ジエンイーを警察に訴える。彼がゲイであるために、ことは大きくなる。

刑事たちは、はじめから彼を罪人扱いする。ジエンイーは町のアートスクールで子どもたちにピアノを教えているが、その職場にも刑事が押しかけるので居づらくなってしまう。

いくらジェンダー平等に向かう社会といっても、現実には差別が強くある。ゲイのカップルがダウン症の男の子を養子にしようとしても、法律でそれが認められない悲劇を描いたアメリカ映画「チョコレートドーナツ」（12年、トラヴィス・ファイン監督）を思い出させる。あの映画は一九七〇年代の物語だったが、現在、どれだけ改善されているか。

ジエンイーには不利な証拠が出てくる。パートナーを失って寂しかったのだろう、出会い系アプリで知り合ったゲイの若者と付き合ったことが警察に分かってしまう。この若者はひそかに違法ドラッグを売っていて、ジエンイーが彼から、病気の母親の痛みを和らげるためにその薬を買っていた事実も明らかになる。

追いつめられたジエンイーは、罪を認めて受け入れてしまう。しかし……事実は、当然、そんなはずはない。なぜ、彼は弁解することをやめ、罪を受け入れたのか。

この映画は、ミステリーの趣きもあり、現在の時間のところどころで過去の回想場面が差し込まれてゆく。

ジエンイーがパートナーと二人で山登りに行き、パートナーが高山病になってしまったこと。その時、ジエンイーはパートナーに重大な告白をする。

あるいは、ジエンイーが、苦しむ母親のためにドラッグを密売するゲイの若者から劇薬を買ったこと。そしてその薬を……。

この物語では、子どもの役割が大きい。九歳になる男の子はまだゲイのことをよく理解していない。しかし、自分に優しくしてくれるジエンイーを「パパ二世」と呼んで慕う。そして、ジエンイーが作曲した、空を自由に飛ぶ鳥に思いを託した歌が、二人をつないでゆく。ゲイが何であるかを知らない子どものほうが、ジェンダーを超えて人間としての価値をいちばんよく知っている。

主演のモー・ズーイー（一九八一年生まれ）は、ソフトで誠実な青年に合っている。日本の西島秀俊を思わせる。ジエンイーの部屋にパティ・スミスの写真が貼ってあるのも好ましい。

前述したようにチェン・ヨウジエはレカル・スミと共に監督した「太陽の子」で知られる。

「太陽の子」は、台湾の先住民族の女性が台北でのテレビ局の仕事を捨て、故郷の東海岸、花蓮《ファリエン》で、先住民による伝統的な農業を守るために開発業者と戦ってゆく物語。

日本では二〇一六年に、台湾を愛するジャーナリスト、野嶋剛氏によって自主上映の形で公開され、好評を博した。

台湾好きの一人として、上映会に駆けつけたが、美しい田園を破壊しようとするブルドーザーの前に立ちふさがる女の子の姿は忘れられない。チェン・ヨウジエ監督は、先住民族、ゲイの青年、とマイノリティに愛情を注いでいることが分かる。

台湾の映画をもう一本紹介したい。

「熱帯魚」（95年）「祝宴！　シェフ」（13年）で知られるチェン・ユーシュン（陳玉勲）監督の愛すべき恋愛コメディ「1秒先の彼女」（20年）。金馬奨で作品賞、監督賞など五部門を受賞している。

町の郵便局で働く女の子（李霈瑜《リー・ペイユー》）と、バスの運転手（劉冠廷《リウ・グァンティン》）とのちぐはぐな恋をユーモラスに描いている。この映画、前半は女の子の視点で、後半は男の視点で描かれているのが新味。前半は郵便局に毎日のように手紙を出しにくる変わり者と思われている男が、後半は主人公になって、手紙の謎が明らかになってゆく。

一本の映画の途中で視点が替わる。前例がある。私などの世代には懐かしいフランス映画「バラ色の人生」（48年、ジャン・フォーレ監督）。田舎の学校の先生（ルイ・サルー）が主人公。前半は彼の視点で、美しい女性に愛される幸せが描かれるが、後半、客観的な視点になるとそれが逆転する。幸い「1秒先の彼女」のほうは、うららかな最後が待っている。

（2021年7月下旬号）

第十三章

アイデンティティはどこから来るのか

ドゥニ・ヴィルヌーヴ監督
「ブレードランナー２０４９」のこと

「アイデンティティ」とは、しばしば「自己同一性」と訳される。平たくいえば「自分が自分であるということの意識」。

その意識はどこから来るのか。記憶である。幼ない頃の記憶、子どもの頃の記憶が、大人になった現在としっかりつながっている。その連続性が「自分が自分である」という意識を作り上げる。子どもの自分と現在の自分が同じ人間と思えることで、ひとは安心して現在を生きてゆくことが出来る。

しかし、この連続性が切断されたらどうなるのか。自分は自分であるのか。寺山修司は「記憶の編集」にこだわった。子ども時代の記憶を作り換える。自分に自分でウソをつく。そのことで現在の自分を別物にする。

ドゥニ・ヴィルヌーヴ監督の「ブレードランナー 2049」は、自分が自分であることのもとにある記憶がゆらいでしまった男の物語である。ライアン・ゴズリング演じるブレードランナーの「K」は、自分が何者なのか、確信を持っていない。現在の自分が、子ども時代の記録とうまくつながっていないから。

だから、「K」（カフカだ）は、子ども時代に帰ろうとする。子どもの頃の記憶を呼び起こそうとする。通常の物語なら、主人公は無事に過去の自分に行きあたるのだが、「K」は記憶への旅を続けるほど混乱してくる。二〇四九年の世界では、自分の記憶ですら「編集」されてしまうのだから。「K」は、自分が本当は誰なのか分からないままに、ディストピアの世界をさまよい歩かなければならない。自分を求めるオデュッセイアを続けなければならない。

子ども時代の記憶のなかにしばしば現われるのは、玩具の木馬。あれを手がかりにすれば自分が何者か分かるのではないか。言うまでもなく、この木馬はオーソン・ウェルズ「市民ケーン」（41年）のバラのつぼみを描いたそりに対応している。

ただ、「市民ケーン」の場面は、そりを探り当てることで、過去と幸福につながったが、二〇四九年の荒廃した都市を彷徨する「K」にはついにその幸福は訪れない。

木馬の記憶は確かによみがえるが、その記憶は本当に自分のものなのか。それとも、何者かによって作られ、編集され、体内に埋めこまれた、もうひとつの記憶なのか。

「K」は、自分の過去、記憶のおおもとを求めて戦い続ける。そして、まるで出生の秘密を解き明かそうとするように、「ブレードランナー」（82年）のハリソン・フォード演じるデッカードにたどり着く。ちょうどキューブリック「2001年宇宙の旅」（68年）のボーマン船長（ケア・ダレー）が、長い、神秘的な宇宙の旅の果てに神の部屋にたどり着いたように。

老いたハリソン・フォードは世捨て人のように異空間に暮らしている。そこは復元された一九五〇年代のイコンにみたされている。プレスリー、シナトラ、モンロー、リベラーチェ。しかし、この五〇年代のノスタルジーも決してリアルではなく、ホログラフィのようにはかなく、淡い。とすれば、デッカードにとっての五〇年代のイコンもまた、「K」にとっての木馬と同じように、記憶の根拠にならない幻なのか。

ジュークボックスというアメリカの五〇年代を象徴する音楽機械（日本では五〇年代当時まだ普及していなかった）のなかに水中花のように立ちあがるシナトラやプレスリーが美しいのは、それが記憶の不確かさをあらわしているからだろう。

若いライアン・ゴズリングが、異界へと消えたハリソン・フォードの行方を追う。言うまでもなく、この物語形式はコッポラの「地獄の黙示録」（79年）で、マーティン・シーンがジャングルの闇の奥へと消えたマーロン・ブランドを探し求める旅を受け継いでいる。

そして、よく知られているように「地獄の黙示録」は、異界に消えた同胞を見つけ出すという主題のジョン・フォード監督「捜索者」(56年)を継いでいる。

「ブレードランナー 2049」には三本の関連短篇がある。そのうちの一本「2048：ノーウェア・トゥ・ラン」(ルーク・スコット監督)にグレアム・グリーンの逃げる司祭の物語『権力と栄光』が出てくる。これを映画にしたのがジョン・フォード監督、ヘンリー・フォンダ主演の「逃亡者」(47年)。

とすれば、「ブレードランナー 2049」が、「市民ケーン」から「捜索者」、そして「地獄の黙示録」を意識していることは明らかだろう。

カナダの監督のドゥニ・ヴィルヌーヴの名前を初めて知ったのは、二〇一二年に日本公開された「灼熱の魂」でだった。

「ギリシャ悲劇のよう」といえばあまりに平凡になってしまうが、一九七〇年代のレバノンの内戦に想を得たこの映画には驚嘆した。名が明示されていない中東のある国で、キリスト教徒とイスラム教徒の戦いに巻き込まれた女性の数奇な、過酷な運命をたどっている。

現在はカナダに住むその女性が、突然、亡くなり、若い娘と息子が、母親の過去を知ろうと中東を旅する。そこで、思いもよらない自分たちの出生の秘密を知る。いまにして思えば、「ブレードランナー 2049」につながる「アイデンティティ」の物語だった。

衝撃を受けた。公開に先立って来日したヴィルヌーヴ監督に、配給会社アルバトロスの好意でインタヴューすることが出来た。

一九六七年、カナダのケベック生まれ。当時、四十四歳。質問に実に丁寧に、真摯に答えてくれた。

そのなかで、ヴィルヌーヴはこう語った。いままでで見た映画で、いちばん感動したのは「地獄の黙示録」だ。気がついたか。「灼熱の魂」にはコッポラへのオマージュが一場面ある。ファーストシーン。ヤシの木が一本映るだろう。あれは「地獄の黙示録」の冒頭を意識している。「灼熱の魂」は、そのあと、子どもたちが髪を刈られる異様なシーンに続く。彼らはイスラムの戦士に育てられてゆくことが分かる。そして、驚くのは、髪を刈られた子どもの一人が、普通の映画文法では禁じられているのに、カメラのほう、つまり、観客のほうをじっと凝視する。これには、戦慄した。

「ブレードランナー　２０４９」のなかで多数の子どもたちが坊主頭で暗い労働に従事させられている姿には、「灼熱の魂」のあの**こちら**を見つめる子どもを思い出させる迫力があった。

「ブレードランナー　２０４９」は、日本橋の映画館で見た。冒頭、コロムビア映画の女神像の画像がちらちらとゆらぐ、はじめ、映写機の故障かと思った。そうではなかった。ヴィルヌーヴは、冒頭から、この映画は、アイデンティティのゆらぎの映画だと明示していた。


（２０１８年１月上旬号）

西川美和監督「すばらしき世界」のこと

完全な悪人はめったにいないし、完全な善人も少ない。多くの人間は悪と善とのあいだを揺れながら生きている。黒と白の重なるグレイゾーンにいる。

西川美和監督の「すばらしき世界」（21年）は、この善と悪の揺れをとらえようとする意欲作で見ごたえがある。

『復讐するは我にあり』で知られるノンフィクション作家、佐木隆三の『身分帳』（講談社、一九九三年）にもとづいている。

役所広司演じる主人公の三上は冒頭、旭川刑務所を出る時、身体検査を受ける。服を脱ぐと左腕から胸にかけて刺青をしていることが分かる。若い頃からやくざな暮らしをし、何度も刑務所に入った。

十三年前には若いやくざを日本刀で斬り殺した。そんな刑務所暮らしの長い男が、ようやく出所する。東京に着くと、身元引受人の弁護士夫婦（橋爪功、梶芽衣子）に温かく迎えられ、すき焼きを振舞われる。と、突然、顔を手でおおって嗚咽《おえつ》する。人の情がうれしかったからだろうが、刺青を見た観客は、その突然の涙に驚く。最初の「揺れ」である。人を殺した刺青のある男が、人の優しさに触れて泣くとは。

やくざならもっとふてぶてしくてもいいと思うが、この男は弁護士夫婦の前でこらえきれずに男泣きする。十三年にも及ぶ刑務所暮らしで牙を抜かれたのか。あるいは涙によってそれまでの過去を忘れようとしているのか。

ともかく刺青のある男の、この涙は異様であり、不吉でもある。ここで泣いて、これからのシャバの暮らしがうまくゆくのか。

出所した三上は殺人犯と思えぬほど礼儀正しく、大人しい。弁護士が用意してくれた安アパートにいわれるままに落ち着く。刑務所時代に覚えたミシンの技術で弁護士の奥さんにバッグを作る。ケースワーカー（北村有起哉）の言うこともよく聞く。そもそも刑務所でも刑務官に逆らうことはなかった。今村昌平監督「うなぎ」（97年）の刑務所に入った役所広司がそうだったように、直立不動の姿勢で歩く。

社会復帰するために自分を殺しているのか。刑務所には二度と戻りたくないからなんとか世間に合わせようとしているのか。

しかし、すぐに「揺れ」が起こる。アパートで暮らす外国人労働者たちのゴミ出しが悪いと注意しにいった時、からんできた日本人のワルと喧嘩になる。喧嘩慣れした三上が凄むと相手は震えて逃げ出す。大人しく見えた男の血が騒いだ。刺青が吼《ほ》えた。悪の正体が顔を出したというのではあるまい。この男にとっては悪も善も同じである。同じ線の上の両極にあり、彼は両端を揺れ動く。涙を流した男も、怒鳴る男も同じ人間である。涙も怒りも、同じ感情の爆発である。

西川美和は、この善悪の間で揺れ動く主人公を、ちょうど彼を取材することになったテレビのスタッフ（長澤まさみ、仲野太賀）がカメラを向けるように観察する。正体の分からない動物を観察するように冷静にとらえてゆく。

三上はなんとか小市民生活に復帰しようと努力する。しかし、秤《はかり》が突然、悪のほうにはねかえる。涙と怒りが同居しているから、自分で感情をうまくコントロール出来ない。

名優は善と悪の両方を演じることが出来る。三國連太郎、仲代達矢、緒形拳。彼らは善良な市民を演じたあとに、自然に犯罪者や悪党を演じることが出来る。役所広司もいまその名優の仲間入りをしている。

三上が夜の道で町のワルたちと喧嘩する場面が凄まじい。騒ぐ血をもう抑えられないのだろう、彼は必要以上にワルたちを痛めつける。以前、若いやくざを日本刀で何度も斬りつけて殺したという狂気がよみがえっている。カメラを向けていた仲野太賀演じる津乃田が怖くなって逃げ出すのも分かる。

三上は、子どもの頃、親に捨てられて養護施設で育ったという過去を持っている。とくに母親に捨てられたことが傷になっているらしい。津乃田は、そのトラウマを三上の悪の原因と考えようとするのだが、ことはそう簡単ではない。

三上が津乃田に連れられ、育った養護施設に行き、子どもたちとサッカーをする微笑ましい場面がある。と、三上は、突然、子どもたちの前で、あたりをはばからず泣き出す。冒頭の弁護士の家での涙と同じく、ここでの涙も異様で、そして不吉である。

三上は、母親に再会出来なかった悲しみから泣いているのか。不幸だった子ども時代を思い出して泣いているのか。そう単純なことではないだろう。彼の身体には、いまも大きく刺青が残っていることを忘れてはならない。

この男にとっては、涙と怒りはほとんど紙一重である。涙を流したあとには、怒りにどう決着をつければいいのか。

三上は、ケースワーカーの紹介で介護施設で働くことになる。元殺人犯がシャバに戻っても満足に働ける仕事場などそうはないだろう。やくざは強者だったが、元やくざは弱者になってしまう。だから、ようやく仕事を得た三上を、弁護士や、同じ福岡県出身で気が合う近くのスーパーの店長（六角精児）は喜ぶ。三上も彼らの期待に応えたいと思う。

ちなみに元殺人犯の出所といえば、すぐに山田洋次監督の「幸福の黄色いハンカチ」(77年)を思い出すが、この映画は、あの映画のように善意では作られていない。善の秤はいつ悪に揺れるか分からない。この映画は「幸福の黄色いハンカチ」が終わったところから始まっている。

三上は、介護施設で働き始める。しかし、善意の場所でも、陰湿ないじめがあることを知る。少し知的障碍のある若者が働いている。この若者を他の介護士たちがいじめる。

それを知った三上は――。以前、町のワルたちと喧嘩をしたのは、彼らが通行人にからんでいるのを見て、怒りが爆発したからだった。三上の暴力はそれなりの正義感に裏付けられている。今度も、弱者をいじめる同僚たちに暴力を振るうか。

ここで、この映画でいちばんどきりとする場面がある。カメラは机の上に置かれた花の剪定鋏《せんていばさみ》をアップにする。三上はこの鋏で弱者を笑い者にしている同僚を刺すのではないか。観客は、不安にとらわれる。ここから先は詳しく書くのを避けるが、三上は善と悪の秤の揺れについに自分で耐えられなくなり、悲劇へと向かってゆく。

善と悪のグレイゾーンの先には善があるのか悪があるのか。それは誰にも分からない。

(2021年3月上旬号)

第十四章

昔の映画が懐しい

「シェイプ・オブ・ウォーター」と「大アマゾンの半魚人」のこと

二〇一八年のアカデミー賞作品賞を受賞したギレルモ・デル・トロ監督の「シェイプ・オブ・ウォーター」（17年）を見たら、年配の映画ファンは誰でもすぐ一九五四年のユニヴァーサル映画、ジャック・アーノルド監督の「大アマゾンの半魚人」を思い出すだろう。

日本でも同年に公開。アメリカでは3Dだったが、日本では普通の2D版。原題は〝Creature from the Black Lagoon《黒い沼》〟、だが、それを「半魚人」と訳したのが凄い。映画のなかでは〝Gill Man（エラ男）〟と呼ばれている。

「シェイプ…」のサリー・ホーキンス演じるヒロインが恋する両棲人間と、「大アマゾン…」の半魚人は姿形がそっくり。

「大アマゾン…」がアメリカでいかに愛されているかは、よく語られるようにビリー・ワイルダー監督の「七年目の浮気」（55年）で、マリリン・モンローがトム・イーウェルとニューヨークの映画館でこの映画を見たことでも分かる。

見終ったあとモンローは「あの怪獣《クリーチャー》、かわいそう。顔は怖いけど心は優しいわ」と感想を言う。モンローの優しさ。ちなみに「七年目の浮気」のモンローには役名はない。クレジットにはただザ・ガールとあるだけ。彼女もまた、どこか遠いところから来たストレンジャー。だから半魚人に同情出来たのだろう。

一九四七年生まれのスティーヴン・キングは評論集『死の舞踏《ダンス・マカーブル》　恐怖についての10章』（現在、ちくま文庫、安野玲訳）のなかで、子どもの頃に見た映画で記憶に残っている最初のものは「大アマゾンの半魚人」だと書いている。よほどインパクトが強かったに違いない。

この映画のなかで、いまも語り草になっている場面は、アマゾンの奥地への探検隊に加わった女性、ジュリア・アダムスが純白のワンピース水着で沼を泳ぐ姿を、半魚人が水の底からうっとりと眺めるところ。「異類婚」を思わせる美しいラブ・シーンになっている。

ジュリア・アダムスは当時のこと、ビキニではなくワンピースの水着を着ていたからこそ美しく見えた。ビキニだったら興醒めだろう。

「七年目の浮気」では、モンローが「大アマゾン…」を見たあと、スカートが地下鉄の風にあおられる、あまりに有名な場面へと続くのだが、あの時、モンローは純白のワンピースを着ている。私見では明らかに、モンローはジュリア・アダムスの白の水着を意識している。

手元に一九九二年にアメリカの小出版社（Magic Image Filmbooks）から出版された「大アマゾンの半魚人」本がある。シナリオに加え、半魚人を演じたベン・チャップマンへのインタビュー、メイキング、それにたくさんの写真が載っている。

白い水着姿のジュリア・アダムスを半魚人が横抱きにする写真は五〇年代のイコンとなった。「七年目の浮気」でも「大アマゾンの半魚人」を上映しているレキシントン街にあったトランス＝ラックス劇場には半魚人がジュリア・アダムスを横抱きにする大看板がある。

「大アマゾンの半魚人」はＤＶＤになっている（04年）。特典にジュリア・アダムスへのインタビューがある。八十歳に近いが美しいのに驚く。

「大アマゾンの半魚人」はロバート・アルドリッチ監督の快作「カリフォルニア・ドールズ」（81年）にも登場する。

二人の女子プロレスラー（ローレン・ランドン、ヴィッキー・フレデリック）が、マネージャーのピーター・フォークとアメリカ各地を転戦してゆく。

シンシナティに来た時、地元のプロモーターが、二人を泥んこ試合に出場させる。田んぼのようなリングで女性たちを闘わせる。当然彼女たちは泥だらけになる。男を喜ばせるための見世物。

地元のプロモーターはこう言う。「このチャンピオンは〝大アマゾンの半魚人〟だ。オレが名づけた」。泥だらけになる女性レスラーを半魚人になぞらえている。

二人のヒロインは泥んこ試合の屈辱に耐え、さらに旅を続ける。最後、ネバダ州リノでの壮絶な闘いのあと、みごとチャンピオンになるのだが、この時の二人の姿をご記憶だろうか。純白のレオタード。ジュリア・アダムスを思い出させる。


「シェイプ・オブ・ウォーター」では、サリー・ホーキンスと同じアパートに住む売れない老画家(リチャード・ジェンキンス)が、昔の映画好きで、テレビで放映される古き良き映画ばかり見ているのが面白い。

時代設定はケネディ大統領が暗殺される前年の一九六二年。この老画家はゲイで、世捨て人のような暮らしを強いられている。昔の映画だけが慰め。公民権運動のデモ隊を警官が弾圧しているニュースなど見たくなく、すぐにチャンネルを変えてしまう。

老画家が見るのは、シャーリー・テンプルと、タップの名手ビル・〝ボージャングルズ〟・ロビンソン。第二次世界大戦中、GIに大人気になり、ピンナップ・ガール第一号と愛されたベティ・グレイブル。さらに一九四三年の二十世紀フォックスのミュージカル・コメディ〝Hello, Frisco, Hello〟(日本未公開)で主題歌〝You'll Never Know〟を歌うアリス・フェイ。

「シェイプ…」では一九四三年にアカデミー賞主題歌賞を受賞したこの曲が何度も流れる。サリー・ホーキンスはこの曲に乗って彼と踊る場面を夢見る。

私などの世代ではアリス・フェイの歌う〝ユール・ネヴァー・ノウ〟は、マーチン・スコセッシ監督の日本公開第一作、エレン・バースティン主演の「アリスの恋」(74年)の冒頭で流れたのが記憶に残る。また、この映画では、アリスの子ども(アルフレッド・ルッター)がモーテルで留守番している時に見るテレビに、ベティ・グレイブルが映る。

老画家が見るテレビには、さらに奇妙奇天烈な格好で歌う女性歌手が映る(歌はクレジットによれば「チカ・チカ・ブーン・チック」)。

この歌手は四〇年代に人気があつたカルメン・ミランダ。ポルトガル生まれ。ブラジルに移って活躍したのちハリウッド入り。キンキラキンの派手なドレス、フルーツ・バスケットのような帽子、コミカルな化粧でアメリカの観客の度胆を抜き、〝Brazillian Bombshell(爆弾娘)〟、と呼ばれた。ウディ・アレンの四〇年代のブルックリンを舞台にした「ラジオ・デイズ」(87年)では、「僕」の年上の従姉妹(ジョイ・ニューマン)がカルメン・ミランダの大ファンで、ラジオから流れる彼女の歌う〝South American Way〟に合わせて歌い踊る。この曲はラストのクレジットにも流れる。ウディ・アレンもカルメン・ミランダのファンだったのだろう。

皆んな昔の映画が好き。そういえばデル・トロはアカデミー賞の監督賞受賞スピーチで、好きな昔の監督としてワイラー、キャプラとダグラス・サークの名を挙げていた。

「シェイプ…」は昔の映画が好きな老画家の回想のナレーションで始まり、そして締めくくられる。つまり物語全体が古き良き映画そのものになっている。

「シェイプ・オブ・ウォーター」ではサリー・ホーキンスが住むアパートの一階は映画館になっている。羨ましい環境。

目下、上映中の映画は、フォックスお得意の史劇、旧約聖書の「ルツ記」に材を取った「砂漠の女王」(60年、ヘンリー・コスター監督)。ルツという美しい女性(新人エラナ・エデン)が異民族の男性(スチュワート・ホイットマン)と結ばれる。一種の異類婚。サリー・ホーキンスはこの映画を見ていたので「不思議な生き物」に抵抗がなかったのかもしれない。

(2018年4月下旬号)

「張込み」のアヴァン・タイトルのこと、「リラの門」のジョルジュ・ブラッサンスのこと

長年の疑問が、思いがけず解けた。

アヴァン・タイトル。タイトル前のドラマ部分のこと。今日では、長いアヴァン・タイトルはもう珍しくはない。この手法はいつごろから始まったのか。

アヴァン・タイトルが長いので有名なのは松本清張原作、橋本忍脚本、野村芳太郎監督の「張込み」(58年。クレジットされていないが、山田洋次が助監督として就いている)。

冒頭、東京で起きた殺人事件を追う二人の刑事(宮口精二、大木実)が、犯人(田村高廣)の立ち回りそうな佐賀市に行くために、横浜駅から夜行列車に乗る。

そこから、東海道本線、山陽本線、鹿児島本線、長崎本線と乗り継ぎ、次の日の夜にようやく佐賀

市に着く。そこではじめて「張込み」とタイトルが出る。
二人の刑事の鉄道の旅を丁寧に描き、このアヴァン・タイトルはいまも鉄道好きに愛されている。タイトルが出るまで約十一分。こんな長いアヴァン・タイトルはそれまでなかった。昭和三十年代、東京から九州の佐賀まで、いかに遠かったかをよくあらわしている。

このアヴァン・タイトルの手法はどの映画から始まったのか。以前から、それが知りたかった。答えは身近なところにあった。

ある夜、いつものように就眠儀式で古い『キネマ旬報』を読んだ。この夜、選んだのは、昭和四十三年（一九六八）七月上旬夏の特別号。表紙はオードリー・ヘプバーン。「創刊50年記念特集第①号」と銘打たれている（編集長は白井佳夫氏）。

ぱらぱらページをめくっていると、松本清張と橋本忍の「特別対談」があるではないか。もしやと思って読んでゆくと、やはり、アヴァン・タイトルの話が出てくる（ただ、当時はこの言葉はまだ一般化していなかったので使われていない）。

松本清張が「（あの）スタイルは、橋本脚本の発明ですか」と聞くと、橋本忍がこう答えている。
「ロンメル将軍を主人公にしたアメリカ映画の『砂漠の鬼将軍』が最初でしょう。すごくいい調子だったものだから、ああいう方法もあるのか、と思った。しかし『張込み』のように、タイトル前に一巻回した、というのは世界でないんじゃないのかな」

「砂漠の鬼将軍」（51年、ヘンリー・ハサウェイ監督）はジェイムス・メイスンがドイツのロンメル将軍を演じ、日本でも話題になった。

そうか、この映画がアヴァン・タイトルの皮切りだったか。確かにDVDで確認すると、冒頭、イギリス軍の秘密部隊が北アフリカのドイツ軍の基地を襲撃する場面が五分ほど続き、それが終わるとようやくタイトル〝The Desert Fox〟と出る。

橋本忍は、この映画にアイデアを得たのか。長年の疑問が解消した。

久しぶりにフランスのシャンソン歌手ジョルジュ・ブラッサンスの歌を聴いた。セテラ・インターナショナルが配給し、ルネ・クレール監督生誕120周年記念で二〇一九年六月に再上映された「リラの門」（57年）。

パリの北東部、かつてパリの町を囲んでいた城壁にあった門のひとつ、リラの門（ポルト・デ・リラ）周辺の下町を舞台にしている。

庶民の住む安アパートや市場、酒場が並ぶ。この町に、ぐうたらで、のろまだが、いたって気のいい男、ピエール・ブラッスールと、「芸術家」と呼ばれる酒場歌手のジョルジュ・ブラッサンスが暮らしている。平穏な二人の暮らしに、ある日、殺人犯のアンリ・ヴィダルが逃げこんで来たことで波乱が起こる。

ブラッスールはたちまちこの殺人犯を英雄視してしまうが、ブラッサンスのほうは懐疑的。それでも「人を警察に売るのは趣味じゃない」と殺人犯を匿《かくま》うことになる。

ジョルジュ・ブラッサンスはアウトサイダーの魅力を持った、当時の人気歌手。ルネ・クレールのたっての依頼で映画初出演となった。「わが心の森には」「巴旦杏《アーモンド》」「酒《ワイン》」などをギターの弾き語りで歌う。のちのシンガー・ソングライターのはしりと言っていいだろう。

妙に感情を込めず、無表情でぶっきらぼうに歌うのが格好よかった。映画のなかでは、どこか孤高の芸術家で、それでいて猫を可愛がっているのが微笑ましい。

「リラの門」の日本公開は昭和三十二年（一九五七）。当時、フランス映画好きには、この映画と、そしてジョルジュ・ブラッサンスが評判になった（多くの日本人は、この映画ではじめてブラッサンスをじかに見たと思う）。

最近出版された、昭和十五年（一九四〇）生まれのフランス文学者、石崎晴己氏の回想記『ある少年H　わが「失われた時を求めて」』（吉田書店）には、氏が十代の時に「リラの門」を見て、ジョルジュ・ブラッサンスに感動した思い出がこう記されている。

「高二の時に、ルネ・クレールの『リラの門』（一九五七年）でジョルジュ・ブラッサンスに出会って感動し、劇中で彼が歌ったシャンソンのレコードを、あちこち探し回ってようやく手に入れて、その歌詞の対訳を一心に読み取り、聞き取ったのが、記憶に残る最初の出会いだ（略）」

のちにサルトルを翻訳することになる石崎先生とフランス語との出会いは、「リラの門」のジョルジュ・ブラッサンスだったことになる。映画が外国語への入り口になっていた良き時代が懐かしい。

ジョルジュ・ブラッサンスが好きだった漫画家がいる。

一九六〇年代に『フーテン』など青春漫画というジャンルの第一人者として人気があった永島慎二。大好きな漫画家の一人だが、氏の作品のひとつに「びんぼうなマルタン」がある（『漫画家残酷物語③』朝日ソノラマ、一九六八年）。

貧乏暮らしをしている漫画家志望の若者と、その美大時代の金持の友人との友情を描いている。漫画家が、まだいまのように職業として広く認められていなかった時代、貧乏暮らしの若者は、故郷で牛乳配達をしながら東京にいる息子にわずかな仕送りをしてくれる母親に、デザイナーとして成功していると嘘をつく。

ある日、母親が息子に会いに上京してくる。あわてた息子は金持ちの友人に相談。すると、一日だけ入れ替わろうと提案される。フランク・キャプラ監督の「一日だけの淑女」（33年）以来、おなじみの善意の嘘の物語になっている。

この漫画のタイトル、「びんぼうなマルタン」（〝Pauvre, Martin〟）は、ジョルジュ・ブラッサンスの歌から取られている。

永島慎二も、もしかしたら「リラの門」を見て、ジョルジュ・ブラッサンスの歌が好きになったのかもしれない。

（2019年9月下旬号）

第十五章

ある映画人の回想、またはその作品について

反戦にこだわった大林宣彦監督のこと

立ち帰ることの出来る故郷を持っている表現者は強い。

大江健三郎の四国、中上健次の紀州、あるいは野呂邦暢の九州の諫早、現代なら桜木紫乃の北海道。

それぞれの土地に根ざした力強い作品を書いている。

大林宣彦監督にとっての故郷は言うまでもなく広島県の尾道。瀬戸内に面した穏やかな町。林芙美子が少女時代を過ごした町でもある。「私は古里《ふるさと》を持たない」と言った放浪の作家が唯一、故郷と懐かしんだ町。

大林監督はこの穏やかな海辺の町で生まれ、育った。日本海や太平洋と違って内海の静かさがある。うしろに山を控え、坂がある。古い寺があり、瓦屋根の家が並ぶ。

懐かしい日本の町の原型がある。小津安二郎は「東京物語」(53年)の両親の家をここにした。小津が師と慕った志賀直哉はこの町で過ごしたことがある。「清兵衛と瓢箪」はこの町で生まれた。ちなみに「東京物語」の両親の家の部屋には瓢箪がぶら下がっている。

大林監督がはじめて尾道を舞台にするのは一九八二年の「転校生」(原作、山中恒)。実は私は初期の大林作品にはあまりいい印象を持っていなかった。CM出身ということで偏見を持っていたのかもしれない。

「転校生」は当時、「自主映画」出身の若い監督たちを支持していた亡き松田政男さんからぜひ見るようにとすすめられて見た。

冒頭、八ミリのモノクロの映像でとらえられる尾道の町の様子にまず魅了された。

小さな船の浮かぶ港、列車と踏切、坂道、学校、瓦屋根の家並……自分の故郷でもないのに「いつか見た町」の懐かしさがあった。

当時、東京の町はバブル経済が始まり、次々に風景が壊されている時期だった。だからいっそう瀬戸内の静かな町に引きつけられた。私自身ちょうど、日本の田舎町へ鉄道の旅をするのを密かな楽しみにし始めた頃だった。

「転校生」のあと、尾道に旅したのは言うまでもない。男女が入れかわった尾美としのりと小林聡美が船で行く生口島《いくちしま》にも旅した。

「転校生」はアート・シアター・ギルドを中心に製作された。その劇場プログラムに「作品研究」の原稿依頼があった時はうれしかった。

大林監督はノスタルジーの人だと思う。

故郷への、そして少年時代への強い思い。イノセンスを大事にする考えとも重なる。決して、現実の過去への思いではない。大林監督にとって、ノスタルジーとはあった過去ではなく、あるべき過去への思いである。だからその視線はいつも遠くを見つめている。

大林作品のなかで特に好きなのは、「廃市」(84年)。福永武彦の原作が好きだったし、柳河出身の北原白秋の詩や散文『思ひ出』を何度も読んでいたから、この映画は繰返し見た。もちろん、柳河にも旅した。のちに北原白秋論『白秋望景』(新書館、二〇一二年)を書いた時は、いつも映画「廃市」を思い浮かべていた。

この映画では、入江若葉がはかなく美しかったことも忘れ難い。十代の頃、内田吐夢監督「宮本武蔵」シリーズのお通で、わがミューズとなった入江若葉がこんなに大人になっているとは。同じく彼女のファンだった亡き安西水丸さんと『キネマ旬報』誌で、入江若葉さんにインタビューさせてもらったのはうれしいことだった。

戦争が、大林作品のなかで大きなテーマになってきたのは、二〇一二年の「この空の花—長岡花火物語」あたりからだろうか。

時の首相が憲法改正を言い、世の中が次第にキナ臭くなってきたことへの危機感があったのだろう。戦争を実際に知る世代が少なくなり、若い世代に、権力者に同調するものが増えてきたことにも危機感を抱いたはずだ。

「この空の花」は、広島に先だち長岡に投下された試験的な原爆という、あまり知られていなかった事実を取り上げたが、広島県出身の大林監督にとって、原爆は、身近な重いテーマだったと思う。

まして、広島市は惨状を呈したのに、同じ広島県でも尾道市は原爆とは無縁だった。それどころか大きな空襲に遭っていない。だからこそ一九八〇年代にあっても、古い寺や瓦屋根の家並の残る「懐かしい町」の風景が保たれていた。

生き残った者として、大林監督は密かに広島に申し訳ない気持ちを持ったのではないか。後年、「この空の花」、さらに「花筐／HANAGATAMI」(17年)、そして遺作となった「海辺の映画館―キネマの玉手箱」と、反戦のメッセージの強い作品が次々に作られていったのは、戦争の死者への強い思いと、死を意識した者としての使命感があったのだろう。

ただ、その反戦の思いを大林監督はストレートに、生まの形でぶつけることはなかった。つねに新しい映像表現のなかで反戦を訴えた。

「花筐／HANAGATAMI」も、癌の闘病中の人とは思えないほど、リアリズムの枠から離れた、自由で豊かなイメージにあふれていて、驚嘆した。

かつて木下惠介は、一作ごとに「映画的実験」を試みると言ったが、大林監督もあの年齢で、あの状況で「実験」をやめようとしなかった。

それは、映画会社に所属することなく、自由人として仕事を続けてきた大林監督ならではの前衛精神だろう。


コロナ禍の不安のなか、四月十九日、NHKテレビの大林監督の追悼番組で、「花筐」「海辺の映画館」に出演した、沖縄出身の満島真之介が、大林監督への感謝を込めて、こんな監督のいい言葉を紹介していた。

「ひとは、ありがとうの数だけかしこくなり、ごめんなさいの数だけ美しくなり、さようならの数だけ愛を知る」

大林監督は普通、われわれのようなすれた大人なら照れ臭くて使えない「愛」という言葉を、素直に、自然に信じ、使える詩人だった。イノセンスを失っていなかった。


二〇〇八年の六月に、家内を癌で失った時、大林監督から封書のお悔やみの手紙をいただいた。思いもかけないことだった。

そこには「愛」という言葉があふれていた。


（2020年6月上旬号）

追悼　大林宣彦さん　自由人の豊かさ

大林宣彦さんは、大仰ではなく、ほとんど「奇跡」のような存在だったと思う。八十歳を過ぎ、癌と闘いながら最後まで映画を作り続け、遺作となった「海辺の映画館―キネマの玉手箱」（20年）を作り上げたことも「奇跡」だし、なによりも映画人生の大半を「自由人」として映画を作り続けたことが「奇跡」だった。

大林さんの世代の映画監督の大半は、映画会社に所属している。当時としては、それが当たり前のことだった。

ところが大林さんは、まったく別のところから現われた。子どもの頃から8ミリで映画を作り、映画少年がそのまま大きくなり、テレビのコマーシャルを多数作り、そして、映画を作るようになった。

それまでの映画監督、あるいは同世代の映画監督が「撮影所育ち」だったのに対し、大林さんはあくまでも「自立」した「自前」の映画監督として映画を作り続けた。

その意味で、映画史のなかの、いい意味での「突然変異」と言っていい。映画会社に属さないということは、経済的には大変だったと思う。しかし、逆に、映画会社の枠にとらわれない自由な映画を作ることが出来た。「映像の魔術師」と呼ばれるほど、従来の映画文法にとらわれない想像力豊かな映画を作り続けることが出来たのは、大林さんが映画会社に所属しなかったことが大きいと思う。

大林さんは、映画監督であると同時に「自由人」であり続けた。そこに敬服する。そして、あの優しい風貌に、この言葉は似合わないかもしれないが、偉大なる「一匹狼」だった。それを、奥さんの大林恭子さんや、娘さんの千茱萸《ちぐみ》さんが支え続けたのも素晴らしい。矛盾した言い方になるかもしれないが、「家族に支えられた一匹狼」と言えばいいだろうか。

「自由人」にふさわしく、大林さんの映画は、テーマよりもメッセージよりも、最初は何よりも、自由奔放なイメージの連鎖から作られた「奇妙なもの」として立ち現れた。従来の日本映画のこぢんまりした花鳥風月の世界とはまったく違う。アメリカン・アートのポップな感覚、テレビのコマーシャルのカラフルな喧騒には正直、最初はついていけなかった。

二〇一六年十一月に、『キネマ旬報』の仕事で「花筐／HANAGATAMI」製作中の大林さんにインタビューをした時、「君は、最初の頃、僕の映画を批判していたよね」と言われて、思わず冷や汗をかいたものだった。

大林さんの作品で最初に感動したのは、遅れていて、一九八四年の「廃市」だった。それまでの、にぎやかな世界と違って、福岡県の柳河という掘割の町、水の町を舞台にした静かな映画で、大林さんはこんな映画も作るのかと魅了された。

福永武彦の原作も好きだったし、何よりも北原白秋が好きだったので、「廃市」を見たあと、すぐに柳河に旅した。のち、二〇一二年に、北原白秋論『白秋望景』（新書館）を書いたのも、きっかけは大林さんの「廃市」だった。

大林さんは声もよかった。あるところで「廃市」はナレーションの声がいいと書いた。あとで、その声は監督の大林さん自身の声だったと知って、恥かしくもあり、同時にうれしくもあった。

かつて木下惠介監督は「作品のなかで必ず映画的実験をする」と言って、作品ごとにそれを試みたが、大林さんも新作ごとに「映画的実験」に挑んだ。

ひとつ例を挙げれば二〇〇四年の「理由」だろうか。あの宮部みゆきの傑作を映画化する。普通の映画監督ならリアリズムの手法で事件を追っていただろう。

ところが大林さんはそうはしなかった。

テレビのワイドショーの手法を使った。それまでは映画では使ってはならないとされていた、俳優がまっすぐカメラを見るという禁じ手を逆手にとって、俳優たちがワイドショーのレポーターのように正面からカメラを見て事件を語る。この型破りの禁じ手には驚いた。「自由人」だから出来る冒険だったろう。

大林さんの「映画的実験」は近年の「花筐/HANAGATAMI」や「海辺の映画館—キネマの玉手箱」で如何なく発揮されている。

どちらの作品も反戦のメッセージが強く打ち出されているが、決してありきたりのリアリズムの枠にはおさまっていない。具象画の世界に突然、抽象画が現われたような新鮮な驚きがある。

故郷である尾道を舞台にした尾道三部作をはじめ、小樽、長岡、臼杵、唐津など地方を舞台にした作品を作り続けたことも、東京一極集中の時代にあって意味が大きい。

中心に対して、周縁からの抵抗の思いもあったのだろう。大林さんの反骨精神を感じる。

(『ぴあ』アプリ版より)

村山新治監督の回想記『村山新治、上野発五時三五分』のこと

東映現代劇で活躍した村山新治監督の回想記『村山新治、上野発五時三五分――私が関わった映画、その時代』（新宿書房）が二〇一八年に出版された。大正十一年（一九二二）生まれというから出版当時九十六歳。

監督作品は四十本を超える。代表作を選ぶのは難しいが、村山新治の名を高めたのは、昭和三十年代の「警視庁物語」シリーズであることは間違いないだろう。シリーズ全二十四本のうち七本を手がけている。

回想記の表題「上野発五時三五分」は、シリーズの第五作（57年）のこと。村山新治の監督第一作になる。このあと「七人の追跡者」（58年）「魔の伝言板」（同）「顔のない女」（59年）「一〇八号車」

（同、若林栄二郎との共同監督）「遺留品なし」（同）「12人の刑事」（61年）を作り、東映現代劇の人気シリーズを支えた。

本書によれば、「警視庁物語」は昭三十年（一九五五）公開の小林恒夫監督「終電車の死美人」に始まる。村山新治が助監督。朝日新聞の警視庁記者たちによる体験記『警視庁』（東洋経済新聞社、54年）をもとにしている。三鷹駅止まりの終電車内で若い女性が殺される。警視庁の刑事たち（堀雄二、松本克平、花沢徳衛ら）が事件を追う、黒澤明の「野良犬」（49年）につながる、いわゆる刑事ドラマのはしり。

これが好評で「この刑事たちの活躍をもう一度」ということで「警視庁物語」が始まった。プロデューサーの斉藤安代《やすのり》（男性）は、ジュールス・ダッシン監督のニューヨークを舞台にした刑事もの「裸の町」（48年）を意識したという。

個人的な話になるが、私の義兄は冨田浩太郎といって地味な俳優。昭和三十年代、一時、東映と契約していて、内田吐夢監督、高倉健主演の「森と湖のまつり」（58年）や、家城巳代治監督の「裸の太陽」（同）などに端役で出演していた。だから東映が時代劇だけではなく現代劇も作っていること、とりわけ「警視庁物語」シリーズが人気作であることは知っていたが、その時点では見ていない。

フィルムセンターでも全作品は上映されていない。二〇〇九年になって、テレビの東映チャンネルがほぼ全作を放映してくれた（第十八作「謎の赤電話」〈62年、島津昇一監督〉だけは、フィルムが完全な状態で残っていない）。それではじめてこのシリーズの面白さを知った。

刑事たちの集団劇になっている。一人のスーパーヒーローが活躍するのではない。神田隆演じる主任以下、花沢徳衛、波島進、堀雄二、山本麟一、大村文武らが地道に捜査を続け、事件を解決する。

刑事が町を歩く場面が多い。ロケーションを主にしている。従って昭和三十年代の東京、それも東京を中心とした周縁の町がとらえられているのが懐しい。貴重な映像資料になっている。

村山新治の作品でいえば、「上野発五時三五分」に深川の洲崎や上野駅のガード下、上野の跨線橋、三河島のハモニカ長屋（使われなくなった鉄道の車両が住宅に利用されている）などが出てくるのにはうれしく驚く。

「顔のない女」は荒川（放水路）で女性の遺体が見つかるところから始まるので、荒川が主な舞台になる。主任の神田隆が赤羽に近い新荒川大橋に立ち、岩淵水門の方を見て、「あれを右に行けば、隅田川ですな」というところは、下流に岩淵水門がとらえられ、東京のなかでもこの水門あたりの水景が好きな人間は少しく感動する。村山新治には、風景を見る確かな目がある。ありきたりの東京などほとんど登場しない。

回想記では若き日、助監督時代の話も面白い。

今井正の「ひめゆりの塔」（53年）と、佐伯清の「大地の侍」（56年）に助監督としてついている。「ひめゆりの塔」は撮影が困難を極めた。予算、スケジュール、爆弾の仕込み。何よりも物語自体が、沖縄の女学生たちの悲劇だから、気が休まる暇がない。

「だんだん疲労が重なってくる。南へ南へと逃げてゆくドラマの内容と同じく、撮影現場も悲壮感が漂ってくる。皆、必死だった。私もいつか、ひめゆり部隊を引率する教師の気持ちで日々を送った」

撮影現場の熱気が伝わる。いまのようにメイキングがあれば、この映画の撮影記録も見ごたえがあるものになっただろう。

延びに延びた撮影がようやく終った。朝の五時、助監督の村山新治が「これで全部終わりました」と告げると、二、三十人の女学生がわっと泣き出したという。

「ボロボロの衣裳、汚れたメーク、地獄のような日々がようやく終ったのである」

当時の東映は、戦後に誕生した新興の会社。まだ製作体制が万全ではない。そのなかでの百八十日間の撮影はどんなに大変だったか。

佐伯清監督の「大地の侍」についていたというのも村山新治にとっては勲章ではないか。

本庄陸男《むつお》の長篇小説『石狩川』を原作にしている。東北の小藩、岩出山藩は戊辰戦争の時、幕府側として官軍と戦った。ために薩長を中心とした新政府の下で冷遇された。

藩主をはじめ、志ある家臣たちは、故郷で屈辱に耐えるよりは、北海道開拓の道を選んだ。「大地の侍」は、未開地に行き着いた武士たちの開拓の苦難を描いている。

以前、この映画のことは書いたことがあるが、作り手の思いのこもった力作で、ラストは涙なくしては見られない。村山新治が助監督を務めていたとはうれしい。

十代の頃に見た東映現代劇で忘れられないものに「故郷《ふるさと》は緑なりき」（61年）がある。富島健夫原作。新潟県の男子学生、水木襄と女学生、佐久間良子が、通学の列車のなかで知り合い、愛し合う。いまでは死語になっている「純愛」物語。セーラー服姿の佐久間良子が最高に可愛かった。

監督は村山新治。忘れられない名前になった。この映画は、蒸気機関車が走っていた時代の信越本線がとらえられ、鉄道映画としても見ごたえがある。

村山新治には、平岩弓枝原作のテレビドラマの映画化、「旅路」（67年）もある。北海道の小駅で働く国鉄の職員とその妻（仲代達矢、佐久間良子）の物語。のち廃線になる北海道、岩内《いわない》線の、幌似《ほろに》駅で撮影された。

村山新治は鉄道好きではないかと親しみを覚える。「故郷は緑なりき」には気になる駅が出てくる。佐久間良子と水木襄が通学の際に乗り降りする。

二〇一八年にキネマ旬報社から出した鉄道本『あの映画に、この鉄道』のなかでも、「故郷は緑なりき」を取り上げた。二人が利用している駅はどこか。当時の鉄道写真などを調べ、信越本線の来迎《らいこう》寺《じ》駅ではないかと推測した。

しかし、自信がない。ところが。先日、『村山新治、上野発五時三五分』を手にし、何気なくカバーを取ってみた。なんと表紙に、「故郷は緑なりき」の脚本があしらわれている。二人の通学シーンで、そこに「来仰寺駅」とあるではないか！　まさに「我、発見せり」だった。

（2018年7月下旬号）

映画監督 村山新治、「故郷は緑なりき」に始まる

東映が時代劇だけではなく現代劇も作っていると知ったのは一九五〇年代の後半、中学生の時だった。俳優をしている義兄の冨田浩太郎が東映の現代劇、家城巳代治監督の「裸の太陽」(58年)、武田泰淳原作、内田吐夢監督の「森と湖のまつり」(同)に傍役として出演していたのを見たのが東映現代劇を知ったはじまりだったと思う。

その流れで、高校生の時に見たのが、富島健夫の『雪の記憶』の映画化、楠田芳子脚本、村山新治監督の「故郷《ふるさと》は緑なりき」(61年)だった。

新潟県の高校生、水木襄が、通学の列車(信越本線)のなかで出会う女学生、佐久間良子と愛し合うようになる青春映画。同じ高校生としてセーラー服姿の佐久間良子に心ときめいたし、私自身、電

車通学をしていたから、あんなきれいな女学生に会えぬものかと思ったりして、この映画は深く心に残り、村山新治の名前を知った。

この映画は、時代劇の東映とは思えぬ抒情的な、詩情あふれる作品で、のちに村山新治が木下惠介が好きだったと知って納得した。

鉄道映画としても貴重なもので、二〇〇九年に神保町シアターで鉄道映画のプログラミングをまかされた時、迷うことなくこの映画を選んだ。ビデオになっていなかったのでシニアの観客から「懐しい」との声をもらった。

鉄道映画といえば、村山新治監督には、北海道を舞台にした、平岩弓枝原作のNHKテレビの連続テレビ小説の映画化「旅路」(67年)がある。国鉄の駅で働く鉄道員、仲代達矢と妻の佐久間良子の夫婦愛の物語。原作では駅は函館本線の塩谷《しおや》駅だが、映画を見ると違う。どこで撮影したのだろうと気になって、以前、思い切って村山新治監督に電話した。監督に、実際の塩谷駅は坂の上に立つ小駅でカメラの引きが出来ず、より広々とした岩内《いわない》線の幌似《ほろに》駅で撮影したと教えていただいた。

電話でだったが、監督と話をするのははじめて。失礼かと思ったが、親切に、丁寧に話をして下さったのがうれしかった。

北海道といえば、推理作家、高城高《こうじょうこう》原作の「消えた密航船」(60年)も北海道でロケされている。釧路のようだが映画のなかでは架空の「知床《しれとこ》」になっている。

それで釧路出身の親しくしている作家、桜木紫乃さんにビデオを送って確認してもらった。「釧路で間違いありません。出てくる電話ボックスの横に祖父母が経営していた蒲鉾工場があったんです。懐しい！」と大喜びされた。

二〇一八年に、監督の甥に当たる村山恒夫氏の経営する新宿書房から『村山新治、上野発五時三五分』が出版された。

この素晴らしい本を読んで、村山新治監督は助監督時代、あの長く忘れられていた傑作、北海道の開拓時代の武士の苦闘を描いた、本庄陸男《むつお》原作（『石狩川』）、佐伯清監督の「大地の侍」（56年）に助監督としてついていたことを知り、なるほどそれで村山監督は北海道に思い入れがあるのかと思った。

この本のタイトルになっている「上野発五時三五分」は昭和三十年代に東映で作られた「警視庁物語」シリーズ（企画・斎藤安代、脚本・長谷川公之）の第五作。

村山新治の監督としてのデビュー作でもあり、好評だったためだろう、シリーズ二十四本のうち七本を手がけることになる。村山新治といえば「警視庁物語」シリーズの定評が出来る。

このシリーズ、全作を見るのは封切当時ではなく、後追いになるのだが、その素晴らしさに驚嘆した。いわゆるプログラム・ピクチュアだが、一時間ほどの短い上映時間のなかに、事件発生、捜査、そして解決とスピーディに処理されてゆく。

突出したヒーローがいない集団劇（神田隆、堀雄二、花沢徳衛、山本麟一ら）。のちのテレビの『七人の刑事』などを先取りしている。アメリカのミステリ、エド・マクベインの『八十七分署』シリーズを思わせる。

何よりも、ジュールス・ダッシンの「裸の町」(48年)に似たセミ・ドキュメンタリーで、当時の東京でロケされている。いまは消えてしまった昭和三十年代の東京の町の風景がきちんととらえられているのが貴重。

お化け煙突、都電、荒川放水路に架かるまだ木橋だった西新井橋、三河島にあった列車住宅《ハモニカ長屋》(住宅難の時代、空襲で焼け残った列車を住宅にした)、大井オートレース場など懐しい風景が次々に出てくる。「上野発五時三五分」とは犯人(多々良純)が逃亡しようとする早朝の新潟行きの列車。ここにも鉄道好きの村山新治監督の一面がよく出ている。

犯罪の多くが、政治家や権力者の巨悪ではなく市井の人間の追いつめられての犯罪というのも庶民劇らしくて好ましい。

もっと「警視庁物語」シリーズについて村山新治監督に詳しく話をうかがっておけばと悔やまれてならない。

(2021年5月上・下旬号「追悼　村山新治」より)

苦労人の映画評論家　佐藤忠男さん

映画評論の面白さを教えてくれたのは佐藤忠男さんだった。

例えば、成瀬巳喜男についてこう語る。

「成瀬巳喜男は正義を描かず、迷う者だけを描く。そして、ただ迷いつづけるだけの弱い人間だけが愛すべき存在であると語るだけである」(『日本映画と日本文化』未來社、一九八七年)。

成瀬論はこれに尽きるといいたくなるほど的確に成瀬の特質をつかんでいる。

映画評論の多くが「面白いか、面白くないか」を論じる採点主義だった時代に、佐藤さんは映画をひとつの文化として、その時代、社会のなかで位置づけて語った。

映画史をきちんとおさえていて時代劇を語る時は、現代の時代劇と戦前の時代劇を比較して論じ、斬り合いの迫力では実は戦前の時代劇のほうがはるかにまさっていたとして、斬られてゆく者の悲愴美を強調した。

佐藤忠男さんは実にたくさんの著書を書かれたが、私が最初に接したのは高校生の時に読んだ『斬られ方の美学』(筑摩書房、一九六二年)。書名もいいし、同じ映画を見ていながらこんなにも見方が違うのかと驚嘆した。

黒澤明の「七人の侍」(54年)を評価しながらも、農民たちをまるで昆虫たちのように自主性のない人間と描いたことに異議を唱え、こう書いた。

「黒沢さんよ、あなたは侍か? そうだろうな。それならば私は百姓だ。百姓の味方をする」。

工業高校を出て実社会に入った苦労人の佐藤さんらしい意志表示である。

チャップリンの「モダン・タイムス」(36年)のなかのベルトコンベアの労働の場面を、多くの識者が非人間的と見たのに対し、苦労人の佐藤さんは、流れ作業ほど現場の労働者にとって能率的なものはないといい切った。現場を知らない知識人の意表を突いた。

昭和三十年代の代表的な批評家、花田清輝が『新編映画思考』(未來社、一九六二年)のなかで、佐藤忠男さんの卓見を紹介している。映画は総合芸術という場合、多くの論者は、映画が文学や演劇、音楽や美術など既成の芸術形式を総合するものだと考えていたのに対し、佐藤忠男さんは、映画が総合芸術なのは、知的な芸術と民衆芸術とを総合するものだからだと述べた。民衆芸術に着目したところに苦労人の評論家の矜持があった。

佐藤さんの文章は平明で分かりやすい。すぐれた文章とは、誰もが使っている普通の言葉で、誰もが言わなかったことを言うことだが、佐藤忠男さんの文章は、そのお手本だった。

映画をスクリーンのなかだけにとじこめて窮屈に語るのではなく、時代や社会との関わりで語ってゆく。とりわけ佐藤忠男さんが力を入れたのは、日本人論だった。

時代劇や仁侠映画に描かれる人間を、日本人の典型としてとらえる。そして「意地」や「我慢」「未練」といった庶民感情をキーワードにして日本人の生き方を見てゆく。若き日に佐藤忠男さんが関わった鶴見俊輔らの『思想の科学』グループの影響もあったろう。

苦労人の佐藤忠男さんの重要な仕事として、私などに忘れられないのは文学論だが、『長谷川伸論』(中央公論社、一九七五年)と『苦労人の文学』(千曲秀版社、一九七八年)がある。

いずれも、いわゆる学歴のない、それでいてすぐれた仕事をした作家たちを論じた力のこもった本で、とくに股旅ものの作家、長谷川伸を論じた本は、文芸評論家にも書けなかった名著だと思う。

長谷川伸の描く股旅ものの主人公は、世のはみだし者であり、それゆえに、窮屈な日常生活からはなれた自由があるが、同時に、地味でまっとうな暮らしをしている、かたぎの人間に対する申訳なさ、引け目を感じている。その葛藤のなかにドラマが生まれる。この論など、高倉健主演の任侠映画にそのまま重なる。『苦労人の文学』では、長谷川伸だけではなく、山本周五郎や松本清張、さらに純文学の世界でも今日、やや忘れられている椎名麟三まで取り上げているのには感服する。

佐藤忠男さんは昭和五年(一九三〇)生まれ。戦中派である。驚くのは、小学校の高等科を卒業したあと、中学には進学せず、十四歳で少年兵（海軍の飛行予科練習生）になったこと。愛国少年であったためでもあるが、それ以上に子どもに抑圧的になる学校教育への不信感があったようだ。

海軍の飛行予科練習生だから戦争が、長びいていたら特攻隊に取られていたかもしれない。幸いにその前に戦争が終わり生き延びた。そうした体験があるためだろう、佐藤忠男さんは、日本人はなぜあの不幸な戦争を行なったのかを考え続けた。

二〇〇七年に出版された『草の根の軍国主義』（平凡社）は、日本人と戦争を考えた名著である。そのなかで日本人は、決して戦争の被害者だけであったわけではなく、むしろあの時代、多くの日本人は戦争を支持していたことを忘れまいとした。

佐藤忠男さんが後年、アジア映画の素晴らしさを語り、その紹介に務めた背景には、アジア太平洋戦争において日本は、中国をはじめアジアの国々に対しては、加害者だったのであり、戦争責任があったのだと考えていたからなのではないだろうか。

佐藤忠男さんは地味好みで、あまり表に出たがらない方だった。あれだけいい仕事をされたのにタレントにはならなかったし、人と群れることもなかった。日本映画学校の校長をされたが、それは役割としてそうされていたので、一貫して色に染まらぬ孤高のイメージが強かった。

社会人の頃に映画雑誌に投稿するようになって映画評論家として立った。独学独歩の人で、長く第一線で生きた。見習いたい。

（2022年6月上旬号「追悼　佐藤忠男」より）

追悼　映画と、そして鉄道を愛した畑暉男《あきお》さん

小柄で温厚。映画の知識が豊富で話をしていても教えられることが多かった。

昭和十年（一九三五）、東京生まれ。戦時中、学童疎開していた世代になる。

映画はまず西部劇がお好きだった。戦後、十代の頃に映画に夢中になった世代としては当然だった。

当時、映画といえば西部劇だったのだから。

小難しいことは語らない。現在の大学教授の映画論と違って、子どもの頃から映画が好きというファンの立場を一貫されていた。

ファンであることの顕著なあらわれは、プログラムのコレクション。ビデオなどない時代、ファンにとって映画の記憶は劇場プログラムによった。畑さんのプログラムのほんの一部を見せていただい

たことがあるが、昭和二十年代西部劇の、まだ粗末なプログラムの数々には、ファンの思いがこもっていた。

確か、晩年、畑さんはそのコレクションを古巣であるフィルムセンターに寄贈されていた。

私など、畑さんより遅れてきた映画ファンが「畑暉男」の名前を知るのは昭和三十年代、十代の頃。

当時、淀川長治さんが編集に関わっていた月刊誌『映画の友』に「タイトル・コレクション」というユニークなコラムがあった。

映画のタイトル・シーンだけを紹介する。ビデオのない時代、貴重なもので、毎号、これを見るのを楽しみにしていた。

その月の話題の映画のタイトルを紹介するものだが、号によっては、ジョン・フォード映画の特集、ヒッチコック映画の特集などもある。とくに、いまも大事にしているのは『映画の友』1964年6月号の、タイトル・デザインに革新をもたらしたデザイナー、ソール・バスの特集。

「カルメン」(54年)、「黄金の腕」(55年)、「80日間世界一周」(56年)、「悲しみよこんにちは」(58年)、「大いなる西部」(58年、これはエンドタイトル)、「めまい」(58年)、「北北西に進路を取れ」(59年)、「栄光への脱出」(60年)など懐かしい映画のタイトル・シーンがちょうどレコードのジャケットのようにアート作品として並べられ壮観。

「タイトル・コレクション」の前には、同じ形で「欧米タイトル傑作集」の連載もあった。こちらはまだ「畑暉男」の名前は入っていないが、写真の提供は畑さんだったと思う。

それにしても、当時、どうたってこれだけの写真を手に入れたのか。映画会社からフィルムをもらったのか。あるいは、畑さんが映画館に行ってカメラに収めたのか。

いずれにせよ、著作権がうるさくなった現在ではこんなことはもう出来ないだろう。おそらく畑さんの手元には、数多くのタイトル・シーンの写真がコレクションされていたことだろう。

「畑暉男」の名前は『映画の友』のこのページで頭に刻まれた。映画批評を書くようになって試写室で畑さんの姿を見るたびに「あのタイトルの畑さんだ」と遠くから敬意を捧げていたものだった。


畑さんは映画好きであると同時に熱心な鉄道好きでもあった。

一般に映画好きで鉄道好きという人は少ない。個人的なことになるが、二〇一八年に、日本映画に出てくる鉄道を紹介した『あの映画に、この鉄道』(キネマ旬報社)という本を出したが、読者の大半は映画ファンではなく鉄道ファンだった。読者カードを送ってくれた人の大半は鉄道ファンだった。

畑さんは、映画好きでかつ鉄道好きという珍しい、貴重な存在だった。この点でも大先輩だった。

月刊誌『東京人』二〇〇五年三月号に寄せた「私の鉄道フィルム撮影記」によれば、畑さんは昭和十七年、小学生(師範学校)の時に電車通学するようになってから、鉄道に魅了されていったという。住んでいた世田谷区の奥沢の家の近くには車庫があり、ここで電車を見るのを楽しみにしていた。

戦後、昭和二十五年に、畑さんを鉄道へと誘うきっかけとなった二本の映画が公開された。

オネゲルの交響詩を映像にした『パシフィック231』(49年、ジャン・ミトリ監督)と、エミール・ゾラ原作、ジャン・ギャバン主演の『獣人』(38年、ジャン・ルノワール監督)の二本。

この二本により、畑さんは動く列車をとらえることが出来る「ムービー・カメラ」をなんとか手にしようと心に決める。戦後の貧しい時代だったから、そう簡単には手に入らない。

ようやく昭和三十二年に中古のムービー・カメラを購入した。そのカメラで東京の町を走る路面電車を撮り続けた。まさに鉄道少年である(このフィルムは、DVD『路面電車―昭和の輝き』として発売されている)。

映画が好きで鉄道が好き。となれば当然、映画のなかの鉄道、に目がゆく。

私が鉄道好き(私の場合はただの「乗り鉄」で畑さんのような本格的な、車輌に詳しい「撮り鉄」ではない)と知ってから、たまに試写室で会うと、声を掛けて下さるようになった。

話題は映画のこともさることながら鉄道のこと。ロバート・アルドリッチ監督の「北国の帝王」(73年)を見たあとは、全篇といっていいほどアメリカ大陸を走る蒸気機関車が出てくるので興奮されていた。

この時、畑さんが話されたことで驚いたことがある。畑さんは、映画の中で一ヶ所でも鉄道が出てくると、映画会社に頼んでそのフィルムのコマを手に入れる、と(これも現在では、もう無理だろう)。その熱意には頭が下がった。

畑さんには共著だが『汽車　映画ノスタルジア』(展望社、二〇〇五年)という、邦洋映画に登場する鉄道を紹介した図録のような本がある。また畑さんは、日本の鉄道だけではなく海外の鉄道にも詳しかった。一九七〇年代には、まだ東西ドイツ分裂時代に両ドイツに行き、蒸気機関車に乗っている。そのことは『ドイツの蒸気機関車』（プレーン社、一九九〇年）にまとめられている。

いまにして思ば、もっと畑さんから鉄道の話を聞いておくのだったと悔やまれる。

（『映画論叢』61号　２０２２年11月より）

第十六章

歳を重ねるということ

ハリー・ディーン・スタントンの遺作「ラッキー」のこと

七〇年代に大活躍した傍役、ハリー・ディーン・スタントン（以下、スタントン）が二〇一七年に亡くなった。九十一歳。

その最後の主演作、「ラッキー」（17年）は、往年の西部劇の残り香を感じさせ、素晴らしい。アメリカ西部に生きる男を演じ続けたスタントンの最後の作品にふさわしい。

監督が自身、傍役俳優であるジョン・キャロル・リンチなのも面白い。無論、初監督。コーエン兄弟の「ファーゴ」（96年）でのフランシス・マクドーマンドの夫が印象に残る。売れない絵描き。妻は町の警察署長で、おまけに妊娠中。だから夫が主夫になるのがユーモラス。最後、自分の絵が三セント（たった！）の切手のデザインに選ばれたのをささやかに喜ぶのが、愉快だった。

スタントン演じるラッキーは、メキシコ国境に近い小さな町に住む。一人暮らしの高齢者。年金生活者なのだろう。結婚はしなかった。九十歳になっても元気で、朝はヨガのような体操をする。酒《ブラッディ・マリー》も飲むし、タバコも吸う。医者には、この年齢まで元気なのだから、むしろタバコは吸った方がいいとすめられる。このラッキーの飄々とした日々がユーモラスに描かれてゆく。ジャームッシュ「パターソン」（16年）の独居老人版の趣き。

スタントンは決していい男ではない。ハングリーな風貌。枯木のようにやせている。同じように傍役から成長したベン・ジョンソンに比べれば、はるかに貧相。負け犬が似合う。

ニューヨークやロサンゼルスに住む都会人とは違う。あくまでも中西部の土の匂いがする。ベン・ジョンソンの世代だったら西部劇で活躍出来ただろうが、スタントンの時代には、西部劇はもう数少なくなっていた。かつてはフロンティアだった中西部も、次第に時代に取残され、さびれてゆく。スタントンはそうした寂しい土地を自分の場所にした。

だからこそ、ヴェンダースは現代の荒涼とした西部を舞台にした「パリ、テキサス」（84年）で、荒野をまるでキリストのように彷徨する主人公にスタントンを選んだ。

人の姿の見えない道路、荒野にぽつんと立つロードサイド・カフェ、うらぶれたモーテル、錆びついた鉄条網、捨てられた廃車……そうした夢のかけらの風景こそスタントンにふさわしかった。

一九七七年に『傍役グラフィティ 現代アメリカ映画傍役事典』(ブロンズ社)を出版した時、スタントンを取り上げた。当時、あまりに冴えない負け犬の役が多かったので「しょぼくれハリー」と名付けた。

一九五〇年代から活躍している人だが、名前と顔がはじめて結びついたのは、ジョン・ミリアス監督の「デリンジャー」(73年)。ウォーレン・オーツ演じるデリンジャー一味の下っ端。最後、逃亡の途中、仲間に見捨てられ、小さな町の自警団に撃たれ、みじめに殺されてゆく。口癖の〝Things ain't workin' out for me today〟(今日はついてねえ)と言いながら。

これでスタントンの名前と顔が強く印象づけられた。そしてアーサー・ペン監督の西部劇「ミズーリ・ブレイク」(76年)。ジャック・ニコルソン一味の一人で、マーロン・ブランドに殺されるのだが、その殺され方が無惨。忍者の使う八方手裏剣のようなもので顔を刺され、立木に串刺しにされてしまう。まさに「しょぼくれハリー」だった。

「ラッキー」は、メキシコ国境に近い小さな町が舞台になっている。スタントンは、メキシコ人や黒人と親しく暮らしている。エリートのなかにいるよりマイノリティのなかにいるのが傍役には、ふさわしい。

冒頭、スタントンがハモニカで吹くアメリカ民謡〈レッド・リヴァー・ヴァレー〉が流れる。ジョン・フォード監督の「怒りの葡萄」（40年）で使われた曲。「ラッキー」が、「怒りの葡萄」からアメリカン・ニューシネマ、とりわけ中西部を舞台にした「デリンジャー」をはじめ、「ラスト・ショー」（71年）「ペーパー・ムーン」（73年）「ボウイ&キーチ」（74年）などにつながるプア・ホワイトものの流れにあることが分かる。

バーの客でデイヴィッド・リンチが出演しているのもいい。この監督は「ツイン・ピークス」があまりに有名だが、「ストレイト・ストーリー」（99年）を忘れてはいけない。

ジョン・フォード作品で長年スタントマンを務めたりチャード・ファーンズワースを主演に起用。アイオワ州の田舎町に住む老人が、がたついたトラクターでウィスコンシン州に住む兄を訪ねるロードムービー。老人が主人公、中西部が舞台という点で「ラッキー」を先取りしている。そして兄を演じたのがスタントンだった（実年齢はファーンズワースより年下）。

「ラッキー」で、戦争体験のあるスタントンが、ある時、ダイナーで偶然会った同じ戦中派のトム・スケリットと、苦しかった戦争下の思い出を語る場面は、「ストレイト・ストーリー」の似た場面を受けている。ラッキーの人生の背後には、戦争がある。

ラッキーは町に住むメキシカンと親しい。雑貨屋を営む女性に誘われ、彼女の十歳の息子のパーティに行く。ここでメキシカンたちと楽しい時を過ごす。この場面は、メキシコを愛し続けたサム・ペキンパーの「ワイルドバンチ」（69年）における、アウトローたちとメキシコの村人たちとの心暖まる交流の場面を思い出させ、心なごむ。

スタントンは、ペキンパーの「ビリー・ザ・キッド　21才の生涯」（73年）にも出演している。いつも女（娼婦）を他の男にとられてしまう冴えない役で笑わせた。

スタントンは、実はミュージシャンでもある。「戦略大作戦」（70年）と「フール・フォア・ラブ」（85年）ではハモニカを吹いている。

スチュワート・ローゼンバーグ監督の快作「暴力脱獄」（67年）では、刑務所仲間のポール・ニューマンが〝ボス〟たちに痛めつけられているのを見て、ギターを弾いて歌い、慰めた。

この映画では、ポール・ニューマンが、母親（ジョー・ヴァン・フリート）の死を聞いて悲しみ、一人、バンジョーを弾いて母親に捧げる歌を歌う。胸を打つ場面。

ポール・ニューマンは、撮影に当たり、「バンジョーも弾けないし、歌もダメだ」と断った。しかし、いいコーチがいて、この場面をやってのけることが出来た。

「暴力脱獄」のDVDには、メイキングの特典が付いているが、それを見るとコーチはなんとスタントン！

「ラッキー」には歌手スタントンの名場面がある。

メキシコ人のパーティに呼ばれたスタントンは、そこで、子どもの祖母に紹介される。年はとっているが、きれいな女性。

彼女を見ているうちにスタントンは突然、立ち上がり、マリアッチ（メキシコ民衆音楽）の恋の歌〝ボルベール、ボルベール〟を歌う。美しい祖母をはじめ、メキシコ人たちが驚き、聞き惚れる。ハリー・ディーン・スタントン、生涯最高の場面といっていいだろう。なぜかラストに登場するカメが可愛い。

（2018年4月上旬号）

中島京子原作、中野量太監督「長いお別れ」のこと

「記憶を失う」「相手が誰だか分からなくなる」「道に迷う」……認知症というと、そうした負の症状ばかりが取り沙汰される。そして認知症を患った人を「病人」にする。

中島京子原作、中野量太監督の「長いお別れ」(19年)は、これまでの認知症ものと少し違う。山崎努演じる父親を、認知症を患っている病人というより、少しずつ日常生活から離れてゆく新しい人間、どこかこれまでとは違う世界へゆこうとしている旅人ととらえている。「困った父」ではなく「面白い父」。そこから温かいユーモアが生まれている。

無論、現実の家庭のなかで親が認知症になったら、家族はその介護に追われ、日常生活は大変なことになる。この映画は、あえてその部分を描かない。認知症に向き合う家族の苦労は、これまでドラ

マからドキュメンタリーまで数多く描かれている。そういう苦労話はそれとして、この映画は、父親を病人ではなく、どこか不思議な人、新しい父親ととらえようとしている。そこが実に新鮮。

確かに父親はゆっくりと記憶を失っている。しばしば頓珍漢なことをいう。徘徊したりする。スーパーでキャラメルを黙ってポケットに入れたりする。

それでも、どこか翁《おきな》の穏やかさ、優しさを見せる。雨が降るといけないからと傘を持って、もう学校には通っていない子どもたちを迎えにゆこうとする。遊園地で出会った見知らぬ幼ない姉妹が回転木馬に乗りたいと知ると、一緒に乗ってやる。まるで子どもたちを守ろうとするライ麦畑のキャッチャーのように。

学校の先生をしていたためだろう、ホームステイの施設で老人たちが歌を歌う時には、自然と立ち上がって指揮を始める。蒼井優演じる次女が、ワゴン車で食堂を始めたと知ると、「立派だ」と誉め、客を朝礼の児童のように整列させる。

微笑ましい。校長をしていた頃の父親はおそらく家族に厳しく接していただろう。それがいま、次第に穏やかになってきている。新しい父親が生まれてきている。物忘れがひどくなっても漢字だけはよく覚えていて、難しい漢字も楽々と読んでみせるのも面白い。中学生の孫がエリザベスというガールフレンドの名前を漢字で書いてみてというと、「襟挫邉洲」と書いてみせる。ファンタスティック！「レインマン」（88年）でダスティン・ホフマンが演じたイディオ・サヴァンを思わせる。

孫は、そんな祖父を見ているうちに祖父が好きになる。ガールフレンドへのメールに「おじいちゃんはいろんなことを忘れちゃっているけど、僕はいまのままのおじいちゃんが好きです」と書く。中島京子の原作に「老人と子どもはそもそも相性がいい存在でもある」とあるが、現実から遠ざかってゆく老人と、これから現実に入ってゆく子どもは、無垢な心でつながっている。

祖父が自分を探しに来た孫を見つけて「よお」という感じで左手を上げる。つられて孫も左手を上げる。言葉はなくても気持で通じ合っている。この仕草はあとでも印象的に繰返される。

遊園地で、赤の他人の幼ない姉妹が回転木馬に乗りたくて、この祖父に頼ったのも、子どもたちは本能的に「この人なら、大丈夫だ」と感じ取ったのだろう。


子どもたちだけではない。母親（松原智恵子）も、長女（竹内結子）も、そして次女も、次第に父親の穏やかさに接して心なごませてゆく。もともとどこか子どもっぽいところのある母親（電話をするときソファにちょこんと座るのが可愛い）は、夫が「両親に紹介したい」とおかしなことを言っても、困惑せず笑顔で応じる。まるで子どもが家族ごっこをしているように見える。

この映画は深刻になる一歩手前のところでくるりと笑いに変わる。翁になった父親には笑いがふさわしい。

恋も仕事もうまくゆかなくなった次女は、何も分からなくなった父親に、だからこそ悩みを打ち明ける。すると父親は「そうくりまるなよ。そうゆう時はゆーっとするんだ」とまるで禅問答のようなことを言う。娘は、意味は分からなくても、父親が自分に優しい言葉をかけていることは分かる。泣いていた娘に笑顔が戻る。

家族が父親を現実社会に引戻そうとするのではない。家族のほうが、現実から離れてゆく父親に近づいてみる。そこに笑顔が生まれてくる。

父親は「家に帰りたい」とよく言う。家にいても、子ども時代を過した家に帰っても、「家に帰りたい」と言う。父親にとって家とはどこなのか。もしかしたら、人間が生まれてきた神の国なのかもしれない。

フレッド・ジンネマン監督の「尼僧物語」(59年)で、修道院に入って修行をはじめるオードリー・ヘプバーンに、先輩のシスターがこんなことを言う。「あなたたちには離脱(detachment)が必要です。まず家族と友人たちから離れました。次にもっと大事な離脱が必要です。もろもろのこと、そして記憶を捨てるのです」

神の国に入るのには俗世のすべての記憶が消えてゆくことが大事だと言っている。若い頃、「尼僧物語」を見た時、この言葉が心に残った。考えてみれば、「長いお別れ」の父親は、神の国に入るために記憶を捨てていっているのかもしれない。

「長いお別れ」を見ていて印象に残ったモノがある。押し葉。父親は漱石の『こころ』を読んでいる時に、銀杏《いちょう》の葉を栞《しおり》のかわりにしている。確か、次女も、経営の本を読んでいる時に、銀杏の葉を栞にしていた。

永井荷風が随筆「枯葉の記」（一九四三年）で書いているように、銀杏や朝顔の葉は、紙魚《しみ》よけとして昔の文人に使われていた。父親はそれを知っているのだろう。

『こころ』を読んでいる時なのも興味深い。この作品のなかには「先生」が「私」に日光から手紙を出した時、手紙のなかに一枚の紅葉の葉を入れている。明治時代、文人のあいだでは、木の葉や押し花を栞にしたり、手紙に入れたりすることが、風雅なたしなみだった。男性のあいだでもおかしくはなかった。木の葉は、現実とは違う世界からもたらされる神様の恵みと考えられていたのだろう。

「長いお別れ」では最後、高校生になった孫が、校長室に呼ばれ、生徒思いの校長から、認知症を英語で「ロング・グッドバイ」というと教えられ、なるほどと思う。そして、祖父とのあいだでしたように手を上げて挨拶し、部屋を出る。

そのあと、廊下を歩いてゆく孫は足元に、木の葉が一枚、落ちているのに気づく。祖父の励ましの言葉のように。若者にふさわしく、その葉はまだみずみずしい緑色をしている。

（2019年6月下旬号）

バート・レイノルズの最後の主演作「ラスト・ムービースター」のこと

二〇一八年の九月、八十二歳で亡くなった好漢バート・レイノルズの最後の主演作「ラスト・ムービースター」（17年、アダム・リフキン監督）が素晴らしい。一九七〇年代、その数々の真情あふれるアクション映画に鼓舞された世代としては感動の涙なしには見られない。

かつて大スターだった主人公がいまは徐々に忘れられていっている。ビリー・ワイルダーの「サンセット大通り」（50年）やチャップリンの「ライムライト」（52年）と同じうらぶれたスターもの。バート・レイノルズ自身をモデルにしている。よくぞこの役を引受けたと思う。

七〇年代、八〇年代のスーパースターのレイノルズも、正直、その後は第一線での影が薄くなった。ヒット作が減ってくる。監督も手がけたが、クリント・イーストウッドのように高い評価は得られない。長年の恋人だったサリー・フィールドが「ノーマ・レイ」（79年）「プレイス・イン・ザ・ハート」（84年）で二度アカデミー賞を受賞したのに対し、レイノルズはオスカーとは無縁。ようやく一九九七年の「ブギーナイツ」で助演男優賞にノミネートされたが、受賞には至らなかった。ポルノ映画の監督という役は、かつて七二年の『コスモポリタン』誌のセミヌードを思わせ、ジョークのようで、ファンとしては悲しいものがあった。

そんなバート・レイノルズが最後の映画で「うらぶれたスター」を見事に演じる。一世を風靡したスターのライムライトと言っていいだろう。

レイノルズ演じるヴィックは忘れられている大スター。豪邸に犬と共に住む。その愛犬も高齢になり安楽死させなければならない。ひとりきりの寂しい老いの日々を送っている。

そこに「国際ナッシュビル映画祭」なる地方の映画祭から特別功労賞を贈呈したいという招待状が届く。どんな映画祭か分からないが、これまでロバート・デ・ニーロ、ジャック・ニコルソン、クリント・イーストウッドに賞が贈られているという。

そこでロサンゼルスからナッシュビルへ出かけることになる。秘書も付き人もいない。一人で飛行機に乗る。

行ってみると、これがローカルのしがない映画祭。よく言えば手作りだが、とてもかつての大スターを迎える映画祭ではない。主催者は金のなさそうな若者たち。用意されたホテルはモーテルのような粗末なところ。会場は場末感のただよう酒場。

これにはヴィックが落胆する。侮辱されたように思い若者たちに激怒する。無理もない。

しかし、思い返してみれば、バート・レイノルズにはこうした「しょぼくれ感」が似合う。個人的にいちばん好きなレイノルズ作品「シェイマス」（73年、バズ・キューリック監督）では、しがない私立探偵《シェイマス》。久しぶりに仕事が入り、依頼人に「なぜ俺を」と聞くと「あんたがいちばん安く働いてくれる」と言われがっくりくる。それでもボロボロになりながら事件を解決する。一人暮らしで、猫を可愛がっている。疲れて安アパートに帰って来ても、猫に餌をやるのは忘れない。

親友のラリー・ブロックが殺された時は、この好漢が遺体を見て、大粒の涙をこぼした。これには見ているほうも泣けた。心優しい一匹狼。最後にダイアン・キャノンのところに好きだと言いに行くところも。B級アクション映画ならではの切ないラブシーンが最高だった。

「シェイマス」は、レイモンド・チャンドラー原作、ハンフリー・ボガート主演、ハワード・ホークス監督「三つ数えろ」（46年）を思わせる趣向もある。世代的なこともあるかもしれないが、私の好みでは格好のいいボガートより、傷だらけのレイノルズのほうがいい。

そんなレイノルズだからこの映画のモーテルのような安ホテルに泊まらされる場面にかえってじんとしてしまう。

舞台となっているテネシー州ナッシュビルはロバート・アルトマン監督の「ナッシュビル」（75年）で分かるようにカントリー・ミュージックの聖地。

レイノルズの映画のなかでは語られることが少ないが「デキシー・ダンスキングス」（74年、ジョン・G・アビルドセン監督）がある。

チンピラ詐欺師のレイノルズが、旅の途中で知り合ったカントリー&ウェスタンのグループに惚れ込み、彼らをナッシュビルの殿堂グランド・オール・オプリーでデビューさせる。

「ラスト・ムービースター」でヴィックがナッシュビルの老舗ホテルで開かれている結婚披露宴に飛び入りで登場し、歌を披露するくだりは、「デキシー・ダンスキングス」を思い出させ、またほろり。さすがに披露宴に出席している新郎新婦の親の世代は、ヴィックが大スターだったことを知っていて大いに喜ぶ。

はじめはローカルな映画祭に侮辱されたと思っていたヴィックだが、若者たちの無償の映画愛が分かってきて、最後は、そのさえない授賞式に出席することになる。

彼が、いまは認知症になっている、かつていちばん愛した女性（キャスリーン・ノーラン）を施設に訪ねる場面も、「老いの悲しさ」があって胸を打つ。ポール・マザースキー監督の「ハリーとトント」（74年）で、ニューヨークから西海岸へ旅する老人アート・カーニーが、旅の途中、老人ホームに入っている昔の恋人（ジェラルディン・フィッツジェラルド）と会い、ダンスを踊る忘れ難い場面を思い出させる。老いてもなおの愛情がある。

この映画では、ヴィックにアテンドする女の子が面白い。空港に降り立ったヴィックを迎えに来る。現代っ子で、映画祭に現れたこの人物がかつての大スターだとは知らない。はじめは礼儀知らずの応対をする。それが次第にかつては大スターだったと知って驚き、態度を改めてゆく。祖父と孫娘のようないい関係が生まれてゆく。

アリエル・ウィンターという小太りの女優が演じるこの女の子は画家の卵。彼女の描く絵がしばしば登場する。最後は個展が開かれる。

この絵はホラー小説の挿絵のような怪奇な絵。誰の絵だろうと思っていたら、最後のクレジットを見ていて驚いた。

ホラー小説作家で自身、絵も描く（映画も監督する）イギリスのクライヴ・バーカー。この人のことは一九八七年に集英社文庫で出た『ミッドナイト・ミートトレイン　血の本（Ⅰ）』（宮脇孝雄訳）で知った。この短篇集の一篇「丘に、町が」は、アルチンボルドの「皇帝ルドルフ二世」を思わせる巨人のグロテスクなイメージに驚嘆した。バート・レイノルズの最後の映画にクライヴ・バーカーの絵に出会えるとは。

最後に私見でレイノルズ作品のベストを選ぶと、この映画に登場する「脱出」（72年）は別格として、前述の「シェイマス」、サラ・マイルズとの恋愛が泣かせた西部劇「キャット・ダンシング」（73年）、それにあのスローモーションのタッチダウンに興奮したロバート・アルドリッチの「ロンゲスト・ヤード」（74年）。

（2019年9月上旬号）

「ノマドランド」のこと

人の生き方は大別して定着型と放浪型に分かれる。民俗学者、柳田國男の言葉を借りれば「常民」と「漂泊者」。広大なアメリカでは、一カ所に定着する農民型と転々と流れてゆく放浪型の差はとくに顕著になる。

ジョージ・スティーヴンス監督「シェーン」（53年）の流れ者であるアラン・ラッドと新しい土地に住み着き開拓してゆく農民のヴァン・ヘフリンにこの対比がよく出ている。

西部開拓によって国がつくられていったアメリカの映画には「シェーン」をはじめ、しばしばこの二つの生き方が対比的に描かれる。

サム・ペキンパー監督「ワイルドバンチ」（69年）の最後まで流れ続けたウィリアム・ホールデン

と、鉄道会社に雇われたロバート・ライアン。同じくペキンパーの「ビリー・ザ・キッド 21才の生涯」（73年）のアウトロー、クリス・クリストファーソンと、保安官になったジェームズ・コバーン。あるいは、ウィリアム・フレイカー監督「モンテ・ウォルシュ」（70年）の老いてもなおカウボーイであろうとするリー・マーヴィンと、結婚して町の雑貨店主となるジャック・パランス。

あげてゆけば切りがない。アメリカ映画では流れ続ける者と流れるのをやめた者がつねに対比される。ヘミングウェイがアメリカ文学の原点と評したマーク・トウェイン『ハックルベリィ・フィンの冒険』のハックが放浪型とすれば、遅くまで遊んでいても夕食の時間になればきちんと家に帰るトム・ソーヤーは定着型である。

在米中国人、クロエ・ジャオ監督の「ノマドランド」（21年）は、現代の放浪者《ノマド》の物語。

フランシス・マクドーマンド演じる主人公のファーンという女性は、ネヴァダ州の鉱山町で夫と幸福に暮らしていた。ジプサムという白いチョークのような石を採掘し、それを加工して建築資材となる石膏ボードを作る大きな会社の企業町で、町には空港もゴルフ場もあった。

それが二〇一一年、建築不況のため会社は閉鎖され、従業員は突然、解雇された。エンパイアという立派な名前を持つ町はたちまちゴーストタウンになった。

夫は亡くなった。子どもはいない。ファーンは定着者より放浪者になる道を選ぶ。キャンピング・カーを家にして放浪する。アメリカ大陸を移動しながら、その時々の臨時の仕事でわずかな賃金を得ながら暮らしてゆく。ロバート・アルドリッチ監督の「北国の帝王」（73年）で描かれた一九三〇年代、大恐慌下のホーボーを思わせる。車の名前をヴァンガード（先駆者）としているところに彼女の気概を感じさせる。

ファーンは以前、教師をしていたこともあった。旅の途中、教え子の少女に会う。少女が「先生、ホームレスになったの？」と聞くと「ホームレスではなくてハウスレスよ」と答える。車が家《ホーム》になっている、と言っている。アメリカの国花《カーネーション》ってなんだか知っている？ カーネーションよ、というジョークがあるが、車が家になるとは車の国アメリカならではだろう。

クロエ・ジャオ監督はファーンのノマドとしての日常を距離を持って淡々ととらえてゆく。ファーンが茫漠とした草原でしゃがむ姿まで。

同時に、彼女が旅の途中で出会うノマドたちにドキュメンタリーのようにカメラを向けてゆく。実際のノマドたちだという。

原案となっているノンフィクション、ジェシカ・ブルーダーの『ノマド――漂流する高齢労働者たち』（鈴木素子訳、春秋社、二〇一八年）にはファーンは登場しない。映画のために創られたファーンには、ノマドを取材するジェシカ・ブルーダー自身が重ね合わされている。

この本に「漂流する高齢労働者たち」と日本で副題が付けられているように現代のノマドはリタイアした高齢者たち。少年だったハックとそこが大きく違う。

長く働いてきた。高齢になって仕事を失った。まだ人生の終わりまでには時間がある。公的年金などわずかなもの。元気なうちは、働かなければならない。仕事はあるが、低賃金でいつ辞めさせられるか分からない不安定なもの。しかも肉体労働だから高齢者にはつらい。

ファーンが出会った女性のノマドは、一時はガス自殺を考えたという。その時、可愛がっていた犬と目が合い、なんとか思いとどまった。

この女性の深く刻まれたしわがノマドの暮らしの厳しさをよくあらわしている。

老い果てたらどうなるのか。誰が最期を見てくれるのか。あるノマドの女性の死が語られるが、映画はただその死を伝えるだけで、どのように死んだかは語られない。あまりにつらいからだろうか。

一見、自由に見える放浪者も現代の管理社会から逃れることは出来ない。ファーンがある駐車場で一泊しようとするとたちまち警備員が「ここで寝泊まりは禁止」と言ってくる。

それでもファーンはまだ若いから（五〇代の後半か）、体力があり、アマゾンの配送の仕事をはじめ（アマゾンがこういうノマドを低賃金で受け入れているとははじめて知った）、公園施設の清掃、ビーツ（甜菜《てんさい》）の収穫などの仕事があるが、さらに年を取ったらどうなるのか。それを考えると彼女も暗然とするだろう。

老人がアメリカ大陸を東のニューヨークから西のロサンゼルスへと車で旅をする。ポール・マザースキー監督の「ハリーとトント」（74年）。あのアート・カーニー演じる老人は、いまにして思えばまだ幸せだった。西に行けばなんとかなるという希望がかすかにあったのだから。「老後のための蓄え」もあったはずだ。

それが二十一世紀のアメリカ、特にリーマンショック以後、「幸せな老後」が不可能になった高齢者がノマドになってゆく。

「ノマドランド」の舞台となる土地は、ネヴァダ、ネブラスカ、サウスダコタなどアメリカの周縁の州が多い。テレンス・マリックの「バッドランズ」（73年、ビデオ題名「地獄の逃避行」）で描かれたサウスダコタの荒涼とした風景が次々にとらえられてゆく。

これらの州は決して豊かとはいえない。存在感も薄い。野球でいえばメジャー・リーグのチームがない。

ファーンはその忘れられたような茫漠とした風景のなかを旅する。岩山の続く荒野。草原の遠くまで続く一本道。雪をかぶった山。古くはジョン・フォードの「怒りの葡萄」（40年）、近年ではヴィム・ヴェンダースの「パリ、テキサス」（84年）などで描かれた「寂しいアメリカ」が、ファーンの孤独と重なり合う。

旅の途中、ファーンは初老のスマートな放浪者（デイヴィッド・ストラザーン）と知り合う。互いに好意を持つ。ある時、彼の家を訪ねる。息子や孫たちと暮らしている。彼も結局は定住者だった。住む世界が違うと、彼女はまた一人、車を走らせてゆく。

この映画では風景が大きな意味を持っている。かつてフロンティアが信じられていた時代には、広大な風景は希望の象徴だった。いまファーンが見る風景は、暗く沈んでいる。

故郷というべきネヴァダ州の鉱山町はいまや人の姿もなく荒涼としている。車を走らせるその先も、かつてのフロンティアの輝きはもうない。

（2021年6月上旬号）

第十七章

ドライバーというパートナー

悩める黒人ピアニストと、気のいいイタリアンの二人旅
——「グリーンブック」のこと

白人と黒人が、はじめはいがみ合っているが、一緒に旅をしたり、仕事をしたりするうちに最後は友情が生まれてゆく。

振返ってみればアメリカ映画にはそうした白人と黒人の和解の物語が多い。古くは、スタンリー・クレイマー監督、トニー・カーティス、シドニー・ポワチエ主演の「手錠のまゝの脱獄」(58年)、下ってノーマン・ジュイソン監督、シドニー・ポワチエ、ロッド・スタイガー主演の「夜の大捜査線」(67年)、あるいはブルース・ベレスフォード監督、ジェシカ・タンディ、モーガン・フリーマン主演の「ドライビング Miss デイジー」(89年)が思い浮かぶ。三作とも何らかの形でアカデミー賞を受賞している。ハリウッドの好みのテーマといっていいだろう。

二〇一九年のアカデミー賞作品賞を受賞したピーター・ファレリー監督の、実話をもとにした「グリーンブック」はこの流れを受継いだ白人と黒人の和解、友情の物語。後味がいい。

ヴィゴ・モーテンセン演じる白人のトニーはマッチョタイプ。クラブで用心棒をしている。マナーの悪い客を叩きのめす。イタリア系で血の気は多いが、気はいい。妻と子どもを愛している良き夫、父親でもある。

マハーシャラ・アリ（助演男優賞受賞）演じるピアニスト、ドクター・シャーリーは黒人ではあるがセレブリティ。知的で洗練されている。ゲイらしい。人種差別が強かった時代にあえて、差別の強い深南部に演奏旅行に出かける。トニーをその運転手に雇うことから物語が始まる。

時代は一九六二年。トニーはブロンクスに親兄弟と大家族で住む。ヤンキースの本拠地だからテレビでその試合を応援する。ロジャー・マリスに声援を送る。マリスは前年、ベーブ・ルースの六十本のホームランを上回る六十一本の記録を打ち立てている。ヤンキースの黄金時代。

マリスと四番を打つミッキー・マントルのコンビはMM砲と呼ばれた。巨人のON砲（王、長嶋）はこれに倣ったのは御存知の通り。

トニーが用心棒をしているコパカバーナはニューヨークの有名なクラブ。シナトラやトニー・ベネットが出演した。マーティン・スコセッシ監督の「グッドフェローズ」（90年）ではチンピラのレイ・リオッタが恋人のロレイン・ブラッコとここに行く。

セレブのシャーリーはカーネギー・ホールに住んでいる（ホールの上の階が住居になっているとは知らなかった）。面接に訪れたトニーは豪華な室内に驚く。

シャーリーは子どもの頃からピアノの才能を見出され、レニングラードに留学した。クラシックを学んだが、帰国後、レコード会社に「黒人はクラシック界では生きてゆけない」とさとされ、ポピュラーに転向した。

確かにクラシックの世界では歌手を除いて黒人の演奏家は現代でもほとんどいない。知る限り黒人のピアニストとしてはアワダジン・プラットがいるくらい。

シャーリーはやむなくポピュラーに転向したが、その超絶技巧でたちまち人気ピアニストになった。音楽のことなど分らないトニーもはじめて彼の演奏を聴いて、そのうまさに驚嘆する。「リベラーチェより凄い」。リベラーチェはスティーヴン・キング原作、ロブ・ライナー監督の「ミザリー」（90年）でキャシー・ベイツ演じる主人公が愛した人気ポピュラー・ピアニスト。

雇い主のシャーリーは優雅な紳士。対して運転手のトニーは粗野で行儀も悪い。二人の旅は「異文化の衝突」になる。黒人のほうが知的レベルが上という逆転の関係は「夜の大捜査線」の、大都市から来たエリート刑事シドニー・ポワチエと、田舎町の警官ロッド・スタイガーの関係を思わせる。

フライドチキンを手でつかんでむしゃむしゃ食べるトニーに対し、お上品なシャーリーはナイフとフォークがないと食べられないと遠慮する。そのシャーリーがトニーの真似をしてチキンを手でつかみかじり出す場面が愉快。この映画、随所に笑いがある。アカデミー賞の脚本賞を受賞したのもうなずける（ピーター・ファレリー、ニック・バレロンガ、ブライアン・カリー）。

はじめはシャーリーのことを気取った奴だと思っていたトニーだが、行く先々で天才ピアニストが黒人であるがために理不尽な差別をされるのを目のあたりにして、次第に怒りを覚え、この雇い主を守ろうとしてゆく。

自身もアメリカ社会のなかではマイノリティのイタリアンだから、差別に黙っていられなくなる。イタ公と侮辱した警官を思わず殴ってしまう無謀さもむしろ好ましい。

シャーリーには「我慢しろ」とさとされるのだが。そのシャーリーは無論、黒人であるがゆえにより深い悩みを抱えている。トニーは徐々にそれに気づいてゆき、こんなことを言う。「あんたは少しも楽しそうに見えない」。

心に残る場面がある。車が南部の農村地帯で故障する。後ろの座席に座っているシャーリーが周囲を見ると畑で黒人たちが黙々と働いている。一方、白人が運転する車に、黒人が主人のように乗っている。黒人たちは不思議そうにそれを見る。

シャーリーはいたたまれない気持になる。だからあとで彼はトニーに悩みを語る。「私は白人でも黒人でもない」。白人社会には無論、受入れられない。といって成功したために黒人社会からは浮いてしまっている。

トニーはこの時、はじめてシャーリーを理解する。シャーリーが長年の心の屈託を語ったというのは、それだけトニーのことを信頼するようになったからだろう。トニーのほうも「この男を守らなければ」と父親のような気持になったことだろう。

なぜこんな苦労をしてわざわざ人種差別の強い深南部に演奏旅行に来たのか。そこで、はじめて黒人ピアニストの「勇気」を知って、乱暴者の白人は、この黒人に敬意を抱く。友情は相手への敬意があって初めて生まれる。

ある町で、二人が黒人たちのバーに行き、シャーリーが飛び入りでジャム・セッションに加わる場面は気持がいい。この段階では二人のあいだに確実に友情が生まれている。

細かいことをひとつ。トニーがシャーリーに会いにカーネギー・ホールに行く。ポスターにピート・シーガーとボブ・ディランのフーティナニー（フォークの演奏会）が案内されている。一九六二年といえばボブ・ディランの名が一部でようやく知られはじめたころ。カーネギー・ホールでは早いのでは。これはおそらくカーネギー・ホールの五階にある小さな会場、カーネギー・チャプター・ホールでの小コンサートだろう。

一九五五年、ミシシッピ州でエメット・ティルという黒人の少年が白人の女性に口笛を吹いたとリンチにあった。この映画の舞台となった一九六二年には、ボブ・ディランはこの少年のために「エメット・ティルのバラード」を作っている。

（2019年4月下旬号）

「パリの調香師 しあわせの香りを探して」のこと、ベルモンドのロートネル作品のこと

フランス人がいかに香水を愛するか。トルーマン・カポーティは若き日、尊敬するコレットをパリの自宅に訪ねた。いい香水の香りがした。

その時のことを回想した、遺作となった小説『叶えられた祈り』(拙訳、新潮文庫、二〇〇六年)にはこのコレット訪問が描かれている。

何の香水かと問う「私」にコレットは答える。「ジッキイよ。ウジェーヌ皇妃がいつもしていたものよ。この香水が好きなのは、優美な歴史を感じさせる古風な香りを持っているし、いい会話のようにウィットに富んでいてそれでいて下品でないからなの。プルーストもこれを使っていたわ」。

「ウジェーヌ」はナポレオン三世の皇妃。コレットが愛した香水は十九世紀から二十世紀まで愛され

ていたことになる。さすが香水の国。

フランス映画「パリの調香師 しあわせの香りを探して」(19年、グレゴリー・マーニュ監督)はフランス人の香水への愛着を描いていて面白い。

主人公はパリに住む調香師。一人暮らしの中年の女性。ディオールの香水を手がけたことのある秀れた調香師だが、ある時、嗅覚障害におちいり、仕事と名声を失った。なんとかカムバックしようとしている。

演じているのはエマニュエル・ドゥヴォス。ジャック・オーディアール監督のサスペンスの傑作「リード・マイ・リップス」(01年)で難聴ゆえに読唇術を心得た女性を演じて強い印象を残した。飛び切りの美人ではないが、ジャンヌ・モローやアニー・ジラルドのような独特の個性がある。

香水の世界というと華やかなものと思ってしまうが、意外と地味。ひとりで部屋にこもってさまざまな香りを調香している姿はどこか科学者のよう。

ミステリー作家、内田康夫に『幻香《げんか》』(角川書店、二〇〇七年)という調香師を描いた作品がある。こんなことが書かれている。

香水の開発は新薬の開発に似ているが、決定的な違いがある。新薬は企業の総合力によって作られるのに対し、香水はひとりの調香師の生来の嗅覚や芸術的な感性に負うところが大きい。近代の組織の時代には消えつつある天才が香水の世界ではいまも生きている。この映画の主人公はまさに孤高の天才。

彼女は天才であるがゆえに世渡りがうまくない。「有難う」も「すみません」もうまく言えない。

そんな彼女が運転手を雇うことになる。そこから雇い主と運転手の物語が始まる。「ドライビングMiss デイジー」（89年、ブルース・ベレスフォード監督）や「グリーンブック」（18年、ピーター・ファレリー監督）と同じ展開。

この運転手、人はいいが人生でも仕事でもへまばかり。離婚していて、小学生の娘は別れた妻のもとにいる。運転手としてミスが多く会社からお払い箱になりそう。演じているグレゴリー・モンテルという俳優が朴訥ないい味を出している。

調香師と運転手。まったく違った世界に住む二人が、うまく「調香」されて心地のよい大人の物語に仕上がってゆく。

この運転手、意外や〝鼻〟がよく、なんと最後、調香師の助手になる。そして娘の学校に父親として出かけ、調香の授業をする。それを娘が誇らし気に見つめる。微笑ましい。

愉快なフランス映画をもう一本紹介したい。「ジャン＝ポール・ベルモンド傑作選」で上映された日本では劇場初公開の「プロフェッショナル」（81年）。

フランスの諜報部員として活躍していたベルモンドが、世界情勢の変化によって組織に裏切られる。

一匹狼となったベルモンドが自分を見捨てた組織に復讐を敢行する。マット・デイモンの「ボーン・アイデンティティー」（02年、ダグ・リーマン監督）を思わせる。

実に面白い。そのはず、監督は私などの世代には忘れられないオフ・ビートなジョルジュ・ロートネル。アクションのなかに随所に意表を突くユーモアを差し込むので知られる。

例えば「牝猫と現金《げんなま》」（67年）。大金を奪った銀行強盗犯が何者かに殺される。しかし金の行方が分からない。愛人、ミレーユ・ダルクが行方を知っているに違いないと、銀行強盗の仲間や警官が彼女を追う。山荘に逃げ込んだ彼女と銃撃戦が始まる。ミレーユ・ダルクは赤ん坊を産んだばかりで、銃撃戦のさなかに赤ん坊が泣くたびに乳をやらなければならないのが笑わせた。

「狼どもの報酬」（71年）も愉快。刑務所から出所したジャン・イアンヌは、シャバに出てみて愛する女房、ミレーユ・ダルクがいかがわしい伯爵（「祖国は誰れのものぞ」〈62年〉のナンニ・ロイ監督）と出来ているのを知り、怒り心頭。親友のミシェル・コンスタンタンの手を借りて殺そうとするがチャーミングなミレーユ・ダルクを見るととてもそんな気にはなれない。穴まで掘って待っているコンスタンタンはいらいらする。最後、宝石を手に入れた男たちとミレーユ・ダルクは無事、アフリカへ逃亡。めでたしめでたしと思いきや、そこはフランス領で無念にも御用。

ともかくロートネルは人を食った笑いをアクション映画の随所に仕掛ける。いや、笑いだけではない。時には、仰天するような場面も。

ロートネルのファンのあいだで語り草になっているのは「女王陛下のダイナマイト」（66年）。これについては亡き瀬戸川猛資さんが『シネマ免許皆伝』（新書館、一九九八年）で書いている。

イギリス暗殺団に追われたフランス側が、橋の上にダイナマイトを仕掛けて逃げる。巨大な橋で、高い橋脚に支えられている。イギリス側の車が来たところでダイナマイトが爆発する。煙が晴れたあと、イギリス側はあたりを見て仰天。橋は破壊され、高い高い橋脚が一本だけ残っている。自分たちはその狭いところに立っている。高い塔の天辺に取り残されたよう。

CGがなかった時代にどうやって撮影したのか。不思議である。

「プロフェッショナル」も何度もロートネルらしさが出ていて笑わせる。高級娼婦（素晴らしくスタイルのいい美人）がホテルに呼ばれる。部屋に入ると客ではなく押し入ったベルモンドがいる。一瞬、戸惑う娼婦だがベルモンドを見て「あら、あなたの方がいいわ」。

ベルモンドが何年ぶりかで自宅に帰り、奥さんと再会する。そこを組織の連中が取り囲む。あわや、という時、突然、マスコミがカメラを持って集まってくる。あらかじめベルモンドが呼んでいた。その騒ぎのなか、まんまと逃げおおせる。

さらに。ベルモンドが組織の悪党（演じているのはフランスの犯罪映画の雄、ロベール・オッセン）と西部劇のガンマンよろしく対決する。

と、その緊迫した場面に、なぜか花屋のおじさんが近所に花を届けに来て、決闘は一時中断。ロートネルらしい脱線が可笑しい。脚本に、ジャック・オーディアールが参加。

ジョルジュ・ロートネルのミューズといえば、ミレーユ・ダルクであることは間違いないだろう。六〇年代のフランス映画で輝いていた。現在のフランス大統領マクロンの夫人は、髪型といいスタイルの良さといい彼女にそっくり。
ロートネルは二〇一三年に、ミレーユ・ダルクは一七年に死去した。

（2021年1月上・下旬号）

濱口竜介監督「ドライブ・マイ・カー」のこと

チェーホフの劇が静劇といわれるのはよく知られている。舞台の上では事件らしいものは起こらない。事件が起こるのは舞台の外。

たとえば、『ワーニャ伯父さん』では、ワーニャが義理の弟になる、退職した大学教授セレブリャコーフを銃で撃ち殺そうするが、その場面は舞台で演じられることはなく、舞台の裏から銃声が聞こえるだけ。

大事なことは舞台の外で起こる。だが、それは事件だけだろうか。人の心の動きもまた、いくら言葉で説明しても、人には見えないのだから、人と人の関係も基本的に静劇にならざるを得ないのではないか。

濱口竜介監督の「ドライブ・マイ・カー」を見ながら、〝人の心の動きの静劇〟について考えた。

この映画は村上春樹の短篇を原作にしているが、濱口竜介は、妻が死んで残された夫という設定と、その妻に死なれた男と一時的に雇った女性のドライバーという設定のふたつを借りているだけで、映画にするにあたって、人は言葉によって分かり合えるのかという主題をより大きく前面に出している。その結果、原作よりずっと奥の深い作品になっている。


西島秀俊演じる主人公の悠介は、俳優で演出家。妻（霧島れいか）と愛し合っている（と思っている）が、妻はどうも他の男と関係を持っているらしい。それが、ただの浮気なのか、それとも別の理由があるのか（たとえばロマン・ガリー原作、監督の「ペルーの鳥」〈68年〉のジーン・セバーグのような）、それは夫にも分からない。夫婦のあいだにも、互いに相手の心など分かるはずもない。

ある日、突然、妻は謎を残したまま《ま》くも膜下出血で死んでしまう。この突然の死は、作品のなかに死を入れるのが好きな村上春樹らしいが、正直、あまり自然の流れではない。


この映画が面白くなるのは、そのあとの原作にはない展開。西島秀俊演じる悠介は広島市で開かれる国際演劇祭でチェーホフの『ワーニャ伯父さん』の演出を手がけることになる（主催者側の女性を平田オリザの青年団の舞台で知った安部聡子が演じているのはうれしい）。

この芝居が面白く、いわゆる多言語演劇で、オーディションには、台湾、韓国などから俳優が参加し、それぞれが自国の言葉でセリフを言う。バベルの塔ではないが、はじめは言語の混乱があるものの、オーディション、脚本《ほん》読みと進むうちに次第になめらかに進行してゆく。考えてみれば、ロシアの作家、チェーホフの『ワーニャ伯父さん』だって、ベケットの『ゴドーを待ちながら』にしても、他国の言語を日本語に翻訳して演じられる。それでも観客に理解される。

ちなみに、串田和美演出で、串田和美（ウラジミール）、緒形拳（エストラゴン）の『ゴドー』は、なんと、二〇〇三年に網走刑務所内で受刑者を前にして演じられたことがある。これを見る機会に恵まれた亡き演劇評論家の扇田昭彦氏は、『ゴドー』になんの知識もない（と思われた）受刑者たちが、次第に舞台に入り込んでいったのが見てとれたと書いている（扇田昭彦『こんな舞台を観てきた』〈河出書房新社、二〇一五年〉）。そして『ゴドー』はいわれているような不条理劇ではなく、受刑者の心に痛みと怒りをかきたてる社会劇だと思ったと、すぐれた感想を書いている。

演劇は、演じられかた、演じられる場所によって、いかようにも変容してゆく。

主人公の西島秀俊が演出する『ワーニャ伯父さん』は多言語演劇である。日本語に加え北京語、韓国語、そして驚くことに手話が入る。個人的に『ワーニャ伯父さん』で、いちばん好きな女性、ワーニャの姪で自分が不器量だと引け目を持っているソーニャを韓国の女優パク・ユリムが手話で演じ、ワーニャと対話する。これが本当に素晴らしい。人の心の動きは誰にも分からないかもしれないが、冗舌な言葉より、手話のほうがはるかに心を伝えやすいかもしれない。

日常的に経験することだが、日本人相手に日本語で話すことにためらうとき、セカンドランゲージ（たとえば英語）だと、すんなり言えたりする。手話だと言葉以上に多弁になれるかもしれない。

濱口竜介の「ハッピーアワー」（15年）でも、ワークショップの場面が圧倒的に、面白かったが、この映画でも、多言語が飛びかいながらそれでいてあくまで静かな脚本読みの場面は言葉の混乱が次第に収まってゆく〝静劇〟として深く心に残った。


この映画のもうひとつの核になっているのは、西島秀俊と、彼の専属のドライバーになる三浦透子演じるみさき（彼女は村上春樹の小説の主人公になっている）の関係。

広島市で仕事に入った西島秀俊は、稽古場になる会場と、宿舎のある瀬戸内に浮かぶ大崎下島（山田洋次監督「東京家族」〈13年〉のロケ地の隣の島）とのあいだを車で走る。

車で何度か走るうちに、見る側は気づいてゆく。車という場所はひとつの舞台なのだと。

西島秀俊演じる悠介と、三浦透子演じるみさきは、車のなかでは運転席と後部座席にいる。つまり向かい合ってはいない。

だからこそ、言葉が通じ合うということがある。車のなかで〝静劇〟が起きている。

その二人が、最後、みさきの出身地である北海道の小さな町（ロケは、かつての炭鉱町、赤平で行われている）へ行く。このドライブでは、西島秀俊は運転席の隣、助手席に座る。それまで前と後ろの位置関係だったのが、横になる。そして、みさきは、それまで言わなかったつらい過去——土砂崩れで母親が死んだこと、自分はそれを助けられなかったことを話す（ここにも静劇がある）。

車は、みさきの故郷の町に着く。生家の残骸が雪に埋もれている。ここではじめて、みさきは、悠介に向き合う。悠介もはじめて、みさきに向き合い、妻に死なれたことがどんなにつらいかを語る。それまで、車の運転席と後部座席のたての関係だった二人が、はじめて正面から向き合う。

正直、この場面での西島秀俊が、亡き妻への想いを語るくだりは、メロドラマで腰が引けるが、そのあと、大どんでんがえしというべき、『ワーニャ伯父さん』の上演がある。

当初、ワーニャを演じる予定だった俳優（岡田将生）が事件を起こしてしまう。かわって演出家の西島秀俊がワーニャを演じることになる。

その『ワーニャ伯父さん』のラストが素晴らしい。これまで数多く演じられている『ワーニャ伯父さん』のすべてを見ているわけでは無論ないが、この映画の最後の、失意のワーニャを同じように失意のソーニャが、お互いを励ますように「生きていかなければ！」というあの感動的なセリフを言うとき、ソーニャを演じるパク・ユリムは、当然、手話でそのセリフを言うのだが、同時に、向き合うのではなく（これまでの『ワーニャ伯父さん』のほとんどがそうだった）、うしろから、肩を抱くようにして言う。静劇とはこのことかと、この演出には、涙した。

（2021年8月上旬号）

第十八章

家族について

是枝裕和監督「万引き家族」のこと

忘れられた人々、世の中から取残されてしまった、社会の隅にいる人間たちが、彼らだけの温かい気持ちで結びついてゆく。確かに万引きはしているかもしれない。不正に年金を得ていたかもしれない。あるいは家族のなかの死を隠したかもしれない。にもかかわらずこの家族には聖家族と呼びたいような安らぎがある。

是枝裕和監督のカンヌ映画祭パルムドール受賞作「万引き家族」(18年)。

一家は、いまどきよくこんな家が残っていると驚くような古ぼけた一軒家に住んでいる。現代社会のなかの離れ小島か隠れ里のよう。

「海街 diary」(15年)の四姉妹が住んでいた、鎌倉の緑に囲まれた趣のある日本家屋とはまるで違う。ボロ家といってもいい。

東京の周縁の町各所でロケされている。町はどこと明示されていないが、荒川区や足立区でロケされているようだ。

家の近くには川が流れている。曲り具合から見てかつて「四十九曲《しじゅうく》り」と呼ばれた中川だろう。「三度目の殺人」(17年)の舞台、多摩川のように誰でも知っている川ではない。東京の東のはずれを流れる目立たない川。

父親(リリー・フランキー)は日雇いの建築現場の労働者。母親(安藤サクラ)は町のクリーニング店で働く。彼女の妹(松岡茉優)は、風俗店で働いている。ガラス越しに客と接する(ヴェンダース「パリ、テキサス」〈84年〉のナスターシャ・キンスキーを思い出させる)。

祖母(樹木希林)の年金も貧しい一家にとっては大事な収入。それでも足りないので、父親と十歳ぐらいの息子(城桧吏)は時々、スーパーで万引きをする。

といっても、たいしたものを盗むわけではない。せいぜいカップ麺のような日常の食料品。子どもも近所の駄菓子屋(主人は柄本明)で盗みを働く程度。どこかいじましい。

大島渚監督の「少年」(69年)で描かれた当り屋に比べれば、小さな犯罪。彼らの暮らしの程度に合っている。

近年ではほとんど見なくなった駄菓子屋がまだあるのだから、一家が住んでいる町のおおよその暮らしがうかがえる。

はじめのほうには、父親が息子と商店街の肉屋でコロッケを買い、おいしそうに食べる場面もある。あくまでもつましい。この商店街は、画面から都電荒川線の三ノ輪橋駅近くにある下町の商店街と分かる。

父親は家に帰って、カップ麺にコロッケをのせて、「うまい」と言って食べる。後半、一人でアパート暮らしをすることになった父親のところに息子が訪ねてゆくが、ここでも二人はカップ麺を食べる。インスタント食品が主食になっている。彼らの暮らしぶりが伝わってくる。

確かに、この一家は貧しい暮らしをしているが、決してそれを苦にしているわけではない。父親は冬の寒い日、ある家の外にいる小さな女の子（佐々木みゆ）を見つけると、わが家に連れ帰る。いたって気がいい。

祖母も母親もこの他人の子どもを自然に受け入れて可愛がる。家族みんなで鍋を囲む。この鍋も決して贅沢なものではなく、白菜がたくさん入っている。

息子も女の子を妹のように可愛がる。女の子のほうもなつく。一家が優しくしてくれるので自分の家に帰ろうとしない。どうも母親に虐待されていたらしい。この一家は「そして父になる」（13年）のリリー・フランキーの家族のような温もりがある。

母親の安藤サクラが、女の子をうしろから強く抱きしめる姿に、この家族の温かさがよく出ている。松岡茉優演じる風俗で働く妹が、祖母の樹木希林の膝に頭を載せて甘えるのも同様。

安藤サクラとリリー・フランキーが、ある時、いつもは誰かしら家族がいるのに、その時、たまたま誰もいなかったので久しぶりに抱き合う場面も、生活感がにじみ出ている。

そのあと、雨が降ってきて、外に遊びに行っていた息子と女の子が雨に濡れて帰ってくる。あわてて服を着た安藤サクラが、照れ隠しのように息子の濡れた髪をタオルで拭いてやるのも、微笑ましい。

実は、物語はこのあと意外な展開をするのだが、ここでそれを詳しく書くのは控えよう。あえてひとつだけ書けば、彼らは実は本当の家族ではなかった。といっても宮部みゆき原作、大林宣彦監督「理由」(04年)の、マンションの一室に移り住んできた偽家族とは違う。あくまでも彼らが聖家族であることは変らない。

確かによその家の子どもをそのまま家に置いてしまった。万引きもした。その他にも……。それでも彼らは、格別、社会に大きな害を与えたわけではない。彼らは、忘れられた人々として、つましく生きようとした。ただ、「どうか、自分たちのことは放っておいて欲しい」と願っただけだ。

最後、施設に入ることになった男の子と、元の本当の母親のところに戻された女の子が、「誰も知らない」(04年)の子どもたちのようにならないことを願うしかない。

児童相談所に保護された女の子が絵を描く。この家族と一緒に海に遊びに行った時の絵。よほど楽しい思い出だったのだろう。この子どもの描いた海は心に残る。

海が、はなやかな湘南の海ではなく、ローカル線の小湊鐵道で行った房総半島の、さほど人に知られていない寂し気な大原あたりの海であるのも、この一家にはふさわしい。

「万引き家族」を見て思い出した、ほとんど語られない、家族を描いた愛すべき映画がある。

宇野重吉が監督した昭和三十二年公開の日活映画「倖せは俺等《おいら》のねがい」。真山美保原作、新藤兼人脚本。

神奈川県の鶴見あたりの製鉄所で働く工員のフランキー堺と、製菓工場で働く左幸子がやっとのことで結婚し、原っぱの隅の小さな家で新婚生活を始める。

二人きりになったとたん、粗末な服を着た見知らぬ四人の子どもたちが現われる。向島で「バタ屋」をしていた父親に死なれ、親類をたらいまわしにされ、どこでも厄介者にされた。最後に、遠い、遠い親戚である左幸子を頼ってやってきた。

二人は困惑し、もとの親戚のところに戻そうとするが、結局は、行き場のない四人の子どもを引き取ることにする。ほとんど他人同然の彼らが新しい家族を作ってゆく。

「万引き家族」の母親、安藤サクラは「こうやって自分で選んだほうが絆は強い」と言ったが、確かに「である家族」より、「になる家族」のほうが強く結ばれることはあるかもしれない。

「万引き家族」の男の子は、家が狭いので押入れを自分の部屋にしていたが、「倖せは俺等のねがい」の子どもたちも押入れに入った。押入れがあった昔の家が懐しい。

（2018年7月上旬号）

マーティン・スコセッシ監督の力作「アイリッシュマン」のこと

マーティン・スコセッシ監督の「アイリッシュマン」はギャング映画とホームドラマを交互に見ているような面白さ。

殺しの場面があるかと思うと、教会での赤ん坊の洗礼の場面がある。暗殺の次には教会での娘の結婚式がある。刑務所に入れられた大物ギャングは所内の教会に行く。老いた殺し屋は神父に懺悔する。

実話である。マフィアの殺し屋の人生を描いている。同時に、第二次世界大戦後のアメリカの歴史を裏社会から見ている。世界一豊かな国として繁栄を誇った戦後のアメリカにはこんなにも日常的に暴力、殺人が行われていたのかと驚く。いわば必要悪としての暴力が社会のなかに組み込まれている。

ロバート・デ・ニーロ演じる殺し屋が、いまや老い果て介護施設に入っていて、ゆっくりと過去を回想してゆく。暴力はスコセッシの一貫したテーマである。

冒頭、カメラは流れるように室内を奥へ奥へと入り、やがて、車椅子に座っているデ・ニーロをとらえる。「グッドフェローズ」(90年)で、レイ・リオッタがニューヨークのレストラン、コパカバーナの奥へ奥へと入ってゆく姿を流れるカメラでとらえたのと同じ手法。今日、スコセッシのファンには「コパ・ショット」と呼ばれている。

デ・ニーロ演じるフランク・シーランは、第二次世界大戦に一兵卒として戦った帰還兵。戦後、フィラデルフィアでスーパーマーケットのドライバーをしている時、偶然、マフィアの大物、ラッセル・ブファリーノ(ジョー・ペシ)の知己を得て取り立てられてゆく。

フランクはアイルランド系。そのためにアイリッシュマンと呼ばれる。イタリア系がファミリーを作るマフィアのなかではマイノリティだが、戦争中、ラッセルの故郷シチリアにいたのが幸いした。

暴力が繰返される映画だが、はじめのほうにふたつ、驚くに足る暴力がある。ひとつは、戦争中、兵士のフランクが、二人の捕虜に墓穴を掘らせ、いきなり射殺してしまうもの。

もうひとつは、戦後、小さな娘が近所の食料店の主人に怒られたと知ると、かっとなり、その主人のところに行き、殴りかかる。五〇年代のテレビのホームドラマの良きパパが、娘のためとはいえいきなり市民に暴力を振るうようなもの。見ている娘は怯えてしまう。

この男のなかでは、暴力と日常生活が同居している。良きパパであり、同時に殺し屋。それは、アメリカ社会の裏表のあらわれになっている。

マフィアの一員になったフランクは、大物ボスのラッセルの指示で次々に殺人を繰返す。いきなり拳銃で殺す。その銃を川に捨てる。川底に無数の銃が沈んでいるのが不気味。

この場面は、セルジオ・レオーネ監督の「ワンス・アポン・ア・タイム・イン・アメリカ」(84年)の、ハドソン川の川底をカメラが見せると、そこにマフィアに殺された人間たちの死体が沈んでいる場面を受継いでいる。

殺し屋になっても家庭を大事にするのは変わらない。殺人への罪悪感はまるで感じられない。殺したあと幸せそうに家族と食事をする。この殺し屋は、敬虔なカトリックの信者である。

ただ、さすがに娘たちは父親になつかなくなる。とくにペギーという末娘は父親を嫌う。娘に嫌われていることが、この殺し屋の悩みになる。

重要な人物が登場する。アメリカの労働者たちのあいだでカリスマ的な人気を誇った労働界の権力者、ジミー・ホッファ。

彼については、デイヴィッド・マメット脚本、ダニー・デヴィート監督、ジャック・ニコルソン主演の「ホッファ」(92年)に詳しい。

大恐慌時代に労働運動に立ち上がり、トラック運転手の組合、チームスターを作り、絶大な権力を持つようになった。

「アイリッシュマン」のなかで、フランクはいまではホッファのことを知らない若い看護師に「五〇年代にはエルヴィスより、六〇年代にはビートルズより大きな存在だった」と説明している。

アメリカは広大な国だから物流が大事になる。食料をはじめあらゆる日常品を運ぶトラックの運転手の存在が大きくなる。彼らがストライキを起こせば日常生活がストップする。だからチームスターのトップとしてジミー・ホッファは、司法長官時代のロバート・ケネディに「この国で大統領に次ぐ権力を持つ男」と目の仇にされた。

レオーネの「ワンス・アポン……」でジェームズ・ウッズ演じる運送業界の大物は、ホッファがモデル。「アイリッシュマン」ではホッファをアル・パチーノが演じている。運転手の集会で「連帯《ソリダリティ》、連帯、連帯」と呼ぶところなど、カリスマの迫力を見せる。

フランクは、マフィアのなかで次第に頭角をあらわし、ホッファのボディガードのような存在になる。家族ぐるみの付合いになる。父親になつかない末娘のペギーは、労働者のために働くホッファを尊敬する。

労働組合のリーダーとマフィアの結びつき。これはアメリカ社会の裏面だろう。「ホッファ」で描かれたように、大恐慌時代にチームスターの力が強くなり、ストライキが繰返されるようになると、資本家側はスト破りにならず者《グーンズ》を使うようになった。組合はそれに対抗するためにマフィアの力を借りた。腐れ縁が始まり、いつしかホッファもマフィア化していってしまう。司法長官時代のロバート・ケネディがホッファを目の仇にしたのはそのため。当然、彼の暗殺にはマフィアが関わったと取り沙汰された。

今日、ホッファの名は、一九七五年に起きた謎の失踪事件で知られている。大統領に次いで権力を持った男がある日、忽然と姿を消した。いまだにその真相が分かっていない。この映画は、ジャーナリストのチャールズ・ブラントの原作をもとに、「シンドラーのリスト」(93年)などのスティーヴン・ザイリアンが脚本を書いているが、ホッファは、マフィアによって殺されたとしている。

しかも、殺したのがホッファに信頼されていた片腕のフランク、その人だという。

このホッファ殺害に至る約十五分ほどの緊張感は第一級。そして、ホッファ殺害は、そのままケネディ、マーティン・ルーサー・キング、ロバート・ケネディと続く六〇年代の暗殺に重なって見えてくる。裏から見たアメリカ現代史になっている。

労働組合とマフィアの関係で思い出す映画といえば、エリア・カザン監督の「波止場」(54年)だろう。あの時代はまだマフィアの存在を公には出来なかったが、リー・J・コッブ演じる波止場の労働者のボスはいま見るとマフィアとのつながりを感じさせる。自分を裏切ったマーロン・ブランドを脅す時に「トラックの運転手にもなれないようにしてやる」と言っているのは、まさにチームスターとのつながりを思わせる。

「波止場」の脚本を書いたのはバッド・シュールバーグ。映画の公開に合わせてハヤカワ文庫ＮＦで出版された原作本、チャールズ・ブラントの『アイリッシュマン』（高橋知子訳）を読んでいたら、興味深いことが書かれていた。

ある時、二十世紀フォックス社は、ロバート・ケネディの、組織犯罪と労働組合の癒着を明かした著書『内部の敵』を映画化しようとした。しかし、チームスターの妨害にあって実現出来なかった。未完のこの映画の脚本を書いたのは「波止場」のバッド・シュールバーグ。とすれば「波止場」のリー・J・コッブにホッファを重ねてもおかしくはないだろう。

（2020年2月上旬号）

大森立嗣監督「MOTHER マザー」のこと

「母親なんだから子どものためにきちんと働けよ！　パチンコばかりしてんなよ！」

長澤まさみ演じるだらしのない母親に、同情から息子を雇ってくれた小さな会社の社長（荒巻全紀）は怒って怒鳴りつける。

映画を見ている観客の多くもそう思うことだろう。二人の子どもを抱えたシングルマザーだから生活が苦しいのは確かだが、それにしてもこの母親は無責任でどうしようもない。

母親失格で、おそらく自分でもそんな自分を持てあましているから、ますます追い込まれてゆく。唯一、安心して怒ることのできる長男（郡司翔／奥平大兼）に怒りをぶつける。子どもは母親のいらだちに慣れているのか、それにじっと耐える。この子どもはいつもうつむいている。荒れた現実を避けるように。

大森立嗣監督、大森立嗣・港岳彦脚本の「MOTHER マザー」(20年)。

現実に埼玉県で起きた少年による祖父母殺人事件に想を得ているという。凄い映画だ。決してこの救いようのない母親を断罪しているのではない。「きちんと働けよ!」というあまりにまっとうな、小市民的な倫理から遠く離れてしまって生きるしかない母親を、まるで地を這う虫を観察するように見つめ続ける。「なぜ、こうなったのか」という安易な理由付けをせず、ただ母親と、その母親のあとをひたすら付いてゆく男の子の、他人には理解出来ない親子関係を追ってゆく。

母親は離婚した。育児も家事もきちんとしなかったからだろう。金にもだらしがなく、これまでも母親(木野花)や妹(土村芳)から繰り返し金を借りているらしい。無論、返さない。パチンコに使ってしまう。自分で自分を追いつめてゆく。ついには母親からも妹からも縁を切ると言われる。

不思議なことに、こんなどうしようもない母親のことを子どもは嫌うどころか、どこまでも付いてゆく。犯罪(とりわけ誘拐事件)の被害者が加害者に親しみを覚えるようになってしまう、いわゆるストックホルム・シンドロームに似た精神状態かもしれない。

驚くことに子どもは、別れた父親(大西信満)に「お父さんと一緒に暮らすか」と言われると、「お母さんがいい」と母親のほうを選ぶ。

このあたり平山秀幸監督「愛を乞うひと」(98年)の、娘に暴力を振るう母親(原田美枝子)と、耐える娘の関係を思い出させる。親と子どもの関係は、他人がとても入り込めない不可解な絆がある。

母親は行きずりの男（阿部サダヲ）と関係を持つ。これもまたどうしようもない男で、平気で暴力を振るうし、まともに働こうともしない。格差社会が進行する時代、一度、社会の隅に追いやられるとなかなかそこから出られない。もがけばもがくほど深みにはまってゆく。

少年は生まれてから、まともな家庭を知らずに育ったのではないか。両親が離婚し、母親と一緒に暮らすようになってからは、安アパートの狭い部屋がわずかな自分の居場所でしかない。食べるものといえばカップラーメン。時にはガスも止められ、お湯も沸かせず、麺をそのままばりばり食べる。是枝裕和監督「誰も知らない」（04年）の親に捨てられた子どもたちを思い出させる。

男の子は次第に学校にも行かなくなる。

母親が行きずりの男と一緒になってからは住む家もなくなり、夜逃げするかのように旅に出る。久しぶりにきれいな部屋に泊まる。しかし、よく見れば家ではなく内房あたりのわびしい連れ込みホテル。ベッドや浴室はあっても台所はない。無責任な男がそこを出て行ったあとには、建物の外の簡易テントに追いやられる。あとはもうホームレスになるしかない。

やがて母親は妊娠し、少年には父親の違う妹が生まれる。少年はいわばこの壊れてゆく家族の中心を背負うことになる。

学校にも行かず、社会との接点もほとんどない少年にとっては、だらしのない母親とまだ幼い妹だけが自分の世界になる。社会が遠ざかってゆくに従って、母親との距離は前以上に濃密になってゆく。この母親の子どもであり続けることが、少年のかろうじてのアイデンティティだろう。

母親から「頼れるのはあなただけよ」と言われた時、少年はおそらく心震えたに違いない。自分は母親に頼られている。世間からつまはじきにされている母親を守らなければならない。「誰も知らない」の母親（ＹＯＵ）と少年（柳楽優弥）の関係に似ている。母親が、社長から「きちんと働けよ！」と怒鳴られた時も、少年はむしろ母親をかばおうとする。あまりにもけなげとしかいいようがない。

母と子の関係が濃密になってゆくにつれ、観客は、いよいよ二人のあいだに立ち入ることが出来なくなってゆく。母親も少年も、もう他人の感情移入など拒絶している。

妹が生まれたあと、さすがに彼らは自分たちだけで生きることは難しくなったのだろう。児童相談所を頼る。親切な職員（夏帆）の世話で、深川あたりの簡易宿泊所に狭い部屋をひと部屋与えられる。「家」というにはあまりにわびしいが、さまよえる家族にはとりあえずの仮の住まいになる。この部屋も、ほとんど寝るだけのためのもので、台所はついていない。

少年と妹が、親切な職員に喫茶店でスパゲッティか何かを御馳走になる場面が悲しい。この映画で、少年が唯一の食事らしい食事をしたのは、この時だけだったのではないか。房総の海辺では、無責任な男が旅館の客の残りだと持ってきた刺身を食べたこともあった。

簡易宿泊所での生活には、それでも多少の希望は見えてくる。少年はフリースクールに通い、勉強すること、本を読むことの楽しさを覚える。幼い妹に勉強を教える。

しかし、それも束の間。突然、一度は姿を消したあの男がまた現われ、かすかな平穏が壊れてゆく。親切な職員は、少年が本好きと分かってある時、本をたくさん持ってくる。少年は喜ぶ。しかし、それを見た母親は、二人に嫉妬したのか、本を投げ捨てる。ここも悲しい。少年が立ち直るきっかけを母親がつぶしてしまう。

「僕はここに残りたい」「勉強したい」という少年に母親は、子どもが勉強することで、自分とは違った世界へ行ってしまうことを恐れている。「あんたは臭い、学校でみんなに嫌われる」とまで言って、少年を引きずりおろす。少年は母親のあとに付いてゆくしかない。傷ついた母親を放ってはおけない。そして——。

気になる箇所がある。

母親が妊娠したあと。時間は突然、「五年後」となる。少年は十七歳に、生まれた妹は五歳になっている。

この五年間、何があったのか。そこは描かれない。

少なくとも母親は出産し、幼い子どもを育ててきたのではなかったか。その間、生活費はどうしたのか。この語られない五年間には、母親にはつらいことが多くあっただろう。それを身近で見ていた少年は、だからこそ、母親を守ろうとしたのだろうし、ボロボロになっても「それでも母親を愛している」と言ったのだろう。

（2020年8月下旬号）

石井裕也監督「茜色に焼かれる」のこと

林芙美子に『風琴《ふうきん》と魚の町』（一九三一年）という好短篇がある。

子ども時代の林芙美子が、母と義父と三人で行商をしながら瀬戸内の尾道にたどり着き、そこでしばらく暮らした時の思い出を描いている。大正五年、林芙美子が十二歳の頃。

父親は風琴（小型のアコーディオンのようなもの）を鳴らしながら薬や化粧品を売り歩く（いわゆるオイチニの薬売り）。商いはうまくゆき、一家は町で暮らすことになる。

といっても、彼らは他所者《よそもの》であるし、町の人には行商人と蔑《さげす》まれている。「私」は学校でいじめにも遭う。

ある日、父と母は悪質な品物を売ったことをとがめられ、警察に連れてゆかれる。心配した「私」

が警察の窓からなかを覗くと、母親の前で父親が巡査に平手打ちされている。父は義父ではあるが「私」に優しくしてくれている。その父が権力を笠に着た巡査に打たれている。子どもにとって親が力のある者に侮辱されている姿を見ることほど悲しく、つらいことはない。父親は巡査にやみくもに「ビンタ」を張られている。子どもの「私」はどうすることも出来ない。悲しみが込み上げてきた「私」は「馬鹿たれ！　馬鹿たれ！」と「猿のように声をあげ」、海岸のほうへと走ってゆく。

石井裕也脚本、編集、監督の心に沁みる作品「茜色に焼かれる」（21年）を見ながら、この幼い少女の「馬鹿たれ！　馬鹿たれ！」という必死の叫びが聞こえてくるような気がした。

母子家庭の母親（尾野真千子）と中学生の息子（和田庵）の物語である。ミュージシャンだった父親（オダギリジョー）は自転車に乗っているところを乗用車にはねられて死んだ（この事故の模様を実写とCGで見せるのがうまい）。

加害者は「上級国民」で被害者の家族に謝罪の言葉がなかった。（母娘が亡くなった池袋暴走事故を思わせる）。それに怒った母親は慰藉料を頑として受け取らなかった。金さえ払えばいいんだろうという加害者側の態度に「馬鹿たれ！」と言いたかったに違いない。

団地暮らしの母子の暮らしはつましい。母親はホームセンターの花売り場で働いている。しかし、とてもその時給だけでは暮らせないから、息子には内緒でフーゾクで働いている。嫌な客にもにこやかに接しオーラルセックスをする。母親は以前、小劇場で俳優をしていた。そのためもあってフーゾクで働いている時はあくまでも演技で明るく振舞う。同級生に母親がいかがわしい仕事をしているといじめに遭った息子が「お母さん、へんな仕事してない？」と聞いても、「しているわけないじゃない」とにこやかに否定する。つらい日常を演技でやり過ごすしかない。

息子はもう世の中の理不尽さを知っている。口惜しい思いを心にかかえている。だからつい母親に「お母さん、怒らないの？」と強くいう。母親はそれに対して、いつものように「まあ、頑張りましょう」と笑顔で応じる。母子家庭が厳しい世の中で生きてゆくには、演技、つくり笑い、空元気《から》でしのいでゆくしかない。

母親の周囲にいる男たちは、弱い立場の人間に強く出る嫌な奴ばかり。夫を車で殺した加害者の家族は、母親にいつまでも被害者づらするなと威丈高になる。弁護士を立てて脅しをかける。腹のなかは煮えくり返っているだろうに、弁護士に対し、笑顔で接する尾野真千子が凄い。全世界を相手に一人で戦っている女性の強さが感じられる。

彼女が働くホームセンターの主任は、はじめは親切そうに見えるが、上司から圧力がかかると急に態度を変え、こまごまと彼女に注意をする。パワハラである。

亡くなった夫のミュージシャン仲間も一見、故人を偲んでいるように見えながら、隙あらばと彼女に迫ってくる。セクハラである。

嫌な奴ばかりにうんざりしている彼女がほっと出来るのは、何年ぶりかで会った高校の同級生。「きみのこと昔から好きだったんだ」と迫ってくる。男の観客から見れば、歯の浮くようなセリフをいういい加減な奴なのだが、ろくでもない男ばかりに疲れ切っていたのだろう、彼女は手もなくこの男に騙され、裏切られてしまう。この男も彼女と遊んだだけだった。


親切そうにみえた男に裏切られた。それまで演技で何とか理不尽をしのいでいた彼女は、ここでとうとう本気で怒る。唇に真っ赤な怒りのルージュをひき、包丁を持って男に向かってゆく。「ふざけんな」と、それまで耐えてきた怒り、屈辱、悲しみが大きな塊となって吹き出る。

ここで感動的なことが起こる。いつもと違う母親の様子に気づいた中学生の息子が、その場に駆けつけるや、思いきり怒りをぶつけるように男に飛び蹴りを加える。

息子は眼鏡をかけたひよわな子どもである。本ばかり読んでいて勉強は出来る。しかし、およそ力強いとは思えない。その子どもが、「よくも、お母さんをいじめたな！」と万感の怒りをこめて飛び蹴りをする。こんな感動的な姿はない。私見では母子家庭の男の子は、親への反抗期がない。早く大人になって母親を楽にしたいと思うから。この男の子の飛び蹴りにはその母親への思いがこもっていて胸が熱くなる。

そしてもうひとつ感動が加わる。この場面には、息子の他に、助っ人としてフーゾク店の店長（永瀬正敏）と、同じ店で働く気のいい女の子（片山友希）が駆けつける。彼らもまた世間に対しやるせない思いを抱いていたから、彼女の怒りを自分のものとし、彼女を助けに駆けつけた。

近年、評判になった漫画に小学館の『ビッグコミックオリジナル』誌に連載された鈴木良雄の『フルーツ宅配便』がある。東京近郊の街のデリヘル店を舞台に、そこで働く女性たちの哀歓を描いた素晴らしい漫画だが、これを読むとフーゾクの仕事が、現代の格差社会ではセーフティネットになっていることが分かる。低賃金で苦しんでいる女性たちが最後に頼ることが出来るのは、国家ではなく、むしろ社会の底辺のフーゾク店しかない。

永瀬正敏演じる店長はこの、『フルーツ宅配便』の、どんなことがあっても自分の店で働く女性たちを守ろうとするオーナーのミスジさんを思わせる。

そして中学生の息子に慕われる若いフーゾク嬢の片山友希も、アメリカ映画でおなじみのキャラクター〝黄金のハートを持った娼婦〟で素晴らしい。理不尽な社会に生きている尾野真千子だが、永瀬正敏、片山友希、そして「母さん、大好き」という息子の和田庵に支えられているのだから誰よりも幸せだろう。

この映画では、母子家庭の暮らしの大変さをあらわすために随所で、団地の家賃、ホームセンターの時給、フーゾク店の時給……と金額がクレジットされるのも面白い工夫。

最後、片山友希演じるフーゾク嬢は身体を壊して死んでゆく。それまで細々と貯めたわずかな金を尾野真千子に贈る。この金額がいくらかはクレジットされない。いくらだったのだろう。その悲しい貯金の額がとても気になる。

（2021年8月下旬号）

「クレオ、大好き」――「ROMA／ローマ」のこと

まったくのアナログ人間なので、ネットで配信されるというNetflixの「ROMA／ローマ」を見ることは出来ないとあきらめていた。

ところが三月末のある日、銀座を歩いていると、シネスイッチ銀座で上映しているではないか！しかも、幸運にも上映時間にぴたり。迷わずに入って、見た。

素晴らしい映画だった。アルフォンソ・キュアロン監督のメキシコ映画。ローマとはメキシコシティの高級住宅地のことだという。そこに住む有識富裕層の家で働くクレオという若い家政婦を主人公にしている。

といっても予備知識なしに見たし、俳優にもなじみがないので、はじめのうちは誰が主人公か分か

らない。見ているうちに、徐々に主人公はクレオだと分かってくる。

先住民らしい。いわゆるインディオだろうか。田舎から都会に働きに出て来たのだろう。

よく働く。床を掃除する。飼っている犬や鳥の世話をする。洗濯をする。一九七〇年頃の話だが、電気洗濯機ではなく盥《たらい》を使い、手でごしごし洗う。エプロンが似合う。実直で、主人に「犬の糞を片付けて」と言われても、嫌な顔ひとつせず、言われるままに糞をきちんと片づける。

よく子どもの世話をする。末っ子の男の子を幼稚園に迎えに行く。四人きょうだいのうちの一人だけの女の子を「小さなお姫様」と可愛がる。寝つくまでそばにいて歌を歌ってやる。だから子どもたちも「クレオ、大好き」となつく。

昭和三十年代ごろまで、日本の中流家庭によくいた「ねえや」を思い出させる。童謡「赤とんぼ」(山田耕筰作曲、三木露風作詞)で歌われた「十五でねえやは嫁にゆき」のあの「ねえや」である。

亡き文芸評論家、奥野健男は『ねえやが消えて　演劇的家庭論』(河出書房新社、一九九一年)のなかで、日本の近代の暮らしのなかで、「ねえや」はもう一人の家族として重要な存在だったと指摘している(同様に、漱石『坊っちゃん』の清《きよ》に代表される「ばあや」もまた)。

とりわけ、男の子にとっては成長の過程で出会う「ねえや」の存在は大きかった。昭和三十年の日活作品、由起しげ子原作、田坂具隆監督「女中ッ子」の左幸子演じる、秋田県の田舎から東京に出て来て、小学生の男の子を可愛がる女性は、映画のなかの「ねえや」の代表だろう。

左幸子の「ねえや」は背が低かったが、「ROMA／ローマ」のクレオも背が低い。演じている女性は、プロの女優ではなくオーディションで選ばれた先住民らしい。

小さな身体でよく動く。掃除のため部屋から部屋へとまめに移動する。子どもを幼稚園に迎えに走る。長男を映画館へ迎えに行く（映画館では、ジョン・スタージェス監督のSF「宇宙からの脱出」〈69年〉を上映している）。最後は、海で溺れそうになった二人の子どもを助けるために命がけで海に入ってゆく。

カメラはそのクレオを横移動で愛《いと》おしむようにとらえる。「横移動のクレオ」と呼びたくなるほど。

背が子どもみたいに小さい。百五十センチくらいか。フェリーニ映画のジュリエッタ・マシーナを思い出させる。子どもに慕われるところなど、「道」（54年）の、幼ない弟や妹たちに見送られたジェルソミーナを思い出させるし、あとでマッチョな男に見捨てられるところは「カビリアの夜」（57年）の、結婚詐欺の男（フランソワ・ペリエ）に捨てられる娼婦カビリアと重なり合う。

クレオは、ある時、同僚の家政婦の従兄弟の友人だという男とデートをする。マッチョな男で、日本式の武道を修行しているという（「アリガトウゴザイマス」と日本語を言う）。

スラム出身の若者で「武道」に出会ったことで、自分は救われたという。

一見、いい奴に見えたが、クレオと寝たあと、クレオが妊娠したと知ると、無責任にも見捨てる。

とんでもない男だと分かってくる。

しかも、この男は、修行している武術を弱者のためにではなく、逆に強者のために使う。一九七一年のある日、妊娠したクレオは、雇い主の祖母に連れられて、町にベビーベッドを買いに行く。そこで、エチェベリア大統領の強権に抗議するデモ隊と、それに襲いかかる権力側の武装集団に遭遇する。そこでクレオは、学生たちを追いつめ射殺する武装集団のなかに、この男を見つけて驚く。

「ROMA／ローマ」の屋敷の外では暴力が見え隠れする。始めのほうに、食事の席で、子どもが、祖母にこんな話をする。ある子どもが、ジープに乗った軍人に小さないたずらをした。すると怒った軍人はいきなり銃を撃ち、子どもを殺した、と。

怖ろしい話である。この、町のなかで普通に行なわれている暴力は、武装集団による学生デモへの暴力につながってゆく。武道を修行中の男たちはデモをしている学生たちに襲いかかり、棒を振り回わし、無差別に銃を撃つ。暴力を楽しんでいる。

一九六八年にオリンピックが開催された都市で、白昼、権力の弾圧、暴力がまかり通っている。

この「暴力」に対するものとして、アルフォンソ・キュアロンが提示するのは「母性」である。

クレオは女性たちに優しく囲まれている。女主人は、ときに厳しいが、基本的にクレオを家族の一人として大事にしている。妊娠し、クビになることを心配するクレオに、そんな心配をすることはないといたわり、病院に連れてゆく。

女主人の母親（子どもたちの祖母）も、クレオが未婚の母になることを受け入れ、一緒にベビーベッドを買いにゆく。

デモ騒ぎのなかで破水してしまったクレオは祖母に連れられ、なんとか病院にたどり着く。この時、クレオを優しく診るのはしっかりした女性の医師である。

結局、子どもは死産してしまうが、落ち込んだクレオを、今度は同僚の家政婦が力づける。クレオは女性たちによって守られている。ここには明らかに「母性」による共同体が生まれている。その「母性」は、マッチョな男や武装集団の暴力、さらには国家権力の暴力の対極にある。アルフォンソ・キュアロンは家政婦の献身、実直さを称えながら、男たちの暴力に女性たちの優しさを対峙させてゆく。

クレオの女主人の夫は、愛人を作り、妻と子どもたちを捨ててしまう。これも暴力である。クレオは彼らを守ろうとする。

最後、泳げないクレオが、海に溺れかけた二人の子どもを助けるために、波をかぶりながら懸命に海に入ってゆく姿が感動を与えるのは、クレオの母性があらわれているからだろう。自分の子どもは死んでしまったが、二人の子どもは何としても助けなければならない。

ようやく助け出された子どもたちを抱き締めるクレオに、子どもたちは「クレオ、大好き」と感謝する。観客もまたそう言いたくなる。壊れかけた家族がクレオによって救われている。

（2019年5月上・下旬号）

同性愛の母を描く台湾のドキュメンタリー映画「日常対話」のこと

コロナ禍の四月、新宿のK's cinema（ケイズシネマ）で開かれた〝ホウ・シャオシェン大特集〟で思いもかけない感動的なドキュメンタリーを見ることが出来た。

一九七八年生まれの女性の監督ホアン・フイチェンが、同性愛者である母親にカメラを向けた「日常対話」(16年)。ホウ・シャオシェンがプロデューサーを務めている。

娘であるホアン（「私」）がそれまで決していい関係にあったとはいえない母親にカメラを向け、母親がたどってきた困難な人生を語ってもらう。

といっても、母親は同性愛者。人一倍苦労して生きてきたに違いない。娘だからといってそう簡単に自分のことを喋々《ちょうちょう》と話すことは出来ない。

冒頭、いきなりカメラは母親の顔、姿をとらえる。カメラを向けられて緊張しているのか、許可なく撮影を始めた娘に怒っているのか、取材を拒否するかのように仏頂面をしている。

この母親のゲンコツのような顔がまず強烈な印象を残す。同性愛者というとつい映画のなかのように（たとえば最近の映画でいえば「アンモナイトの目覚め」〈20年〉のケイト・ウィンスレットとシアーシャ・ローナンのように）、美しい女性をイメージしてしまうが、この母親はそういう類型的な型とは違う。

言ってしまえば普通の「おばさん」。日本の女優にたとえれば、菅井きんとか杉山とく子のような傍役の女優に近い。

髪は短い（クルーカットと言っている）。スカートをはかずいつもズボン。椅子に座る時、あぐらを組んだりする。男っぽい。「私」の姪たちは子どもの頃、彼女を女と思わなかったと無邪気に語る。

「私」はもうすぐ四十歳になる。幼い娘がいる。夫の姿が見えないところを見るとシングルマザーか。母親と暮らしている。狭いアパート暮らしだが、部屋はきれいに片づけられ、壁には母が「私」の娘、つまり孫を抱いている写真が貼ってある。「私」は外に働きに出ているのだろう。食事の支度は母がする。娘との会話はほとんどないが、一見、幸せな家族であることが想像される。

それでも「私」は実は母親のことをよく分かっていない。もっとも身近な肉親なのに、もっとも遠くにいる。母親も同性愛者であることの引け目からか、娘たち（「私」には二歳離れた妹がいる。別に家庭を持っている）に自分のことを話したがらなかったのだろう。

四十歳になる「私」はどうしても母のことを知りたい。母は自分を産み、育ててくれた、かけがえのない親なのだから。

「私」はともかくも母にカメラを向ける。はじめは「話すことはない」「話さないほうがいいこともある」といっていた母親が、カメラという媒介が入ることで少しは気が楽になったのか、ぽつりぽつりと問わず語りに過去を話しはじめる。

子どもの頃から女の子が好きだった。学校は好きではなくよくサボった。学校に行っているふりをしていた。

見合いで結婚をした。当時は、女性は結婚するしかなかった。夫はひどい男でギャンブル好き。生活能力がないのに遊んでばかりいる。酒を飲んで暴力を振るう。嫌で嫌で仕方がなかった。

母親はカメラの前で、あくまでも淡々と、そんな思い出したくない過去を語る。驚くことも言う。「もし人を殺してもいいのなら、あいつを殺す」。「私」が十歳の時、母親は二人の娘を連れて家を出た。このままでは夫に殺されると必死だった。

母の語る過去と「私」の記憶のなかにある過去が徐々に重なってゆく。母は一人の幼い娘を連れて生活しなければならない。「道士」という葬儀の時に死者の魂を鎮める仕事をするようになった。「私」もその仕事を手伝う。「私」はそのうち道士の仕事は人に見下されていることが分かってくる。「私」は小学校を出ていない。十歳の時に母に連れられて家を出た。そのため戸籍謄本が取れなかった。幼い頃、「私」は母を恨んだことがあったろう。母親もつらかったに違いない。

このドキュメンタリーは「私」が母の苦労の多い人生を辿りたいという思いから作られているが、見ているうちにもうひとつ「私」の切実な思いがあることが分かってくる。

「自分は母親に本当に愛されていたのだろうか」という疑いが幼い頃から「私」をとらえて放さなかった。

記憶にある母親はいつもそばにいなかった。「女の恋人」のところに行っていた。自分より、恋人のほうが大事だったのではないか。

ここでこのドキュメンタリーは驚くべき展開を見せる。母親のこれまでの恋人だった女性たちを数人登場させる！

よく知られているように台湾はジェンダー平等が進んでいる。二〇一九年には同性婚も合法化されている。そんな開かれた国だからかもしれないが、それにしても「恋人たち」がよくカメラの前に立ったと素直に驚く。

数人の女性たちが「私」のカメラに向かって母親との仲を話す。誰もが母親に好意を持っている。母親が「優しかった」と言う。

「私」はそれを聞いて複雑な気持になる。母は子どもたちより「恋人たち」のほうが大事だったのではないか。それでいつも自分たちのそばにいなかったのではないか。しかも、母親は同性愛者に子どもがいるのはおかしいからと、二人の娘は「養女」だと人には言っていたという。「私」は、「自分は愛されていなかった」と思わざるを得なくなる。本当に養女だったのかもしれない。

しかし――、ある時、母親と、今は廃家になっている母の実家を訪ねる。そこに古い写真があり、写真のなかには明らかに幼い自分がいる。「私」は決して養女ではなかった。

実は「私」にもつらい過去があった。それをここで書くのは控えるが、母親にはじめてその過去を告白するくだりは見ていてつらいものがある。しかし、その告白が、「私」と母親の距離を縮めたのは確かだろう。

「日常対話」で何よりも心に残るのは、終始、無口であろうとする母親の顔。つらい過去を封印しようとする強い意志と、それでも実の娘にはきちんと分かってほしいという思いがないまぜになっている。「女の恋人」を愛したのは、どうしようもない夫への絶望があったためかもしれない。娘に「何人、恋人がいたの」と聞かれ、「十人以上」と答える時、この無愛想な母親が思わず笑みを浮かべるのは微笑ましい。夫に虐げられてきたこの母親が、唯一、駆け込み寺のように助けを求めることが出来たのは、女性たちだったのだろう。

「日常対話」は母と娘の「和解」の物語である。「私」は自分も子どもを持ってようやく母の苦労を分かるようになった。無口な母親もカメラを前に、重い口を開き過去を語ることによって夫の重みから脱することが出来た（ちなみに父親は一人になってから自殺した。この父の生涯も気になる）。最後、母親が幼い無垢な孫を抱きしめるところ、その孫に「私のこと、好き」と聞かれ、相変わらずずぶっきらぼうに「好きだよ」というところは心なごむ。ホウ・シャオシェンが、こんな映画をサポートしていたとはうれしくなる。

（2021年6月下旬号）

加賀まりこ主演「梅切らぬバカ」のこと

皮肉な名言がある。「人類を愛するのはたやすいが、隣人を愛するのは難しい」。

確かにアフリカの貧しい子どもたちに涙を流す人間が、隣家の子どもが騒ぐと「うるさい」と怒鳴り込んでくるのを知ると、本当にその通りだな、と思う。

和島香太郎監督の「梅切らぬバカ」（21年）は小品だが、「厄介な隣人」という都市生活者にとっては他人事ではない問題を、真剣に、かつユーモラスに描いていて面白い。

東京の郊外（らしい）に、母親の珠子（加賀まりこ）が、自閉症の大きな息子（塚地武雅）と二人で、昭和を感じさせる古い日本家屋で暮らしている。

そう書くと、よくある障碍者ものかと思ってしまうが、この映画は、珠子の暮らしを、息子との関わりだけではなく、面倒臭い近所付き合いのなかで描いてゆくのが新鮮。

無論、高齢の母親が、果たしていつまで息子の面倒を見ることが出来るのか、という大問題が背景にあるのだが、加賀まりこ演じる母親は「とりあえず明日のことは明日考えればいい」というノンシャランな態度で毎日をやり過ごしている。考えてどうにかなるのなら考えるが、考えてもどうにもならないのなら、くよくよしても仕方がない。聖書ふうにいえば、一日の苦労は一日にて足れり。

この母親は占い師をしている。悩みを抱えた女性たちが地方からもやってくる。手相を見てもらった女性が、遠慮がちに「おいくらですか」と聞くと鷹揚に「値段はあなたにまかせるわ」と答える。それで女性がいくらか支払うと、少なかったらしく、「これがあなたの気持ち?」。あわてて女性が付け足す。このあたりがユーモラス。母親のしたたかな生き方が出ている。障碍児の母親だからといって遠慮ばかりしてるんじゃないという、いい意味の居直りがある。

塚地武雅演じる息子の忠男は、いわゆる聖なる痴者。「レインマン」(88年)のダスティン・ホフマンや「アイ・アム・サム」(01年)のショーン・ペン、あるいは古い日本映画でいえば、吉屋信子原作、久松静児監督の「安宅家の人々」(52年)で船越英二が演じた大きなだだっ子を思わせる。普通人のように日常生活を送ることは出来ないが、あくまでもイノセントな子ども。

母親は息子を大事にしていて髪を切ったり、爪を切ったりする。息子は母親に甘えている。世の中に二人だけだったら幸せだったろうが、困ったことに現実には、隣人という厄介な連中がいる。彼らが二人だけの平穏な日常に入り込んでくる。

隣家にサラリーマン一家が引っ越してくる。夫婦と小学生の男の子。奥さん（森口瑤子）と子どもはそうではないのだが、夫（渡辺いっけい）が何かと口うるさい。

珠子の家には古い梅の木が一本あって、この枝が道路にはみでている。するとこの夫はさっそく通行の邪魔だと文句をいいにくる。忠男がヘマをするとすぐに怒鳴る。こういう厄介な隣人っているよな、と納得する。

近所には、乗馬クラブがある。忠男は馬が好きで朝、作業所に行く時、馬に挨拶する。無論、悪気はないどころか、むしろ馬が好きでそうしているのだが、乗馬クラブの女性（高島礼子）は「馬が怖がるのでやめてくれ」と文句をいう。

隣人とクレーマーは紙一重。隣人たちの文句に嫌気がさした珠子は、たまりかねて忠男を泣く泣く、近くのグループホームに預けることにする。楽園追放である。

ホームでは個人の家で何人か障碍を持った人間を受け入れて世話をしている。林家正蔵や北山雅康演じる介護士が親身に〝子どもたち〟の世話をしている。いい施設である。

ところがここでも、また隣人たちの不寛容にさらされる。うるさい、と文句をいってくる隣人（鶴田忍）をはじめ、あちこちで文句が出てくる。ついには、近所の連中が「出てゆけ」と住民運動まで始める。やれやれ。

都市生活における隣人の怖さに慄然とする。私はマンション暮らしだが、時折、こういう「厄介な隣人」に出くわして嫌になる。「迷惑をかけるな」という正義を振り回して、文句を言ってくる。マンションなど、赤の他人の暮らしだからいいのに、ことを大きくして文句を言ってくる。

好きな小話がある。

日本の若い女性がフランスに留学し、パリにアパートを借りた。猫を飼いたくなった。日本では管理人の許可がいる。そこで管理人におそるおそる、「猫を飼っていいですか」と聞いてみた。その管理人（男）はぶっきらぼうに答えた。

「なんでそんなことを俺に聞くんだ。あんたが自分の部屋でゾウを飼おうが、ライオンを飼おうが、俺の知ったこっちゃないよ」

寛容の精神というか、いい意味の個人主義が徹底している。実際に都市生活で大事なことは、しょせん他人どうしが隣り合って暮らしているのだから、「いちいち他人のことは構わない」「お互いさま」で行って欲しいと思う。

「梅切らぬバカ」という題名は「桜切る馬鹿、梅切らぬ馬鹿」の諺からきている。梅の成長には、本当は枝を切るのが大事といっている。しかし、時には、切らない馬鹿がいてもいいのでは。

映画のなかでは、加賀まりこ演じる愉快な母親は、最後までがんばって梅を切らない。馬鹿になることで「厄介な隣人」に抵抗する。そして、いつしか隣人たちも、その梅の木に慣れてゆく。

谷口ジローの漫画に内海隆一郎原作の『欅の木』がある。老夫婦が子どもたちも育て上げたので郊外の古い一軒家に移り住む。大きなケヤキの木があり、老夫婦はその木の緑に慰められる。ところが秋になるとケヤキは葉を落とす。すると早速、隣人が落ち葉が迷惑だと文句を言ってくる。老夫婦はいったんは木を切ろうとするが、美しいケヤキを見て思いとどまる。落ち葉の掃除ぐらい自分たちでしようと決める。

以前は、たいていの町に障碍者がいて、町に溶け込んでいた。お寺などでは境内の掃除をしていた。それが普通だった。

二〇一七年に、青柳拓さんという日本映画学校で学んだ人から「ひいくんのあるく町」というドキュメンタリーのDVDを送られた。これが面白い映画だった。青柳拓さんの出身地は、身延《みのぶ》線沿線の市川大門（山梨県）。この町には三十代の「ひいくん」という知的障碍者がいる。この男性は町を歩くのが好きで、いつも商店街を歩いている。

町の人はそれを普通のことと考えている。彼は時には商店に入って手伝いをしたり、老人たちのおしゃべりに加わる。家に招き入れられたりもする。町の人に愛されている。「町長さんよりも有名人」と言われているという。

そういえば、「梅切らぬバカ」では、グループホームからまた家に戻った忠男に加賀まりこ演じる母親は「この町の有名人になりなさい」と言っていた。その心意気やよし。

（2021年11月下旬号）

第十九章

やっぱり西部劇

ディスク・ロードからDVDが発売された「シェーン」のこと

夜、寝る前の楽しみは十代の頃に公開された映画、つまり一九五〇年代、六〇年代の懐しい映画のDVDを見ること。

そんなオールド・ファンにとってうれしいのは、このところ、ディスク・ロードという会社が、当時の映画を次々にDVD〈オンデマンド〉で発売してくれること。

最近発売された作品でいうと、日本では不完全な形でしか劇場公開されなかったジョン・フォードのアイルランドもの「月の出の脱走」（57年）、三大美人女優、タイナ・エルグ、ミッツィ・ゲイナー、ケイ・ケンドール競艶のジョージ・キューカー監督「魅惑の巴里」（57年）、ロバート・テイラー主演の、というよりティナ・ルイーズの美しさが際立った西部劇、マイケル・カーティス監督「決断」

（59年）が発売され、渇《かつ》を癒された。

そしてこの秋、待望のジョージ・スティーヴンス監督「シェーン」（53年）のDVDが発売された。「シェーン」はこれまでもDVDが発売されているが、それに比べ画質がいい。

解説を私自身が書いているので、作品論はそれを読んでいただければ有難い。ここでは特典映像の、ジョージ・スティーヴンスの息子ジュニア（撮影時、十七歳）と、アシスタント・プロデューサーを務めたアイヴァン・モファットの対話について触れたい。これがすこぶる面白い。

モファットはのちにスティーヴンスの「ジャイアンツ」（56年）の脚本を書く人。

私見では「シェーン」はこれまでの荒々しい西部劇と違って、形容矛盾になるが優しい西部劇だった。シェーンを演じるアラン・ラッドは決してマッチョのタイプではない。金髪で小柄。この映画ではフリンジの付いたバックスキンのシャツを着ていて柔らかさを強調している。

物語全体がブランドン・デ・ワイルド演じる少年の目で語られることも、ジーン・アーサー演じる少年の母親とシェーンのプラトニックな愛情も、優しい西部劇になっている大きな要因。

そして緑豊かなワイオミングの風景。ジョン・フォード西部劇の赤茶けたモニュメントヴァレーの風景とまるで違う。

実際にワイオミング州のジャクソン・ホール周辺でロケされ、緑の草原と、それを見守るようなグランド・ティトンの山々が美しくとらえられている。撮影のロイヤル・グリッグスはこの作品で、アカデミー賞のカラー撮影賞を受賞。

二〇〇〇年に「シェーン」のロケ地を訪ねる旅をした。ジャクソン・ホールの空港で小型プロペラ機を降り、雪をかぶったあの山々を目の前にした時の感動は忘れ難い。

ジュニアとモファットの対話によれば、撮影に当って、グランド・ティトンの山々を大きく見せるため、手前の人物を撮る場面でも望遠レンズを使ったという。

「シェーン」の仇役といえばウォルター・ジャック・パランスだが、二人によれば、彼はそれまで銃を撃ったことも馬に乗ったこともなく、ロケ地に着いてから猛練習したという。二丁拳銃は彼のアイデアだった。

アラン・ラッドは最後の決闘でジャック・パランスを倒すが、あれは銃を否定するための銃になっているから好感が持てる。

ジュニアによれば、スティーヴンスは第二次世界大戦に従軍した、戦争で銃の恐ろしさを体験した、戦争が終って国に帰り、西部劇を見た、ジョン・ウェインがギターを弾くように気楽に銃を撃っている、それに強い違和感を持ったという。「シェーン」がこれまでの西部劇と違って、優しい西部劇になっている要因はそこにもある。

「シェーン」には一カ所、よく分からないところがある。ベン・ジョンソン演じるカウボーイのクリスが、あれほど激しくシェーンと殴り合っていながら、最後に、シェーンとヴァン・ヘフリン演じる農民の味方をするくだり。

大牧場主ライカー（エミール・メイヤー）の横暴さに嫌気がさしたと想像出来るが、伏線がないのでよく分からない。

この長いあいだの疑問が、ジュニアとモファットの対話で解けた。

ベン・ジョンソン演じるクリスは、実は、開拓農家の女の子を愛しているという設定なのだという。シェーンが開拓農民たちと町へ買物に行く場面がある。雑貨屋（主人はポール・マクヴィー）に入って買物をする。農家の十代の女の子が店にある新しい帽子をかぶってみる。あの可愛い女の子（ジャニス・キャロル）のことをクリスは好きなのだという（彼女の父親を演じるのは、西部劇ではおなじみの傍役エドガー・ブキャナン）。

クリスの愛情を見せる場面も撮影されたが、最終的にカットされてしまった。そのためにクリスはなぜ農民の味方をしたかが謎になった。

二人の関係を知ったうえで「シェーン」を見直すと——、エリシャ・クック・ジュニアがジャック・パランスに殺されて、丘の上で葬儀が行なわれる、その様子を町の雑貨屋の前で、ベン・ジョンソンが見ている、いかにも申訳なさそうな顔をしている。その表情の意味がよく分かる。

この「シェーン」のDVDには予告篇のおまけも付いている。そこには、伝説的なミスが。冒頭、シェーンが農家に現われる場面で、遠くを車が走っているのが映ってしまっている。車は本篇では消されているが、予告篇では走っているのが確認出来る。実に貴重な映像になる（笑）。

「西部劇通信」を編集されていた西部劇好きの亡き評論家、田中英一さんに名言がある。「西部劇とは建設の象徴」であると。ジョン・フォードの「荒野の決闘」（46年）で、西部の町に目下、教会が建設中だったことを思い起こせば、この説はうなずける。

「シェーン」では、アラン・ラッドがヴァン・ヘフリンと共に大きな木の根を掘り起こす場面がある。これから農地を作ってゆく。ここにも建設がある。

「シェーン」は先きに西部開拓をした大牧場主が仇役になっているが、エミール・メイヤー演じるライカーが、シェーンと、あとから西部に来た農民のスターレットに「この土地は俺たちが苦労して作り上げた」「仲間は何人も死んだ」と語る場面がある。多くの犠牲の上でいまがある。彼の言い分にも一理ある。西部劇を建設の物語と見れば牧場主も決して単なる悪人ではない。そこに「シェーン」の複雑さがある。ジョージ・スティーヴンスが「シェーン」のあと、「ジャイアンツ」でテキサスの大牧場主（ロック・ハドソン）を描くのは「シェーン」で牧場主たちを仇役にしたことの反省があったためかもしれない。

（2018年10月下旬号）

西部開拓史に向き合うスコット・クーパー監督「荒野の誓い」のこと

冒頭、フロンティアで幸福に暮らしていた開拓農民の一家が突然、コマンチに襲われる。幼い二人の娘も、赤ん坊も殺される。父親は妻の見ている前で撃たれ、頭の皮を剝がされる。母親だけがなんとか逃げのびる。

コマンチはアメリカの先住民のなかでも、もっとも好戦的で最強と言われた部族。彼らに襲われたら戦いに慣れていない農民一家はひとたまりもない。『大草原の小さな家』に描かれたような平和な一家が、たちまちコマンチによって惨殺される。

「クレイジー・ハート」(09年)「ファーナス/訣別の朝」(13年)のスコット・クーパー監督の新作「荒野の誓い」(17年)は、衝撃的な襲撃から始まる。しかし、この映画は、そこで終わっていない。

クーパー監督は、コマンチの殺戮のあとには、今度は白人の側の暴力を見せる。騎兵隊がアパッチの残党狩りをしている。小さな家族を捕える。父親を縛り、馬で引きずる。母親と子どもが泣き叫ぶのをお構いなしに彼らを痛めつける。クリスチャン・ベール演じる主人公の大尉は、それを当然のように見ている。先住民の暴力と白人の暴力が重ね合わされる。

アメリカの西部開拓は、先住民と白人との凄惨な戦いの歴史だ。双方が復讐心にとらわれ、憎悪をぶつけ合う。無論、あとからやってきた白人のほうに最初の非があるのだが、戦いが繰り返されるうちに、負の連鎖で双方に大きな犠牲が出る。「荒野の誓い」は、この先住民と白人、双方の悲劇を開拓史の苦痛の試練としてとらえ見ごたえがある。

ジョン・フォードの「捜索者」(56年)でも、コマンチはテキサスの開拓農民一家を襲い、幼い女の子を連れ去った。その面だけを見れば、コマンチは悪だが、ジョン・フォードは、後半、騎兵隊がコマンチの野営地を襲撃した事実を描くのを忘れない。そこには子どもの死体も見える。

敵役のコマンチの酋長(ヘンリー・ブランドン)は二人の子どもを白人に殺されている。二〇一五年に出版されたグレン・フランクルの『捜索者 西部劇の金字塔とアメリカ神話の創生』(高見浩訳、新潮社)にあるように、ジョン・ウェイン演じる主人公イーサンと、このコマンチの首長は「互いに憎悪を共有していて、それが、二人を永遠に結びつけている」。憎悪によって敵対する二人が結びついている。

「荒野の誓い」の時代設定は一八九二年。ほぼ先住民は制圧されている。クリスチャン・ベール演じる大尉は歴戦の勇士。これまで何度も先住民と戦い、殺してきた。それが「仕事」だからと言い聞かせてきた。部下との会話で、一八九〇年のサウス・ダコタ州ウンデッド・ニーでのスー族殺戮にも参加していたことが分かる。「捜索者」のイーサンがそうだったように先住民に憎しみを持っている。

それが、軍の命令によって、投降してきたシャイアンの酋長（ウェス・ステューディ）と、その家族を、彼らの故郷のモンタナに送り届ける任務を与えられる。

これまでこの酋長とは敵対してきた。部下が何人も惨殺されてきた。それなのに、いま酋長の護衛をしなければならない。

彼らの旅が始まる。大尉の部下には黒人兵がいる。大尉は彼にはなんの偏見も持っていないのに、先住民には憎しみしか抱いていない。原題は〝Hostiles（敵対する者たち）〟。先住民と白人の双方が憎しみを持って戦っている。「負の連鎖」である。

大尉は途中で、冒頭のコマンチの襲撃からひとり生き残った女性（ロザムンド・パイク）を助ける。そのあとコマンチが一行を襲撃してくる。銃撃戦の末になんとか撃退する。家族を惨殺された女性が、コマンチの死体に何発も銃を撃ち込むところは凄まじい。「敵意」がこもっている。

この映画では何人もの人間が死ぬ。だから遺体を土に戻す埋葬の場面が多い。開拓時代に生きるとは、死と隣り合わせでいることに他ならない。殺し合いが続くなか、ある夜、キャンプをしている時、ロザムンド・パイク演じる、家族を殺された女性が大尉に聞く。「神を信じるか」。大尉は答える。

「信じてはいるが、神は長い間、このあたりの状況を見ていない」。あまりにも凄惨な戦いを見てきた大尉にはそうとしか言えない。大尉も女性も部下たちも、そしておそらくは先住民たちもまた神に見捨てられた土地で生きてゆかなければならない。

物語は最後、先住民との和解、そして大尉と女性との恋で終わるが、クリスチャン・ベールの、最後まで笑顔を見せない、まるで荒野をゆくキリストのような受難の顔を見ていると、このハッピーエンディングを手離しには喜べない。

白人か先住民か、ではない。西部開拓の歴史は、双方に消しがたい苦痛を与えてしまった。白人から言えば、いわば神の試練だろう。近年の西部劇でこれほど「負の連鎖」を痛みを持って描いた作品はない。「捜索者」と、ジョン・ヒューストンの、もっと評価されていい「許されざる者」(60年)に匹敵する(ちなみに両作品の原作者はアラン・ルメイ)。

フロンティアを生きてきた者たちは、誰もがまさに許されざる者ではなかったかという苦い思いがある。

旅の途中、大尉は、元の部下(ベン・フォスター)を護送することになる。この軍曹は、先住民の一家を惨殺した罪に問われた。〝戦争中〟だったら問題にならなかったが、先住民制圧後のいま罪に問われた。いずれ処刑されるだろう。

彼が「理不尽だ」と嘆くのも無理はない。大尉とはかつてウンデッド・ニーで戦った。一緒に先住民を殺した。「一歩間違えれば、あなたも私と同じになる」という軍曹に、大尉は答えることが出来ない。彼が最後まで笑顔を見せないのはその重みに耐えているからだろう。

西部劇は「荒野の決闘」（46年）にせよ「シェーン」（53年）にせよ、先住民を登場させない時には、フロンティア讃歌を素直に謳い上げることができる。しかし、ひとたび先住民を描く時、簡単にフロンティア・スピリットを語ることは出来なくなる。あえてその苦渋と向き合った「荒野の誓い」に圧倒された。


最後に傍役のことを。

大尉が、ようやくモンタナの目的地に着いた時、牧場主が現われ、自分の土地から出てゆけと迫る。そこでまた犠牲者が出る。この「シェーン」の牧場主（エミール・メイヤー）を思わせる大物を演じているのは、見ている時には気づかなかったのだが、クレジットを見ると、なんとスコット・ウィルソンではないか。

「冷血」（67年）「夜の大捜査線」（67年）「傷だらけの挽歌」（71年）「ロリ・マドンナ戦争」（73年）など、六、七〇年代に活躍した傍役。こういうキャスティングをするところを見るとスコット・クーパー監督はアメリカン・ニューシネマに共感を持っているようだ。


（２０１９年10月上旬号）

クリント・イーストウッドの「クライ・マッチョ」のこと

〽選ぶなら優しいメキシコ娘がいい
　暗い部屋にかくまってくれる──
　　　　　　　　　　　　ボブ・ディラン
「ビリー・ザ・キッド　21才の生涯」（73年）

一九三〇年生まれ、二〇二二年に九十二歳になったクリント・イーストウッド監督・主演「クライ・マッチョ」（21年）は現代を舞台にしながらも往年の西部劇の雰囲気を持っている。現代版西部劇といっていいだろう。

まずクリント・イーストウッド演じる主人公マイクは老いたカウボーイ。若い頃、ロデオの大会に出て名を馳せた。馬の調教にも秀でていた。

しかし、年を取ったいま、ほとんど引退生活をしている。部屋に若き日のロデオ乗りの英姿をとらえた写真を飾っている。

サム・ペキンパーが好んで描いた老いた西部の男である。自分の時代はもう終わってしまった。といって新しい時代に合わせて生きる気はない。カウボーイが輝いていた時代に殉じるように静かに世間から消えてゆくしかない。

テキサスの牧場で一人で暮らしている。奥さんは亡くなっている（イーストウッドは「許されざる者」〈92年〉がそうだったように好んで奥さんに先立たれた男を演じる）。落ちぶれてはいるが、かつてのカウボーイ魂を持っている。荒野を一人で生きてゆく知恵と力を持っている。

トム・グライス監督「ウィル・ペニー」（67年）のチャールトン・ヘストンや、ウィリアム・A・フレイカー監督「モンテ・ウォルシュ」（70年）のリー・マーヴィンを思い出させる。自分たちの時代はもう終わったと分かっていても、新しい時代に合わせて生きることを潔しとしない。西部の荒野を牛を連れて旅した日々のことが忘れられない。放浪への思いがいまもくすぶっている。

そこに大きな牧場を経営している元雇い主が現れる（演じているのはカントリー歌手のドワイト・ヨーカム）。この男が定着型とすれば、マイクのほうは放浪型。新しい時代は定着型には生きやすいが、放浪型には生きにくい。

時代設定は一九七九年。映画のなかのマイクは実際のイーストウッドの年齢より若いことになる。また、この時代はまだ携帯電話はないし（マイクは公衆電話を使う）、追跡用のGPSもない。のちにトランプが造る国境の壁もない。その点では現在から見るとまだ牧歌的。たださすがに馬で旅することはなく車に乗る。形容矛盾になるが車に乗ったカウボーイである。

無聊の日々を送っているマイクに元雇い主から思いがけない仕事が入る。雇い主はメキシコの女性と結婚したが離婚した。一人息子はメキシコの元妻のところにいるが、どうも母親に大事にされていないらしい。そこで、メキシコに行って十三歳になる息子を取り戻してほしいと頼む。

そこから物語が動き出す。マイクは、はじめ引き受けるのをためらうが、落ちぶれた時にこの大牧場主に助けられた恩義があるようで仕事を引き受ける。何よりもカウボーイの放浪の血が騒いだのだろう。

テキサスからリオ・グランデ河を渡ってメキシコに入り、男の子を連れ戻す。

この筋立て（脚本は「グラン・トリノ」〈08年〉、「運び屋」〈18年〉のニック・シェンク）は、評論家スチュワート・バイロンがつとに指摘した、「異郷に囚われた同胞を救い出す」というジョン・フォードの「捜索者」（56年）以来、おなじみのもの。ジャングルの〝闇の奥〟に消えたマーロン・ブランドをマーティン・シーンが探索に行くコッポラの「地獄の黙示録」（79年）、サイゴンの魔窟に沈んだクリストファー・ウォーケンをロバート・デ・ニーロが助け出そうとするマイケル・チミノの

「ディア・ハンター」（78年）につながる奪還ものである。

メキシコに着いたマイクは雇い主の十三歳になる息子（新人のエドゥアルド・ミネット）をなんとか母親のもとから連れ出し、車でテキサスへと向かう。子どもを奪われた母親（相当な金持のようだ）は当然のように追っ手をさしむける。

ただ、この映画には派手なカーチェイスはないし、殴り合い、銃撃戦もない。

あるのは老カウボーイと少年の旅であり、旅の途中での語らいである。イーストウッドの映画としてはソフトな仕上がりになっている。

とくにマイクが少年に馬の乗り方を教えるところは父と子の親密な関係を思わせる。老カウボーイが、これから成長してゆく少年にカウボーイの伝統を教えている。

この映画でいいのは、二人が逃げる途中、メキシコの田舎町に入ってからだろう。マイクが母親と暮らしていたメキシコ・シティが喧噪の都市とすれば、この町は静かな隠れ里の趣きがある。ジーン・オートリーが歌った「サウス・オブ・ザ・ボーダー」の小さな理想郷。〝そこは私が恋におちたところ――〟。

町が気に入ったマイクは新しい服を買い求め、小さな酒場兼食堂《カンティナ》でくつろぐ。孫が四人ほどいる女主人マルタ（メキシコのナタリア・トラヴェン）に歓待される。女主人は、二人が追っ手に追われていると知ると、さりげなく助ける。

愉快な場面がある。

マイクが動物にくわしいと知ると、近くの農民らしい男たちが、傷ついた山羊や犬を連れてきて病気を治してもらおうとする。マイクが「オレはドリトル先生か」と言うのが笑わせる。

メキシコの田舎町でマイクは久しぶりに心をなごませる。サム・ペキンパー「ワイルドバンチ」(69年)で、ウィリアム・ホールデンらならず者たちが、強盗に失敗してメキシコに逃れ、小さな村で村人たちに歓待される場面を思い出す。

サウス・オブ・ザ・ボーダーにはまだイノセンスが小さく息づいているのは間違いない。

そのイノセンスの象徴が女主人マルタだろう。娘を亡くしたあと、その子どもたち(孫)を女手ひとつで育てている。追っ手に追われている老カウボーイを助け、二人は次第に心を通わせてゆく。

ある夜、マイクは彼女に誘われるままに踊りを踊る。九十歳のクリント・イーストウッドがメキシコの女性に心惹かれてゆく。老人の恋など不自然だなどと野暮なことはいうまい。このダンスシーンは、「マディソン郡の橋」(95年)のイーストウッドとメリル・ストリープの一夜のダンスが思い出され、胸が熱くなる。

少年が飼っている闘鶏用の鶏(名前はマッチョ)が活躍するのも愉快。勇敢な奴で、追っ手が拳銃を向けると飛びかかって二人を助ける。

老カウボーイは、いつも子どもと未亡人とそして動物にやさしい。それは西部劇のヒーローの特質。

テレビ西部劇『ローハイド』で名を成したイーストウッドはカウボーイの心を大事にし続けている。最後、少年を無事にテキサスの父親のもとに届けたマイクが、メキシコの女主人のところに戻ってゆくのはいうまでもない。

放浪を続けた男が、人生の最後になって定住の場を見つけたことを祝福したい。

（2021年12月上旬号）

あとがき

『キネマ旬報』誌の二〇一七年から二二年にかけての連載「映画を見ればわかること」を中心にまとめた。六冊目になる。これだけ長いあいだ好きな映画について書ける場を作ってくれる『キネマ旬報』の編集部にまず何よりも感謝したい。

評論家はただ映画を見るだけでは仕事は終わらない。その映画について書いて、はじめて仕事は終わる。どこに惹かれたのか。なぜ感動したのか。それを考えて原稿を書く。書いて、はじめて「映画を見た」ことになる。

評論とは、読者に感動を数倍にして再体験してもらうものではないかと思う。だから、私の場合、作品の良し悪しを論じない。良かった映画についてだけ書く。取り上げている映画はどれも素晴らしい映画である。

ミルフィーユというお菓子がある。「千枚の葉」の意で、薄いパイを何層にも重ねた菓子。私の文章は、このミルフィーユに似ている。

二〇二二年に七十八歳になった。この年齢になると、映画体験がいくつも層になって作られている。一九五〇年代から六〇年代の、十代の頃に見た映画。二十代に見たアメリカン・ニューシネマの時代の映画。評論家として、批評を書くようになった七、八〇年代の映画。そして現代の映画。

さまざまな時代の映画が、まさにミルフィーユのように重なり合っている。現代の映画を語っているうちに次第に下の層の十代の頃に見た映画にたどり着く。

例えば、現代のスピルバーグの「ウエスト・サイド・ストーリー」(21年)を見ると、当然、下の層にある、十代の頃に見たロバート・ワイズ監督の「ウエスト・サイド物語」(61年)に突き当たる。そこから、あの映画で十代の映画ファンに強い印象を残したアニタ役のリタ・モレノに行き当たる。そしてリタ・モレノといえば、十代の西部劇ファンの記憶に残るゲイリー・クーパー主演の「悪の花園」(54年)でメキシコの小さな酒場の歌手を演じた、まだ新人だったリタ・モレノを思い出す。自分の十代からの映画体験がミルフィーユのように層になっている。だから下へ、下へと子どもの頃に降りてゆく作業が楽しい。

あるいはまた、恩田陸原作、石川慶監督の「蜜蜂と遠雷」(19年)を見ると、それが浜松市のピアノ・コンクールをモデルにした映画だったことから、浜松出身の木下惠介監督を思い出し、さらに、そこから木下惠介の弟子だった川頭義郎監督の、若尾文子主演(きれいだった!)の「涙」(56年)

へとつながってゆく。ここでも現代の「蜜蜂と遠雷」が昭和三十年代の青春映画の秀作の層にたどり着く。これもミルフィーユである。

いまゲラを読み返してみると、思いがけず硬派の映画について書いていることが多いのに自分でも驚く。

スピルバーグの「ペンタゴン・ペーパーズ／最高機密文書」（17年）、台湾映画の「スーパーシチズン 超級大国民」（95年）と「軍中楽園」（14年）、日本映画の「新聞記者」（19年）、そしてナチスの記憶を描く「コリーニ事件」（19年）と「否定と肯定」（16年）。

こういう、いわゆる社会派映画に感動するのは、若き日、ジャーナリストのはしくれだった身の血が騒ぐためかもしれない。

一本だけ、映画ではなく、本についての原稿が入っているが、これも、フランスのミステリ作家ピエール・ルメートルが、第二次世界大戦でフランス人が体験した苦難、試練を語っているから。

年を取るということは、親しい友人や知人を次々に失ってゆくことである。

この原稿を書いていた二〇一七年から二二年にかけて、大事な人が次々に亡くなった。監督では大林宣彦さん、村山新治さん、映画評論家の佐藤忠男さん、畑暉男さん。敬愛する先輩たちへの敬意と感謝を込めて追悼文を加えた。

外国の俳優では、バート・レイノルズ、ハリー・ディーン・スタントンが亡くなったのが寂しい。バート・レイノルズは「シェイマス」(73年)、ハリー・ディーン・スタントンでは「デリンジャー」(73年)について書くことが出来たのは、これも私なりのミルフィーユである。

映画では女優の美しさも忘れてはならない。本書では、二〇一九年に亡くなった京マチ子と、若くして映画界を引退した桑野みゆきについて書くことが出来たのは幸せだった。ミルフィーユのいちばん上の層になる新しい女優、シアーシャ・ローナンとパウラ・ベーアについて書くことが出来たのも。ちなみに、近年、「女優」という言葉はジェンダー格差を感じさせるとして、「俳優」と言い換えるようになっているが、本書では「女優」を使った。旧世代のことと、お許し願いたい。

書名の『映画の木洩れ日』は、映画の本の書名としては大人しいと思うが、老いの人間には合っていると思う。年を取ると派手なものは不得手になってゆく。

語られることの少ない映画だが、ジュリエッタ・マシーナの遺作となった(なんとフランス映画)「木洩れ日」(91年、ジャン=ルイ・ベルトゥチェリ監督)も意識している。

そして、七十八歳になったいま、若い頃よりいっそう身近かになったイングマル・ベルイマン監督の「野いちご」(57年)で、七十八歳になる主人公の老医学者(ヴィクトル・シェストレム)が、旅の途中、若き日、夏を過ごした湖畔の別荘の庭で、かつての恋人（ビビ・アンデルセン）に出会う、あの素晴らしい場面の草原に射し込んでくる木もれ日が忘れられず、書名にした。

最後になったが連載の担当編集者である松本志代里さん、連載に可愛らしいイラストを寄せてくれる赤池佳江子さん、驚くほど丁寧な校正をしてくれる竹田賢一さん、そして単行本に当たっては、キネマ旬報社の青木眞弥さん、元『キネマ旬報』編集長の関口裕子さん、デザイナーの奥定泰之さんのお世話になった。皆様、有難うございました。

川本三郎

二〇二二年暮れ

川本三郎（かわもと・さぶろう）

評論家。一九四四年東京生まれ。東京大学法学部卒業。九一年『大正幻影』でサントリー学芸賞、九七年『荷風と東京』で読売文学賞、二〇〇三年『林芙美子の昭和』で毎日出版文化賞、桑原武夫学芸賞、一二年『白秋望景』で伊藤整文学賞を受賞。本書のもととなった連載「映画を見ればわかること」では、キネマ旬報読者賞を九回受賞している。評論、エッセイ、小説、翻訳などの著書多数。映画関連書および近著には『「男はつらいよ」を旅する』（新潮社）、『サスペンス映画ここにあり』（平凡社）、『映画のメリーゴーラウンド』（文藝春秋）、『ひとり遊びぞ我はまされる』（平凡社）などがある。小社刊の近著は『あの映画に、この鉄道』『映画の中にある如く』。

映画の木洩れ日

二〇二三年二月十三日　初版第一刷発行

著者　川本三郎
発行者　星野晃志
発行所　株式会社　キネマ旬報社
〒一〇四・〇〇六一
東京都中央区銀座三・十・九　KEC銀座ビル二階
TEL　〇三・六二六八・九七〇一（代表）
FAX　〇三・六二六八・九七一三
URL　http://www.kinejun.com/

印刷・製本　株式会社　精興社

ISBN978-4-87376-484-9